KB235608

동역자 매뉴얼

Coworker Manual

임성철

도서출판 첨탑

선택의 여지없이 목사와 선교사의 자녀들로 태어나

함께 같은 길을 걸어온 자녀들,

리브가, 디모데, 다니엘,

그리고 리브가와 가정을 이룬 세 번째 아들 다니엘 영 모두에게,

그리고 최고의 현숙한 여인 아내 유니스에게

이 책을 드립니다.

김동조 선교사
32년차 현장 선교사

저자를 동일한 선교지에서 알게 되어 함께 친구로, 동역자로 지낸 시간이 벌써 27년이 되었다. 짧지 않은 시간 동안 저자를 보아왔고 다양한 방면에서 함께 사역하면서 많은 경험을 했다. 필자는 저자로부터 이 책에 대한 추천사를 써달라는 부탁을 받고 파일로 받은 책의 원고를 꼼꼼히 읽었다.

이 책에서 저자는 동역의 방법론을 말하는 것이 아니고, 동역에 있어서 가장 중요한 사람에게 초점을 맞추어서 서술하고 있다. 이는 저자가 그동안 사역을 하면서 어떤 사역을 어떻게 해왔을지에 대한 힌트를 주고 있는 것이기도 하다. 저자는 창의적 접근지역에서 19년, 개방된 지역에서 10년을 선교사로 사역하면서 팀을 이루어 동역자들과 좋은 관계를 유지하며 아름다운 사역을 해왔다. 저자는 자신의 팀 사역 속에서 경험한 것들을 어떤 이론에 대비해서 이야기하는 것이 아니라 깊이 묵상하고 연구하지 않으면 찾아낼 수 없는 내용을 찾아서 기준으로 삼아 동역의 원리를 제시하고 있다. 저자는 꾸준히 성경을 연구하면서 자신의 사역을 성경에 담긴 하나님의 마음을 따라 사역하려고 애쓰는 사람이기에 가능한 일이라고 생각한다.

성경 속에서 팀 사역의 예를 많이 찾아볼 수 있는데, 그 중에서 가장 쉽게 떠올릴 수 있는 것은 구약에서 모세의 팀이고, 신약에서 바울의 팀이라고 본다. 필자는 이 두 팀을 설명하려는 것이 아니고, 이 팀들은 좋은 예가 되어주면서 우리에게 알려주는 아주 중요한 메시지는 모두가 모세일 수 없고, 모두가 바울이 될 수 없다는 것을 이야기하고 있다고 말하고 싶다. 저자는 이 점을 알기에 책 속에서 자기의 위치를 알고 겸손하게 사역에 임하는 사람이 좋은 동역자임을 강조하면서, 사역팀의 구성원들이 그리고 자신이 그러한 사람이었기에 좋은 동역의 관계를 유지했다고 말하고 있다.

필자도 오랜 시간을 팀을 이루어 사역을 해왔던 사람으로서 다른 사람들이 팀 사역에 대해 물어오면 빼놓지 않고 하는 이야기가 있다. 팀 사역은 마치 관현악단이 한 곡을 연주하는 것과 같다. 악단의 모든 악기가 각각의 특성에 맞게 소리를 내지만 한 곡을 연주해야 아름다운 것이지 자신의 악기에 가장 잘 어울리는 곡을 각자가 연주한다면 소음이 될 뿐이다. 연주자는 자기의 악기를 통해 지휘자가 요구하는 연주를 해냄으로 때로는 작고 배경이 되는 소리로 때로는 크게 두드러지는 소리로 다른 악기와 조화를 이루는 능력을 지니고 있어야 하며, 곡에 대한 나의 해석이 아닌 지휘자의 해석을 따라 연주해야만 하는 것이다. 독주와 합주는 전혀 다른 것이다.

저자는 한 팀을 이루어 사역하는 동역자는 능력이 구비되어 있어야 함을 말하고 있는데, 바로 이런 의미에서 능력을 말하고 있다고 보여지며, 또 그 능력을 통제할 수 있는 성품도 갖추어야 한다고 말하고 있다. 그래야 일 중심이 아닌 관계 중심의 팀을 이루어 아름다운 모습으로 사역을 감당한다고 주장한다.

이 시대는 다양화와 함께 전문화되고 있어서 팀 사역을 선택이 아닌 필수로 하고 있다고 말할 수 있다. 이 책은 저자가 자기의 삶과 사역을 통해 경험하고 증명한 내용을 성경의 원리에 비추어 정리했다고 본다. 그러기에 이 책은 팀 사역을 하고 있거나 앞으로 팀 사역을 하고자 하는 모든 리더나 구성원들이 함께 읽고 나누면서 팀을 만들어 가는데 좋은 도움을 줄 수 있는 지침서가 되리라고 보고 기쁜 마음으로 추천한다.

박화목 선교사
ANTIA 국제 책임자

저자는 추억을 소환하는 한 편의 소중한 동역자 지침서를 내놓았다.

내가 가지고 있던 동역자 관(觀)은 "동역을 하려면 먼저 친구가 되고나서, 즉 관계가 형성된 후부터 함께 사역을 조금씩 해 나가야 문제가 일어나지 않고 아름다운 동역을 할 수 있다"는 것이었고 그 관점에 근거하여 주위 사람들에게 조언하곤 했었는데, 이 서책(書冊)을 접하면서 좀 더 구체적인 부분을 생각하게 되었다. 이전에 미처 깊이 생각하지 못했던 부분까지 조목조목 나열하여 독자들에게 설명해 준 귀한 지침서라는 생각이 들었다.

중국어에 "유관계취몰관계(有关系就没关系)"라는 말이 있다. 직역을 하면 "관계가 있다는 말은 관계가 없다"는 뜻으로 보이기 때문에 약간 혼란이 있는 뜻이다. 하지만 이 말은 중국인 설교자가 사용한 말로서 "하나님과 좋은 관계(有关系)를 맺으면 어떤 우여곡절의 문제가 발생해도 아무 문제가 없다(没关系)"는 의미를 갖는다. 즉 관계를 맺고 유지하기 위해 최선을 다하겠다는 의지를 의미하는 것이고, 그러한 책임 있는 관계로 들어가면 함께 해결하지 못할 문제는 없다는 의미로 해석할 수 있겠다.

동역자가 되려면 정말 신실한 관계 속에서 피차 어떤 일을 함께 겪어도 "함께 함으로 아무 문제가 없다고 할 수 있는 관계"가 되어야 아름다운 동역을 할 수 있다고 본다.

저자는 마지막 부분에서 동역할 때의 "자세와 태도"에 대하여 첫인상을 포함해서 함께 일을 함에 있어 대단히 소중한 자산을 13가지로 구체적으로 설명하였다.

함께 동역을 꿈꾸는 모든 분들이 아름다운 동역을 해낼 수 있음에 이 책을 적극 추천한다.

김창규 선교사
Stepping Stone Mission

본인이 거주하고 있는 지역에 'Team Café'라는 커피숍이 있어 한동안 모닝커피 하러 자주 간 적이 있었다. 이 커피숍 한쪽 벽면에 크게 쓰인 "Teamwork is the Best"라는 이 글귀가 너무 마음에 다가와서 이 문구 아래에 배치된 의자에 앉아 커피를 마시며 팀 정신에 대해 여러 차례 뜻을 음미했던 기억이 있다.

Team is Power!

최근 3년간 매일 로마서를 정독하고 있는데, 늘 마지막 로마서 16장을 읽을 때면 마음에 감동으로 다가오는 내용이 있다.

강한 성격의 소유자였던 사도 바울이 16장에서는 그렇게 많은 신실한 그리고 진심으로 사랑했던 동역자들의 이름을 진지하게 언급하는 것이다. 그의 성격에 대한 나 자신의 선입관이 있기도 하겠지만 늘상 귀한 모습으로 다가온다.

동역의 중요성은 아무리 강조해도 지나치지 않다는 생각을 유지한다.

본서의 저자인 임성철 선교사님과 서로 알고 지내온 시간이 어언 30년이 되었으며, 같은 사역 단체에서 같이 동역한 지 벌써 20년째가 되었다.

인생의 선배요, 삶의 멘토이며, 팀의 리더이며, 사역의 동역자이시다.

저자로부터 추천의 글 부탁을 받고 부담이 컸던 것도 사실이지만, 이 책은 진정한 동역을 갈망하는 자들에게 훌륭한 지침서가 될 것이라 믿기에 영광스럽게 생각하며 적극 추천한다.

이 책은 저자가 다년간 심혈을 기울여 저술하였다. 잠언 31장 말씀의 짧은 본문이지만 객관적인 성경적 해석과 다양한 사역 경험을 통한 실례를 들면서 마치 서 말 구슬을 꿰어 값어치 있는 보배를 만든 것처럼, 다양한 동역자 원리들을 독자들에게 제시하고 있다.

동역을 결정하기 전에 먼저 신중하게 결정하기를 권면하고 있으며, 재정 사용과 행동, 말에 대한 신뢰와 그것들을 통한 선한 영향력을 끼칠 수 있는 동역자 정신을 제시하고 있다.

특별히 저자는 언어 사용과 말에 대한 중요한 동역의 원칙을 강조하고 있다. 책임감과 도전 정신을 가진 자, 주어진 기회를 선용하는 자, 긍휼을 베풀 수 있는 자, 함께 하는 자를 인정하고 세워주는 자, 동역자를 품을 수 있는 자 등 놀라운 동역의 원리들을 제공해 주고 있다.

이 책은 동역의 원리에 관한 단순히 한 권의 책 이상의 감동과 하나님 나라를 위해 함께 팀 사역에 임하는 모든 동역자들과 이 책을 읽는 모든 독자에게 역동적인 동기를 주리라 확신하며 감사함으로 감히 추천한다.

차례

같은 길을 걷는 자들은
하나님이 예비하신 선물이다

〈같은 길을 걷는 자들〉이라는 제목의 노래 가사가 있다.

우리들은 모두가 같은 길을 걷는 자들, 같은 경험을 공유한다.

우리들은 모두가 같은 길을 걷는 자들, 같은 것을 추구한다.

함께 기쁨과 슬픔을 나누고,

함께 환난을 겪어 나가는 가장 친한 동반자:

함께 울고, 함께 기뻐하니 우리 동반자들은 가장 진실된 자들;

진리를 아는 중에 함께 만나 함께 같은 길을 걷게 해주시고,

같은 목소리로 찬양을 부르며 같은 목소리로

문화 혁명 시절, 무서운 핍박을 받던 중국 기독교인들이 부르던 찬양이다. 지속적인 환난과 핍박으로 인한 두려움을 떨쳐내기 어려웠던 시절, 주위에 나와 같은 길을 걷고 있는 동반자들이 있음을 인식하면서 '나 혼자만이 아니구나!'라는 위로를 받으며 만들어진 찬양 가사이다.

선지자 엘리야는 "여호와의 선지자는 나만 홀로 남았으나 바알의 선지자는 사백오십 명이로다!"라고 말하면서도 1:450의 말도 안 되는 싸움을 승리로 이끌었다. 그런 엘리야였지만 이세벨이 "사신을 엘리야에게 보내어 이르되 내가 내일 이맘때에는 반드시 네 생명을 저 사람들 중 한 사람의 생명과 같게 하리라 그렇게 하지 아니하면 신들이 내게 벌 위에 벌을 내림이 마땅하니라"(왕상 19:2)고 협박했을 때, 그는 "자기의 생명을 위해 도망"(왕상 19:3)쳤다. 그리고는 하나님께 탄식하며 "여호와여 넉넉하오니, 지금 내 생명을 거두시옵소서!"(왕상 19:4)라고 외쳤다.

그의 부르짖음은 충분히 이해된다. 그는 아마도 바알을 섬기는 이 무리들과 투쟁하며, 진리를 지키고자 애를 쓰는 사람은 자기 혼자뿐이라는 고독함 중에 그렇게 지쳐버렸을 것이다. 이때 하나님께서 엘리야에게 "내가 이스라엘 가운데에 칠천 명을 남기리니 다 바알에게 무릎을 꿇지 아니하고 다 바알에게 입 맞추지 아니한 자니라"(왕상 19:18)고 말씀하시며 같은 길을 걷고 있는 동반자들을 소개하신다. 엘리야 혼자만의 싸움이 아님을 알려주시며 위로하셨던 내용이다.

어둠 속에서 방황하던 우리들을 빛으로 인도하여 내시고, 어디로 가야 할지 잘 몰라 주저하고 있을 때 갈 길을 밝히 보여주셨던 우리들의 하나님!

그리고 우리가 이 땅에 사는 동안 무엇을 해야 할지 잘 몰라 힘들어할 때 우리 각자에게 소명을 통해 할 일을 보여주시고, 그 보여주신 일들을 이루어 낼 수 있는 길도 열어주시고, 힘과 지혜를 주시어 부족하나마 하나님 나라의 일에 참여할 수 있도록 이끌어 주신 우리들의 하나님!

이 하나님을 주님으로 섬기고, 이 하나님이 우리에게 베푸신 은혜에 조금이나마 보답하기 위해, 때로는 손실과 희생을 감수하며 주어진 삶을 기쁨으로 받아들이기도 하고, 때로는 상상하기도 어려운 환난과 핍박의 환경을 마다하지 않고 처절하게 어려운 길로 들어가기도 한다.

처음에는 엘리야와 같이 혼자만의 싸움으로 받아들이며 견뎌 낸다. 하지만 시간이 흐르면서 1:10, 1:50, 1:100의 싸움으로 확장되는 영적 전투 현장에서 우리는 금방 지치고 탈진한다. 결국은 엘리야와 같이 "여호와여 넉넉하오니 지금 내 생명을 거두시옵소서"와 같은 포기하는 기도도까지 이어지는 상황에 부닥치곤 한다.

이렇게 힘들 때 우리 하나님이 그의 일꾼들을 위해 예비해 놓으신 '같은 길을 함께 걷는 자들의 수'는 이 땅 위에 상상 이상으로 많을 것이다. 엘리야 스스로도 자기 혼자만 이렇게 외로운 싸움을 하고 있다고 생각했었는데 일곱 명도 아니고, 칠십 명도 아니고, 칠백 명도 아닌 칠천 명의 의인이 엘리야 주변에 있다고 하신 것이다. 오늘날의 군대 병력으로 거의 일개 사단 병력의 수가 된다.

바알에게 절하지 않고, 바알을 섬기는 자들과 타협하지 않은 '일당백'의 용사 칠천 명의 사람들을 같은 길을 걷는 동반자들로 남겨 놓으셨다는 선언은 당시 힘들고 지쳐 거의 무너지고 있던 엘리야에게는 금방 모든 것을 털고 일어날 수 있는 힘으로 작용했을 것이다. 동시에 오늘을 사는 우리에게도 이러한 하나님의 구체적인 배려는 큰 힘으로 다가올 것이다.

비단 엘리야 혼자만의 경우이겠는가? 비단 기독교를 핍박하는 어느 특정 국가 내에서 기독교 신앙을 지키기 위해 투쟁하고 있는 신도들만이겠는가? 우리의 일상생활, 삶의 터전 곳곳에서도 하나님의 은혜를 사모하며, 묵묵히 주위의 연약한 지체들을 돌보며 손잡아 이끌어 주는 동반자들은 언제나 찾아볼 수 있다. 어떠한 상황 속에서도 하나님의 말씀 위에 서서, 하나님에 대한 신앙을 포기하지 않고 타협하지 않으면서 성도의 삶을 살고자 애쓰는 자들은 우리 눈에 보이지 않더라도 언제나, 어느 곳인가에 있게 마련이다.

패러독스 : 동역자라 해서 언제나 만족스러운 것은 아니다

이쯤에서 위에서 언급한 내용 위에 덧붙여 역설적인 느낌이 들 만한 내용을 생각해보고자 한다.

그리스도인의 신앙을 위협하는 외세의 세력이 강하게 압박해 들어올 때는 같은 신앙을 고백하며, 함께 어려움을 겪고 있는 그리스도인이라는 의미 자체에 매우 큰 가치가 부여된다. 서로가 손을 잡고, 서로를 의지하면서, 매우 단순한 사고 구조로도 함께 뭉쳐질 수 있다. 왜냐하면 함께 대적해야 할 대상이 너무나도 확실하게 식별이 가능한 동지들의 신앙을 핍박하는 외적 세력이기 때문이다.

같은 신앙 고백을 하는 형제와 자매들이 동일한 이유로 어려움을 겪는 중에 그래도 믿고 의지할 자들이 바로 같은 길을 걸어가는 동역자들뿐이라는 고백 속에서 똑같은 마음을 갖기 때문이다. 그래서 앞서 소개한 〈같은 길을 걷는 자들〉이라는 노래의 가사와 같이 신앙을 지키기에 어려운 시기일수록 함께 하는 자들의 가치가 더욱 귀하게 다가올 수 있는 것이다.

서슬이 시퍼렇게 핍박하며 덤벼드는 적들을 막아내기 위해 옆에 있는 형제자매들의 손을 붙들고 서로를 의지하며 어렵고 힘든 시기를 함께 넘긴 후, 앞만 보고 정신없이 달리다가 여유로운 한숨을 쉬며 문득, 함께 싸우던 동지들의 얼굴이 보인다. 서로를 살필 겨를도 없이 공동의 적만 바라보며 싸우던 때에는 함께 싸우는 동지들의 얼굴이 크게 보이지 않았는데, 이제 공공의 적이 별로 위협적으로 보이지 않는 시점에 다다르니 함께 손잡고 투쟁하던 옆 전우들의 얼굴이 크게 부각되기 시작한 것이다. 함께 한다는 큰 장점만 붙들고 지금까지 왔는데 눈에 보이기 시작한 형제자매들의 단점이 더욱 크게 그리고 자세하게 보이기 시작한 것이다.

치열한 전투가 있던 전쟁터에서의 전우가 아닌, 평화 시대의 동역자에 대해 고민할 시간이 주어진 것을 의미한다. 즉 총알이 빗발치듯 쏟아지는 전장터에서 함께 공동의 적과 싸우던 전우가 아니라, 평화로운 시절의 내무반에서 각양각색의 개성이 자연스럽게 표출되는 여러 무리와 더불어 맡겨진 여러 일을 해 내야 하는 상황에서 주어지는 동료 선택에 대한 고민을 분석하고 공유할 필요가 생긴 것이다.

당위성: 누군가와 함께 해야만 한다

이제 아주 간단한 질문 두 가지를 하려고 한다.

첫 번째 질문은 "이 세상에 살면서 중요하고 의미 있는 일을 하려고 할 때 '나 혼자만의 힘'으로 해 낼 수 있는 일이 얼마나 있을까?"이다.

이 질문 속에 있는 "중요하고 의미 있는"이라는 전제를 조건으로 두고 생각
해 보면, 사실 나 혼자 할 수 있는 일은 많지 않다는 결론에 쉽게 도달한다.

실제로 조그마한 구멍가게 하나를 운영하려고 해도 혼자 모든 것을 해 내
는 것은 결코 쉬운 일이 아니다. 어느 누군가와 함께 하면서 도움을 주고받
아야 제대로 운영할 수 있다. 조그마한 구멍가게도 그러한데 하물며 한 번
만 주어진 삶 가운데에서 중요한 의미를 부여하는 어떤 일을 하려고 함에
있어 '나 혼자'만의 도전은 무리한 시도일 뿐이다. 결국은 언제나 누군가와
함께해야 한다는 결론에 도달하게 된다. 혼자서 일할 때보다는 일을 결정하
고 진행하는 모든 과정 하나하나에 더 많은 에너지가 필요하지만 말이다.

얼마 전에 비즈니스 선교(BAM: Business As Mission)에 10여 년간 참여해 오
신 사업가 선교사님과 대화하던 중에 "BAM의 성공 가능성은 0.1%도 없다
는 사실을 확인했습니다"라고 힘을 주어 내린 단정적 결론을 직접 듣게 되었
다. 나는 이미 이분이 해 오시던 방식을 보아왔기 때문에 그러한 자평을 듣
고 나서 "선교사님의 실패 원인은 아주 간단합니다. 그것은 선교사님이 혼자
서 모든 것을 하셨기 때문입니다!"라고 분명하게 말씀을 드렸다. 평신도 선
교사로 헌신하시고 지금까지 혼자서 전방위적으로 고군분투하신 희생에 대
한 소중한 평가는 마땅히 주어져야 하겠지만, 혼자의 생각과 고집과 의지만
을 갖고 하나님이 맡기신 중요한 일을 단독으로 수행하려는 시도에는 박한
점수를 줄 수밖에 없었다.

더구나 이분의 경우는 가장 최소 단위의 동반자인 아내마저 한국에 홀로
두고 온 상태였기 때문에 철저하게 단독 행보를 해 오셨던 것이다. 선교지에
서 주어지는 부부 간의 기능은 결코 과소 평가될 성질의 것이 아니다. 서로
서로를 보호해 주고, 전략에 있어 함께 의견을 나눌 뿐만 아니라, 아내의 경
우 앞만 보고 달려 나가는 남편에게 건강한 견제 역할의 기능을 해 내기도

하고, 다양하게 주어지는 여러 유혹도 부부라는 공동체 그 자체를 통해 미연에 방지할 수 있고, 정신적으로 심리적으로도 안정감을 유지할 수 있는 등 얼마나 중요한 기능을 갖고 있는지는 말로 다 표현할 수 없다. 그런 기능을 마다하고 '당신 오기 싫으면 나 혼자라도 갈게!' 하는 심정으로 나온 것 자체부터 이미 실패할 큰 가능성을 안고 출발한 것이다. 심리적으로, 감성적으로, 전략적으로 '혼자'는 언제나 힘든 것임을 알아야만 한다.

더구나 이분의 경우는 성격 자체가 '강성'이다. 강성에 대한 정의는 사람마다 다르게 내릴 수 있겠지만, 나는 이 단어를 일반적으로 남의 말에 귀를 기울이지 않고 자신의 주장만 강하게 내세우는 성향에 대해 사용한다. 물론 "성격이 강하니 선교지에서 선교 사역을 감당하며 살지!"라고 쉽게 말할 수도 있다. 틀린 말은 아니다. 하지만 그럼에도 불구하고 남이 심각하게 충언하는 것을 들을 귀가 없는 사람이라면 어떠한 중요한 일도 이루어 내기란 결코 쉽지 않다. 일반적으로 몇 번 권고해도 전달되지 않음을 확인하고도 계속 반복해서 권면할 사람은 많지 않기 때문이다. 그러니 이 사람도 왔다 떠나고, 저 사람도 왔다 떠나고 그렇게 많은 사람을 거치며 인맥이 형성되어 있는 것 같지만, 실제로 그 사람 옆에서 정성껏 말해 줄 사람이 없게 된다. 그러니 홀로 외길을 걷는 사역자의 삶을 사는 것이다. 누구를 탓하랴!

재삼 언급하는 것이지만 조그마한 구멍가게 하나를 운영하는 것도 소자의 말에 귀를 기울일 수 있는 자만이 성공적으로 해낼 수 있다는 결론을 내릴 수 있다. 혼자 할 수 있는 일은 지극히 적다.

두 번째 질문은 인생의 험로를 걸어감에 있어 서로를 신뢰하며, 돕고 의지하며 함께 손을 잡고 더불어 함께 할 수 있는 동반자! 이런 자를 찾는다는 것이 과연 가능할까? 동시에 나 자신이 누군가에게 이러한 동반자가 되는 것이 가능할까?

창조주 하나님을 구주로 영접하고 믿고 따르는 자들에게 있어서 이 세상이란 할 일들로 넘쳐흐르는 일터다. 복잡한 출퇴근길 한복판이 복음을 전해야 할 자들로 가득 찬 어장으로 보이고, 천진난만하게 장난치며 노는 아이들을 바라보면 어려서부터 저들의 영혼 속에 주님을 어떻게 모셔 들일 수 있도록 도와줄 수 있을까를 고민하게 된다. 어쩌다 대학 캠퍼스에 가게 되면 내가 처음 주님을 영접하고 장래의 비전을 부여받았던 대학 시절이 떠오르며 젊은이들을 향한 뜨거운 마음이 솟구친다. 가난한 자들을 바라보면 이들을 어떻게 구제해야 하나 안타까운 마음이 들어오고, 병들어 신음하는 자들을 접하게 되면 젊은 시절 의학을 공부했던 자로서 그리고 실제로 임상에 짧지 않은 시간을 참여했던 자로서 온갖 구상이 다 떠오른다. 가정 문제로 힘들어하는 자들을 보면 가정 문제 상담을 어떻게 진행해야 할지 어떠한 자들을 영입하여 이 일을 진행해야 하나 즉시 고민하게 되고, 사업을 통해 어떻게 하나님께 영광을 돌려야 하는지를 고민하는 그리스도인 사업가를 만나면 BAM(Business As Mission)에 대한 강의가 나도 모르게 쏟아져 나온다. 몸은 하나이고 경험도 유한한데, 주위에는 할 일들로 가득한 세상에 살고 있다.

일개 소대 병력 약 30명 정도를 운용하는 일에도 네 명의 분대장이 있어야 하고, 선임 하사가 있어야 하고, 같은 사병들 사이에서도 맡겨진 여러 일이 제대로 돌아가야 성공적으로 그 소대 병력을 지휘할 수 있다. 필자인 나 역시 소대장으로 있다가 중대장이 갑작스럽게 후방으로 이송되면서 중대장 휘장을 달고 정식으로 중화기 중대를 이끌었던 경험이 있다. 네 명의 소대장, 네 명의 선임하사관, 열여섯 명의 분대장, 중대 인사계, 행정 사병들 등을 포함해 120명의 부하를 지휘했었다. 그때 나이 겨우 24살이었다. 늘 무기를 소지하는 최전방에 있었기 때문에 큰 책임이 있던 만큼 막강한 권한 역시 나에게 주어졌다. 한 명의 소대장이라도 나의 지휘에 도전하거나, 한 명의 선임하사관이라도 명령에 불복하고 사고를 쳐도 큰 문제에 직면하게 된다는 것을 몸소 체험했었다.

결코 쉽지 않았던 경험을 하면서 한 가지 깊이 깨달았던 것은 할 일을 대충대충 하려면 한없이 쉽게 갈 수도 있지만, 주어진 일들을 제대로 감당하려고 하면 한도 끝도 없는 일이라는 것이었다. 책임감 있고 성실한 소대장을 만나면 그 소대에 대한 걱정이 반감되고, 중대의 어머니와 같은 인사계가 중대에 배당된 행정비를 자기 주머니에 챙기려는 행위를 지속하면 중대 운영비가 늘 적자로 돌아감으로 어려움을 겪게 된다. 혼자 열심을 갖고 뛴다고 잘 되는 것이 아니라 함께 책임을 지는 자리에 있는 모두가 같은 마음으로 나가야만 모든 일이 순조롭게 진행된다.

할 일로 가득 찬 이 세상에 살면서, 하나님이 맡겨주신 어느 특정한 일들을 제대로 감당하기 위해서는 같은 길을 걷기로 작정한 사람들 중에서 나와 같이 마음을 모아 걸어 나갈 동반자에 대한 선택은 말로 표현할 수 없을 만큼 중요한 의미를 갖는다.

더구나 모든 시선이 자기에게 꽂혀 고개를 들어 남을 볼 여유를 갖지 못하는 자들로 가득 찬 이 시대에 살면서, 아니 남을 돌보는 일조차 자신의 목표를 이루기 위한 이기적 행보의 한 걸음으로 자연스럽게 여겨버리는 시대에 살면서, 서로가 마음 놓고 편안한 마음으로 서로를 신뢰하면서, 서로를 진실되게 돌보면서 함께 길을 걸어갈 동역자를 만나 공동 목표를 향해 최선의 경주를 할 수 있는 여건들이 과연 우리 평생의 여정 가운데 몇 번이나 주어질 수 있을까?

과연 부모와 자식의 관계라 해서 자연스럽게 이러한 조건들이 갖추어질 수 있을까? 그리고 그러한 상황 속에서 함께 일할 수 있는 관계로 진입하는 것이 가능할까? 부부의 관계라 해서 당연히 그런 조건들을 충족한 관계 형성이 이루어질 수 있을까? 절친의 관계라 하여 과연 쉽게 동역자의 길에 들어서서 만족한 모습으로 함께 해 나갈 수 있을까? 혹시 이리저리 재보고 생각하다 결국 내려지는 답이 "나 혼자이다! 믿을 수 있는 사람은 나 한 사람뿐이다!"라는 것이 아닌지?

사도 바울이 바나바와 함께 심각하게 다투며 서로 다른 길을 가게 된 원인 역시 동역자의 선택 문제였다. 한 번 배신하고 떠난 자를 다시 데리고 갈 수 없다고 주장했던 바울과 그래도 다시 한번 동역의 기회를 주자고 했던 바나바와 의견 대립이 갈등으로 깊어졌기 때문이다.

어떠한 형태로든 함께 하는 것은 쉬운 일은 아니다.

그렇다면 나의 두 번째 질문 "인생의 험로를 걸어감에 있어 서로를 신뢰하며, 돕고 의지하며 함께 손을 잡고 더불어 함께 할 수 있는 동반자! 이런 자를 찾는다는 것이 과연 가능할까? 동시에 내가 누군가에게 이러한 동반자가 되는 것이 가능할까?"에 대한 답은 '불가능'이라고 해야 하는가? 결국 혼자의 힘으로 이 모든 일을 감당해야 하는가, 아니면 잔머리를 굴리며 적당히 나를 이용하려는 사람이라도 그냥 눈을 질끈 감고 같이 걸어가야 하는가, 이러함으로 주어지는 끝없는 불평과 원망은 자연스러운 것으로 그냥 안고 가야 하는가?

믿고 갈 수 있는 동역자, 가능하다

이런 와중에 어느 날 하나님께서 필자의 눈에 잠언 31장을 조명하여 주셨다. 함께 같은 길을 걸어가야 할 사람은 어떠한 부류의 사람이어야 하는가에 대한 가르침이었다. 동시에 나와 함께 길을 걸어가야 할 자들에게 '나'는 어떤 사람이어야 하는가에 대한 깨우침이었다.

필자는 잠언 31장 10–31절의 내용 속에서 열 가지의 동역자 원리를 찾아 기록하였다. 그렇게 기록하는 중에 다시 한번 깊이 깨달은 것은 나 자신부터 이 원리에 부합되는 삶의 자세를 갖고 살아야 할 것이라는 사실이다. 이것은 내가 준비된 만큼 나만큼의 동역자가 주어진다는 원리를 의미한다. 우리는 늘 남 탓을 하는 버릇이 있다 보니 잘못된 것을 모두 남에게 전가하곤 한다. 하지만 하나님께서 우리에게 남겨 놓으신 지혜의 보고(寶庫, Storage)를 보고 또 보다 보면 모든 문제의 근원은 바로 나 자신에게 있고, 또한 그 문제의 근원을 나 스스로 해결하면 모든 문제 역시 풀리게끔 되어 있다는 간단한 원리를 이해하게 된다. "나에게는 왜 좋은 동역자가 주어지지 않을까?" 혹 이런 질문을 하는 독자가 있다면 간단하게 생각하면 된다. "내가 좋은 동역자가 아니라서 그렇다!"라고.

이제 두 번째 질문에 대한 필자의 답은 이미 나왔다. 그것은 "가능하다!"이다. 하나님이 주신 동역의 원리를 잘 이해하고, 나 자신이 거기에 맞추어 애를 쓰며 살다 보면, 그리고 이러한 동반자를 위해 지속해서 서두르지 않고 기도하다 보면 어느 날 나의 주위에서 보이기 시작할 것이다. 나의 아내가 될 수도 있고, 나의 남편이 될 수도 있고, 어리다고 여기기만 했던 나의 자녀가 어느 날 장성하여 나의 동역자로 서 있을 수도 있고, 함께 일하던 사람 중에서 나올 수도 있다. 충분히 가능한 일이다. 이제 이 원리들을 함께 탐구해 보자. 간절한 마음으로.

함께 갈 수 있는 사람

고민해 봐야만 하는 조건들

대인 관계에 대한 글은 많다. 좋은 관계의 유지, 개선, 발전 등에 관한 내용은 어느 서점에서든 쉽게 찾아볼 수 있다. 개개인의 성격과 기질과 성향, 그리고 심리 상태 등을 분석하여 원활한 대인 관계를 유지하고 발전시키는 데 도움이 되는 글들 역시 적지 않다. 하지만 공동의 목표를 놓고 함께 일을 하는 동업자 또는 동역자[1]의 근간을 제시하는 원론적인 내용의 글들은 잘 눈에 보이지 않는다.

남편과 아내가 부부로서 조화로운 관계를 유지하는 방법과, 남편과 아내

---

[1] 동업(同業)은 주로 비즈니스와 연관되어 같은 종류의 직업이나 영업을 하는 경우에 주로 사용되는 것으로 인지되어 있고, 동역(同役)은 역(役)자가 갖고 있는 의미 자체가 "일하다, 힘쓰다, 경영하다"이므로 동업에 비해 좀 더 넓은 의미를 갖고 있다고 볼 수 있다. 동업과 비교해 같은 업종의 일을 하는 것도 '동역'으로 사용해도 무방하고, 영리를 목적으로 하지 않는 선한 일들을 함께 도모하는 경우에 좀 더 많이 사용되는 편이다. 따라서 이 책의 목적이 다양한 범위 내에서 함께 일을 도모하는 것을 포함하고 있기 때문에 함께 힘을 쓰며 일을 하는 의미의 '동역'이란 단어를 통용하고자 한다.

가 함께 같은 일을 하는 동역적 관계를 유지하는 방법에는 폭 넓은 차이가 있다. 형제와 형제가 서로를 이해하면서 선한 관계를 유지하는 매뉴얼과, 형제와 형제가 함께 공동의 목표를 놓고 일을 해 나가는 데에 필요한 동역 매뉴얼 역시 같을 수가 없다. 친구와 친구가 마음이 맞는다고 함께 만족스럽게 일을 도모해 나갈 수 있는 것은 아니다.

단순 관계의 유지 면에서는 불편한 부분이 좀 있어도 인내하며 침묵해 나갈 수 있는 일도, 함께 일을 할 때에는 오히려 당면한 문제를 있는 그대로 오픈하여 불편함을 감수하면서라도 다루어야만 하는 상황에 직면하게 되는 것이 동역의 관계이다.

나 개인적으로도 얼마든지 좋은 관계를 유지해 나갈 수 있었던 선후배의 관계를 동역의 관계로 끌고 들어옴으로 인해 관계가 오히려 무너진 경험을 몇 차례 한 적이 있다. 거리를 두고 좋은 게 좋은 것이다는 식의 관계를 지속적으로 유지했더라면 더 나았을 텐데, 왜 그렇게 서둘러 동역의 관계로 끌고 들어왔는지 뒤를 돌아보면 후회만 남아있다.

급할수록 돌아가라는 말이 있듯이 지금 누군가와 하고 싶은 일이 있다면 이 글 〈동역자 매뉴얼〉 '함께 일하는 자들이 간직해야만 하는 매뉴얼'을 읽으며, 곰곰이 생각하고, 아주 천천히, 함께 일을 도모하는 동역의 길로 들어가거나, 함께 동역하고자 하는 마음을 접기로 결정하기를 권한다.

동역의 기본 : '함께' 그리고 '연합'

동역은 혼자 어떤 일을 하는 것이 아니라 누군가와 함께 일을 하는 것이다. 따라서 '함께'라는 단어가 갖는 의미는 동역의 기본에 해당하는 사항이다. '함께'의 이상적 의미는 모든 면에 있어 다름을 유지하는 개개인이 존중된 '연합'이다. 다름이 존중되지 못한 가운데 억지로 묶어 하나로 만들려는 시도 중, '연합'된 것처럼 보이는 '함께'는 이상적인 의미를 제시하지 못한다.

남자의 독특함과 여자의 독특함이 함께 조화를 이루어 연합된 공동체를 부부라 한다. 그리고 그렇게 연합된 공동체는 다름으로 인한 갈등을 존중과 용납의 노력을 통해 화목한 최소 가정 단위를 유지할 수 있다.

함께 합쳐지는 연합에 대해 인간의 지식으로는 이해가 불가한 내용도 있다. 성경에 나오는 하나님과 사람의 연합이다. 즉, 불가시(不可視: 눈에 보이지 않고)하고 불가지(不可知: 알기가 어려운)한 하나님과 모든 면에 유한한 사람과의 연합이다.

완전체와 불완전체와의 연합이라 그냥 연합되는 것이 아니고, 자연스럽게 함께 되는 것이 아니라 중간에 불가능한 것을 엮어주는 매개체가 언제나 필요하다. 예레미야 50장 5절에 보면 "너희는 오라, 잊을 수 없는 영원한 언약으로 여호와와 연합하라"는 내용이 나온다. '언약'이라는 매개체를 통해 온전하신 하나님이 연약한 인간과 연합을 도모한다.

성경에는 예수 그리스도의 죽으심과 부활하심 속에 인간을 초대하여 연합하는 내용도 나온다. 그리스도의 십자가 상의 죽으심에 우리를 초대하여 연합체로 만들어주셨고, 그의 부활에도 우리를 초대하여 부활로의 연합도 도모하여 주셨다.

그래서 그리스도인들이 자주 사용하는 단어가 '은혜'이다. 전지전능하실 뿐만 아니라 온전히 의로우신 하나님과의 연합이 애당초 불가능한 존재가 '언약'이라는 하나님의 일방적 약속을 통해서, '그리스도의 죽으심과 부활하심'이라는 제2위 하나님이신 예수 그리스도의 희생적인 참여 사역을 통해서 하나님과 연합되는 결과를 부여받은 것이었기 때문에, 그리고 그 모든 것에 조금도 우리의 역할이 없이 선물로만 받은 연합이었기에, 우리 그리스도인들에게 은혜란 빼놓고 생각도 할 수 없으므로 늘 하나님의 특별한 '은혜'에 감사하며 살 수밖에 없는 것이다.

성경에서는 우리와 하나님과의 관계만 설명하고 그치지 않았다. 사람과 사람 간의 연합 역시 언급하고 있다. 사도 바울은 골로새의 교인들에게 "사랑 안에서 연합하여 확실한 이해의 모든 풍성함"(골 2:2)을 깨닫게 하려는 노력을 기울였다. 여기에서 보면 연합을 통한 '확실한 이해'가 풍성하게 넘치는 내용을 담고 있다.

하나님과의 수직적 연합 관계를 형성한 자들 간의 수평적 연합에 대한 당위성을 설명하고 있는 것이다. 어찌 보면 하나님과의 상하의 연합은 하나님 쪽의 일방적 결정으로 진행되는 것이므로 우리의 역할은 없다. 일방적 선택일 뿐이다. 하지만 좌우의 횡적 연합은 개인 하나하나의 '이해의 풍성함' 없이는 이루어지기 어려운 목표이다.

다음의 도표가 위에서 언급한 내용을 잘 보여준다. 중간 매개체를 통한 하나님과 사람 간 상하의 연합과 더불어 한 명 한 명 단위 사이의 횡적 연합이 담겨있다. 여기에는 한 가지의 조건이 주어진다. 그것은 도표에서 보이는 사람과 사람 각 개인이 개별적으로 상하의 연합 관계에 놓여있어야 한다는 것이다. 상하의 연합 관계가 형성되지 않은 상태에서의 횡적 연합 관계는 사

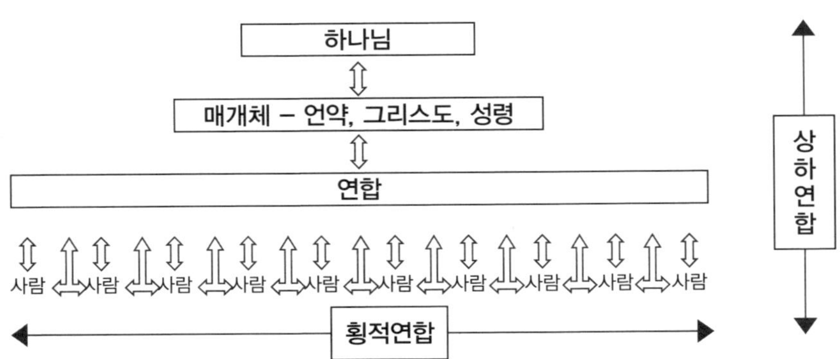

실상 불가능하다는 의미이다. 단순한 횡적 관계는 언제든 가능하지만 '연합' 진정한 의미의 '함께함'의 관계는 불가하다는 뜻이다.

'함께함'과 '연합'이라는 단어는 기독교인들에게만이 아니라 일반인 모두의 심성을 자극하지 않는 부드럽고 이상적인 단어이기 때문에 지속 그러한 느낌으로 나가고 싶지만, 이 책의 독자층이 단순 기독교인의 수준을 넘어선 헌신된 그리스도인들이니만큼 부드러운 분위기에서 솔직하게 고민해야 하는 분위기로 이동하는 것이 불가피해 보인다.

왜 상하 연합의 관계 형성이 우선되어야만 하는 것인가를 설명하는 것은 간단하다. 마치 철저한 자본주의자들 간의 연합은 가능하지만 자본주의자들과 사회주의자들 간의 실제적 연합이 거의 불가능하듯이, 민주주의를 확실하게 인정하고 지지하는 자들과 공산주의 열성 당원들과의 연합이 불가능하듯이, '하나님의 언약' '예수 그리스도의 십자가 상에서의 죽으심과 사흘 만의 부활' '성령의 역사'라는 중간 매개체를 통해 하나님을 개인적으로 인정하고 연합을 형성한 그리스도인들과 그렇지 못한 사람들과 참된 의미의 연합은 사실상 불가능하다고 보는 것이 맞다.

20세기 영국의 위대한 설교자 중의 한 분이었던 마틴 로이드 존스(Martyn Lloyd-Jones) 목사는 비그리스도인을 "영적으로 무식한 자연인"이라 묘사했다. 영어 원문은 우리 한국인들이 접하기에는 조금 더 부드러워 보이기는 하다. "spiritual ignorance of the natural man"[2]이라고 기록되었기 때문이다. 사실 같은 내용이지만 좀 부드럽게 번역하자면 "자연인의 영적 무지함"이라고 표현하였다. 한국 사회에서는 "이런 무식한"이라는 표현은 상당히 경멸에 가까운 표현이기 때문에 '무식'에서 '무지'로 부드럽게 바꾸어 보았다.

사도 바울은 고린도전서 2장 14절에서 "육에 속한 사람은 하나님의 성령

---

2) Dr. Martyn Lloyd-Jones, *Preaching and Preachers* (1971, Hodder & Stoughton Ltd) p.47

의 일을 받지 아니하나니 이는 그것들이 그에게는 어리석게 보임이요, 또 그는 그것들을 알 수도 없나니 그러한 일은 영적으로 분별되기 때문이라"고 좀 더 구체적으로 기록하고 있다.

사도 바울이 한 말을 다시 한번 정리하자면, 하나님과의 연합을 이룬 사람을 '영적' 사람이라고 표현할 수 있고, 아직 그러한 상황에 들어가지 못한 사람을 '육에 속한 사람'이라고 묘사하고 있다. 하나님과의 연합적 관계에 들어가지 못한 육에 속한 사람들은 눈에 보이지 않는 '성령'의 일을 받아들이지(accept) 않는다고 하였다. 성령과 관련된 어떤 일에 있어서도 대화가 불가하다는 의미이다. 하나님과 연합을 이룬 그리스도인들에게 있어 성령의 역사는 실로 대단한 의미를 갖지만 '육에 속한' 자들에게는 "어리석게 보임이요 알 수도 없다"고 사도 바울은 강조하고 있다.

위의 내용에 근거하여 유출해낼 수 있는 단순한 원리 한가지는 "하나님과의 상하 관계로의 연합이 형성된 자들(영적인 자들)과 그렇지 못한 자들(육에 속한 자들)과의 횡적 연합은 적어도 하나님과 관계된 일에 관한 한 불가능하다"는 것이다.

이 내용과 관련하여 가장 좋은 예화는 돈을 갖고 성령의 권능을 사려고 시도했던 시몬의 행위에서 볼 수 있다. 평소 마술을 행하며 사람들을 놀라게 하면서 스스로 큰 사람이라고 여겼던 시몬이 어느날 성령의 임하는 역사를 목격하고 사도들에게 돈을 주면서 그 능력을 자신에게 달라고 요청했다. 이에 베드로는 "네가 하나님의 선물을 돈 주고 살 줄로 생각하였으니 네 은과 네가 함께 망할지어다. 하나님 앞에서 네 마음이 바르지 못하니 이 도에는 네가 관계도 없고 분깃 될 것도 없느니라 … 내가 보니 너는 악독이 가득하며 불의에 매인 바 되었도다"(행8:20–23)라고 경고하고 있다. 철저하게 육에 속한 자가 영에 속한 일을 돈을 주고 소유하고자 했던 모습을 보여주는 것이요, 함께 손을 잡고 같은 길을 갈 수 있는 사이가 아님을 보여주는 내용이다.

공동 가치관과 세계관을 가진 자들의 연합이 안전한 동역의 길이다

조금 더 생각해 볼 수 있는 도표를 만들어보았다.

사람들 간의 만남 속에 제일 먼저 보이는 것은 각 사람에게 형성된 외형적 행동 패턴이다. 식생활의 패턴, 만남의 패턴, 예절과 관계된 패턴, 감정 표현의 패턴, 생사에 관련된 반응 패턴, 갈등 표현과 해결 패턴 등등 수도 없이 많다.

하지만 이러한 행동 패턴을 결정하는 요인이 무엇인가까지 고민해 보지 않고 단순하게 드러난 행동 양식만 갖고 사람을 이해하려는 시도는 조금 성급하다.

특별한 예외의 경우가 없는 것은 아니지만 일반적으로 볼 때 정형화된 행동 양식을 결정하는 원인을 생각해 보지 않을 수 없다. 매운 것을 먹다 보니 자주 배가 아프고, 설사를 자주해서 매운 것을 먹지 않는다는 행위의 결정에는 이러한 요소가 작용하고 있는 것이다.

그렇다고 해서 사람이 자신의 행동 패턴에 대한 결정이 늘 유익한 것만을 고려하는 동물적 사고에 머물러 있는 것만은 아니다. 사람이 동물과 다른 점은 가치에 대한 결정을 고민하는 부분이다.

함께 일할 사람이 늘상 무엇이 유익한가만을 놓고 고민한다면 피차간에 어려운 상황에 들어가는 국면을 맞이하는 것은 시간 문제이다. 함께 목표를 정하고, 일의 방향을 설정하고, 일을 더불어 추진해 나가는 데 있어 끊임없이 질문해야 할 부분이 참 가치에 대한 고민이다. 이쯤에서 계속해서 함께 나갈 수 있는 사람인가 아니면 멈추어 서야만 할 것인가를 결정할 수 있는 근거를 갖게 된다. 서로 다른 가치를 추구하는 사람들이 함께할 수 있는 일은 매우 단조로운 육체 노동 정도의 일들뿐이기 때문이다.

사람이 내리는 가치관에 근거는 믿음 체계이다. 주님 안에서 이루어진 가정은 이러이러해야 한다는 원칙의 근거는 믿음의 체계이다. 성경에서 말씀하는 관점을 근거로 잡는 것이다. 일부일처와 일부다처의 근거 역시 마찬가지이다. 성경의 원리에 근거를 둔 자는 일부일처를 따를 것이고, 일부다처를 허용하는 문화권의 원리를 맨 위에 올려놓은 자는 그 원리에 따라 결정하게 되는 것이다. 직업윤리와 상호 협력의 원칙 역시 어떠한 관점에 나의 마음과 눈을 놓느냐에 따라 천차만별로 달라질 수 있는

것이다.

‘함께’와 ‘연합’은 구호로 이루어질 수 있는 것이 아니고, 마음의 다짐과 결정으로만 될 수 있는 것도 아니다. 돕고자 하는 마음과 도움을 받는 마음이 피차간에 맞아떨어진다고 아무런 문제 없이 함께 또는 연합이 이루어질 수 있는 것은 아니다.

외모와 행동과 지금까지 갖추어온 스팩만을 갖고 동역을 시작하는 것은 외적인 조건만을 보고 시작하는 것이기 때문에 안전하지 못한 연합이 될 수 있다. 왜냐하면 행동 양식의 근거가 ‘유익의 추구’와 본인의 ‘안전’에 우선을 두고 있기 때문이다.

적어도 ‘가치의 추구’에 유사함을 갖고 시작하는 연합은 외적인 행동 패턴에 기인한 동역보다는 안전하다. 참과 거짓에 대한 고민을 바탕에 깔고 있기 때문이다. 그래도 가장 안전한 연합은 동일한 믿음에 근거한 공통의 세계관을 갖고 있는 자들 간의 연합이다.

2

동역의 의미를 알고 이해하는 사람

"이들만은 하나님의 나라를 위하여 함께 역사하는 자들이니 이런

사람들이 나의 위로가 되었느니라"(골 4:11)

단어 정의

기독교라는 범주를 벗어난 다른 영역에서는 '동역' 또는 '동역자'라는 단어가 자주 사용되지 않는다. 어쩌면 일반적인 상황에서 이 어휘의 사용 자체를 듣기 어려울 수 있다. 동업자, 동반자, 반려자 등의 어휘들은 주변에서 쉽게 들을 수 있지만 '동역자'라는 말은 통상적으로 사용되지 않는 용어로 이해하고 있다.

하지만 기독교라는 커뮤니티 안에서는 비교적 자주 사용된다. 신앙생활에 열심을 내는 자들, 특히 하나님의 나라를 위해 무엇인가를 하려고 애

쓰는 사람들 사이에서는 제법 애용되는 호칭이라고 표현해도 무리가 없을 것이다.

"나는 함께 일할 동역자가 필요해" "나와 함께 하는 동역자는 너무 좋아!" "왜 나에게는 함께 마음을 맞추어 일할 동역자가 없는지 몰라!" "주님! 저에게 이 귀한 일을 함께 감당할 동역자를 주소서!" 등과 같은 표현들과 기도의 제목들은 어색하지 않을 정도로 쉽게 쓰이는 기독교 언어들이다.

그렇다면 하나님의 나라를 위해 무엇인가 하려는 자들 사이에서 이렇게 자주 언급되고 사용되는 이 단어의 뜻과 함축된 정의를 좀 더 자세히 살펴볼 필요가 있겠다.

먼저 '동역자'라는 어휘가 한자어에서 온 것이니 한자의 의미를 생각해 보자. '동역'(同役)이라는 단어에서 '동'(同)의 의미는 '같다'라는 뜻을 가진 '동'자(字)이다. 그리고 '역'(役)이라는 단어는 '역할' 또는 '의무'라는 의미를 갖는다. 따라서 '동역'이라는 말은 '함께 역할'을 한다, '함께 맡겨진 의무와 책임을 감당한다'는 의미를 가지며, '동역자'는 '함께 주어진 역할을 나누어 감당하는 자'라는 뜻을 자연스럽게 내포한다.

이 단어는 기독교 내에서 주로 사용되고 있는 것이기 때문에 '함께 주어진 역할을 감당'한다는 의미의 동역 개념 역시 되새겨볼 필요가 있다. 먼저 생각해 봐야 할 내용은 이 단어가 일반적으로 사적인 영역에서는 사용되지 않는다는 것이다.

예를 들어, 나의 개인 집을 잘 짓기 위해 '동역자'가 필요하다는 말은 맞는 표현이 아니다. 아내 또는 남편과 잘 '동역'하여 가정의 재정 문제를 해결해 나가야 할 것이라는 표현 역시 적당하지 않다. 개인의 이익이나, 개인의 사생활과 관련된 일에는 적절하게 사용되는 용어가 아니라는 뜻이다.

하지만 우리 기독교인들이 믿고 있는 하나님과 하나님의 일과 관련된 어떠한 '공동'의 목표를 놓고서는 사용한다. 교회와 관계된 어떤 공동의 목적과 그 목적을 이루어나가기 위한 방법이나 과정과 관련된 일에 대해서 자주 사용된다. "우리는 함께 찬양팀에서 사역해 왔어. 그래서 우리는 서로 간에 귀한 동역자라고 생각하고 있지"와 같은 표현에 어색함을 느끼지 않는다. "우리가 이 일을 잘 감당하려면 우리가 알지 못하는 이 부분을 감당해 줄 동역자가 필요해"와 같은 표현 역시 적절한 표현이다.

그래서 '동역' '동역자'라는 어휘는 공동체에 주어진 하나님의 일과 관계된 역할을 함께 감당해 내는 상황에서 사용되는 것이라 보면 된다. 이러한 관점에서 볼 때 사도 바울이 골로새 교인들에게 썼던 서신의 한 구절은 '동역자'라는 단어를 매우 잘 설명해 주고 있다고 여겨진다. 그는 그의 서신에서 어떤 자들을 지칭하여 "이들만은 하나님의 나라를 위하여 함께 역사하는 자들이니 이런 사람들이 나의 위로가 되었느니라"(골 4:11)라고 하였다.

이 구절에는 '공동의 목적'이 우선 명시되어 있다. 즉 "하나님의 나라를 위하여"라는 목적의 명시가 주어졌다. 그리고 함께 공유하는 '하나님의 나라를 위한' 목적과 목표를 위해 "함께 역사하는 자들"이라는 동역자에 대한 명시가 들어가 있다. 아리스다고와 바나바의 생질 마가와 유스도라 하는 예수가 바로 그들이다. 그들을 동역자라고 지칭하고 있는 것이다.

골로새서 4장 10절에서는 이 동역자들이 바울과 더불어 공동의 목표를 함께 이루어 나가는 과정 중에 이 일에 적극적으로 반대하는 자들에 의해 감옥에 "함께 갇힌" 자들이 되었음에 대해서도 설명하고 있다.

같은 목표를 갖고, **함께** 계획을 하여, 목표 달성을 위해 일을 수행하는 전 과정을 **함께** 하다가, **함께** 고난을 맞이한 자들에 대해 "하나님의 나라를 위하여 **함께 역사**(함께同, 역사役)하는 자들"이라는 평가를 하고 있다.

동역자는
함께 역할을 감당하는 사람이다

동역자는 주인이 고용한 직원이 아니다. 직원은 주인과 동일한 목표를 갖지 않는 경우가 허다하다. 주인이 아무리 자신이 운영하는 사업체의 비전을 공유하려고 애를 써도 직원은 자신의 생각과 일치되지 않는 비전일 경우 크게 관심을 두지 않는 것이 일반적이다.

한 교회의 담임 목사와 부교역자와의 관계 역시 관계의 설정을 어떻게 하느냐에 따라 교회의 직원이 될 수도 있고, 교회가 갖고 있는 사명과 목적의 수행을 함께 감당해 나가는 동역자가 될 수도 있다.

필자 역시 부교역자라는 신분으로 다년간 여러 교회를 섬겨보았다. 전도사 시절도 있었고, 강도사 시절도 있었고, 목사 안수를 받은 후에 부목사 신분으로도 교회를 섬겨보았다.

어찌 보면 담임 목사나 부목사나 강도사나 전도사나 모두가 교회의 직원들이다. 교회의 사역자들이고, 교회를 섬기는 자들이고, 좀 더 고상하게 표현하자면 하나님 나라를 섬기는 '주의 종들'이다. 아이러니하게도 기독교라는 범주 안에서만큼은 '주의 종'이라는 개념이 마치 신권을 부여받은 권력자 같은 느낌도 주어지니 모순으로 느껴지기도 한다.

"부리는 직원이 되느냐 아니면 동역자의 관계로 사역에 참여하느냐?"라는 질문에 대한 답은 순전히 담임 목사와 그의 리더십 아래 사역에 참여하는 부교역자의 기본 자세에 달려있다. 만일 교회의 전체 사역을 책임진 담임 목사의 마음이 사도 바울이 골로새서 4장 11절에서 "이들만은 하나님의 나라를 위하여 함께 역사하는 자들"라고 표현하였듯이, 부교역자들에 대해 '함께 역사하는 자들'이라고 생각하면 동역자가 되는 것이다. 반대로 "부교역자들은 담임 목사의 방패막이만 잘 하면 돼! 괜스레 나와 함께 이 일들을 감당하는 자들이라고 언감생심(焉敢生心) 생각하지도 마라! 알아듣겠는가?"라고 생각하며 말로 뱉어내는 자들에게는 당연히 성직의 이름을 방자한 일반 회사의 사장과 직원 관계 그 이상도 이하도 아니다.

친구라 하여 동역자가 될 수 있는 것은 아니다. 아무리 가까운 친구라 해도 관심 분야가 다를 수 있고, 유사한 관심 분야라 하여도 관심의 목적과 관심에 접근하는 방식이 다를 수 있기 때문에 아무리 가까운 친구라 해도 동역자가 될 수는 없다.

부부 사이라 하여 동역자의 관계로 자연스럽게 진입할 수 있는 것도 아니다. 평생을 함께 사는 동반자(同伴者)라고 표현은 할지언정 부부이기 때문에 동역자 개념을 갖고 사는 것은 아니다. '반'(伴)이라는 한자가 '함께 가다', '동행하다'라는 뜻을 갖고 있으며, 주로 '연대'(連帶) 즉 연결하여 묶는 관계성에 중점을 둔다고 이해할 때 부부의 관계는 동행한다는 의미의 '동반자'가 '동역자'보다 좀 더 적절한 표현이라 생각한다. 그럼에도 불구하고 함께 평생 같은 길을 걸으면서 주어진 '역할'도 함께 나누어 참여하고, 힘을 합쳐 함께 일을 도모해 나갈 수 있는 환경과 여건이 주어지게 된다면 동반자이면서도 동역자가 될 수 있다.

노예 출신 빌레몬과 사역팀 리더 바울

빌레몬의 노예였던 오네시모는 바울에게는 전혀 다른 사람으로 비추어졌다. 현재의 직원 개념과는 비교할 수 없었던 2,000여 년 전에 노예였던 오네시모에 대해 사도 바울은 "신실하고 사랑을 받는 형제 오네시모"라고 그를 소개한다.

비록 노예였고 종의 신분이었던 '오네시모'였지만 사도 바울은 그를 자신의 동역자로 대하고 있다. 무엇보다 먼저 오네시모는 바울을 통해 예수 그리스도를 주님으로 받아들인 그리스도인이 되었다. 동일한 믿음을 공유하게 되었다. 동일한 믿음을 공유한 이후 그는 바울을 통해 영적으로 성장하고 생활 속에서 성숙하여 갔다. 바울이 왜 감옥에 갇히게 되었는지 그 고난의 이유와 가치를 이해하게 되었다. 가치관의 변화가 생겼던 것이다. 세상의 관점에서 보면 소위 감옥에 갇혀 있는 죄수에게서 무슨 '가치'를 찾아볼 수 있었겠는가?

하지만 그리스도인이 된 이후, 이전에 소중하게 생각했던 가치관이 바뀌게 되었다. 그리고 새로 주어진 성경적 가치관을 소유한 이후에 사도 바울과 함께 옥중에 있는 자들을 바라보니 참으로 소중하고 가치 있는 자들이라고 판단하게 되었을 것이다. 그러한 모습이 사도 바울의 눈에 들어왔을 것이고, 그렇게 변화된 오네시모에 대한 사도 바울의 평가는 '동역자'로서의 오네시모가 되었던 것이다.

동일한 목표를 갖고, 함께 그 목표를 완수하기 위해 손을 잡고 나아가는 동역자라 해서 '질서'는 무시해도 된다는 세속적 이해 역시 배제되어야 한다.

같은 목표를 위해 먼저 부름을 받은 자들이 있고, 더 많은 경험이 축적된 자들이 있고, 동일한 방향 속에서도 세분화된 다른 은사를 받아, 다양한 위치에서, 다양한 방법으로, 일을 수행해 나갈 수 있도록 하나님은 조화로운 방식으로 일하고 계신다. 과거에도 그러하셨고, 현재 역시 그렇게 하고 계시고, 앞으로도 그렇게 해 나가실 것이다.

좋은 관계를 유지하는 친구라 하여 동역자가 될 수 있는 것이 아니고, 한 가정의 부부라 해서 같은 목표를 위해 손잡고 나갈 수 있는 동역자가 될 수 있는 것도 아니다. 부모와 자식의 관계라 해서 동역자의 길에 다 들어설 수 있는 것도 아니다. 사도 바울이 정의해 주었듯이 "하나님의 나라를 위하여 함께 역사하는 자들"만이 동역자라 칭함을 받을 수 있다.

하나님의 나라를 위하여 함께 힘써 역사하는 자들이 바로 '동역자'이다.

서두르면 안 된다!
오로지 신중한 선택뿐

"누가 현숙한 여인을 찾아 얻겠느냐? 그의 값은 진주보다 더하니라!"

(잠 31:10)

우리들의 일상 생활 속에서 자주 발생하는 만남에는 다양한 목적이 함께 한다. 일의 목적, 친교의 목적, 상담의 목적, 도움을 주고받는 목적 등등 다양한 이유로 만남을 갖는다.

때로는 만남을 통해 격려를 얻고 새 힘을 받는 경우도 있고, 정반대로 만남을 통해 상처를 받고 가지고 있던 힘마저 잃고 헤어지는 경우도 있다.

곁에서 지켜보면 모두가 재미있게, 또는 진지하게 대화를 하는 것 같지만 그 모든 오고가는 대화의 사이에는 다양한 에너지의 흐름이 실제로 존재한다.

잠시의 만남들 속에도 감정과 정서와 기분에 영향을 미치는 에너지들이 오고가는 것이길래 잠시의 만남조차도 함부로 만들어 내는 것이 쉬운 일이 아님을 나이가 들수록 깨달아 간다.

그런데 어떤 사람과 같은 일을 한다는 목적 하에 매일 얼굴을 대하고 대화를 하는 만남을 지속적으로 갖어야만 하는 관계로 들어간다는 것은 심각하게 접근해야 할 성질의 것이다.

이러한 이유 때문에 사람과의 사귐을 넘어서는 동업자, 동역자, 동반자의 선택은 신중하면 신중할수록 안전하다. 급하게 결정을 내려야만 되는 상황일수록 더욱 그러하다.

"인사가 곧 만사"(人事萬事)라는 말이 있다. 일을 진행해 나가는 중에 함께 마음을 모아 효율적 결과를 도출해 낼 사람의 선택이 얼마나 중요한가에 대한 표현이다. 어떤 사람과 함께 일을 하느냐에 따라 결과가 달라질 수도 있다는 의미이다. 그래서 인선(人選)은 신중에 신중만이 답이다.

인사가 곧 만사라는 표현은 어떤 일에만 국한되어 사용되는 말이 아니다. 개인적인 삶과 연관된 사람에 대한 선택에 있어서도 매우 무거운 자리를 차지한다.

배우자 선택

다른 부모에게서 태어나 각각 다른 환경에서 자란 성인 두 남녀가 한 가정을 이루어 같이 산다는 것은 신비로운 수준의 관계이다.

20여 년, 30여 년의 시간 속에, 다른 성격과 성향과 원칙과 철학과 생활 조건들을 가지신 부모 슬하에서 교육받고, 다양한 여러 일들을 경험하며 성장한 각각의 다른 남녀가 한 가정을 이룬다는 것이 어찌 평범한 일일 수 있겠는가? 모두가 다 하는 결혼이라 평범하다고 말할 수 있는 것이 아님은 이러한 이유 때문이다.

부모 슬하에서만 살았겠나? 새로운 환경에서 선생님들과 처음 보는 친구들과의 학교생활이 있었을 것이고, 사회라는 울타리 안에서 주어지는 다양한 만남이 있었을 것이다. 그러는 동안에 의식적이든 무의식적이든 나름대로의 삶을 이끌어가는 데에 필요한 관점들이 어느 정도 형성되었을 것이다. 그 관점들을 소위 '인생관'이라고 표현할 수 있겠다. 이러한 인생관 속에는 일과 행위에 대한 가치를 부여하는 '가치관'도 있고, 세상에서 발생하는 여러 일을 바라보며 평가하는 '세계관'도 포함된다. 부여하는 가치의 정도에 따라 대응하는 개개인의 태도도 다를 수 있고, 세상 곳곳에서 발생하는 다양한 일들을 바라보는 세계관적 시각도 다를 수 있다.

이렇게 다른 사람들이 만나서 한 가정을 이루는 일이니 어찌 특별하지 않을 수 있겠는가? 결코 가볍게 다룰 성질의 것이 아니다.

성경에서는 둘이 한 가정을 이루는 것에 대하여 '연합'이라는 개념으로 설명한다. "아내와 합하여 둘이 한 몸을 이룰지로다!"(창 2:24). 이것은 단순하게 육체의 결합만을 의미하는 것은 아니다. 전혀 다른 두 인격과 개성이 연합되어 인생 행로에 주어지는 모든 것을 함께 한다는 의미도 담고 있다. 부모와 나누기 불편한 내용도, 친형제 또는 친자매들과는 도저히 나누기 어려운 내용도 부부가 됨으로 인해 모든 것을 나눌 수 있는 '함께함'의 관계가 형성되는 것이 부부 연합의 관계이다. 그래서 함께 평생을 같이 걸어갈 '동반자'라고 표현하는 것이다.

물론 이렇게 살지 못하는 부부 역시 적지 않게 있지만, 그렇다고 해서 그러한 부부에게는 다른 원칙이 주어진 것이라고 말할 수 있는 것은 아니다. 그들은 이러한 연합의 원칙을 잘 모르는 상태에서 결혼하였거나, 이러한 법칙을 무시하고 살기 때문에 모든 것을 함께 하는 연합보다는 각자도생이라는 힘든 관계를 겨우 유지하면서 사는 것일 뿐이다.

가정을 이루는 '연합'의 관계에 대해 성경에서 가장 잘 설명하고 있는 것이 '세례'이다. 하나님을 알지 못하던 자가 복음을 받아들이고 성부 성자 성령의 이름으로 세례받는 원리를 사도 바울은 '그리스도와의 연합'으로 설명하고 있다. 이 연합은 단순 물리적인 것이 아니라 이해도 설명도 어려운 화학적 연합 같은 것이다. "만일 우리가 그의 죽으심과 같은 모양으로 연합한 자가 되었으면 또한 그의 부활과 같은 모양으로 연합한 자도 되리라"는 로마서 6장 5절의 말씀은 신비한 연합을 잘 설명해 주고 있다. 물로 세례를 받는 것이 외적으로는 물리적인 행사(event) 정도로 가볍게 보일 수도 있겠지만, 내면적으로는 그리스도 죽으심의 희생과 부활의 생명 모두에 우리 인간이 세례라는 이름으로 접목되는 연합으로 하나님은 보고 계신 것이다. 어떠한 논조의 설명으로 이것이 납득될 수 있을까? 불가사의(不可思議), 즉 우리의 사고로는 도저히 이해가 불가한 오묘한 원리이다.

예수 그리스도를 개인적인 구주로 영접하고, 삼위일체 하나님의 이름으로 세례를 받음으로 예수 그리스도와 연합된다는 원리와 유사한 연합의 법칙이 결혼에 있다는 것이다.

이러한 '신비스러운 연합'의 주체 중 한 사람인 남편이 될 사람 또는 아내가 될 사람에 대한 선택은 실로 신중에 신중을 기울여야만 하는 것은 지극히 당연하다.

그렇다면 어떠한 원리에 근거하여 침착하고 차분하게 평생의 동반자를 선택해야 할 것인가? 다음 장(chapter)에서부터 소개되는 모든 내용을 주의 깊게 읽으면서 원리를 정리하기 바란다.

선택적 사귐

선택적 사귐? 좀 이기적인 느낌이 드는 표현이다. 하지만 사귐에 있어서의 선택은 나이의 많고 적음을 떠나 꼭 있어야만 하는 지혜이다.

만남과 사귐은 이 땅 위에 사는 동안 피할 수 없는 것이다. '나'라는 개인으로 존재하는 것이지만, 부정할 수 없는 사실은 '나 홀로' 살 수 없다는 것이다. 이 사실을 인정할 경우 만남과 사귐에 대한 개념 설정은 중요한 원칙으로 작용하게 된다.

함께 하면 편한 사람? 함께 하면 도움이 되는 사람? 함께 하면 쌓였던 스트레스가 풀리는 사람? 힘들고 괴로울 때 만나고 싶은 사람? 미주알고주알 다 나눌 수 있는 대화 상대? 시대의 흐름에 따라, 본인의 나이에 따라, 경험에 따라, 지금까지 이루어 놓은 업적에 따라, 사회적 신분에 따라, 능력에 따라, 삶의 철학과 개인 성격에 따라 사귐에 대한 생각과 입장은 다를 수밖에 없을 것이다.

내가 친구 관계를 매우 중요하게 생각했던 중학교 고등학교 시절에는 휴대폰이나 인터넷이 전혀 없던 때였다. 이때의 친구에 대한 개념과 스마트 폰을 친구로 또는 매개체로 삼아 관계를 유지하는 현세대의 친구에 대한 개념은 아마도 아주 다를 것이라고 본다.

스마트 폰과 큼직한 스마트 TV만 있으면 혼밥도 마다하지 않을 수 있는 IT시대인 오늘날 젊은이들의 친구에 대한 개념은 아날로그 시대의 사람들이 갖고 있는 개념과 당연히 다를 것이다. 그렇게 개념상 다름에도 불구하고 여전히 대면하여 삶을 나누고 피차간에 도움을 줄 수 있는 '친구' 관계는 예외없이 필요하지 않을까 생각한다.

가끔 듣는 말이 있다. "나에게는 친구가 거의 없어요!"와 같은 말이다. 나의 막내 아들 다니엘은 미국의 수도 워싱턴 DC인근에 소재한 지역에서 태어났다. 그리고 두 살 때 부모를 따라 중국에 왔다. 그곳에서 고등학교까지 졸업했다. 미국에서 태어났지만 다니엘에게 중국은 고향과 같은 곳이다. 중국에서 고등학교를 졸업한 다니엘은 대학을 미국에서 다녔다. 그런데 다니엘이 중국을 떠난 후 우리 부부는 캄보디아로 파송한 중국인 선교사들과 더불어 사역하기 위해 캄보디아로 들어왔다. 중국에서의 모든 사역은 이미 안정된 상태이고 우리 부부가 없어도 얼마든지 잘해 낼 수 있는 상황이었기 때문에 우리 부부는 우리를 더 필요로 하는 캄보디아로 들어왔던 것이다. 얼마 후에 막내 아들 다니엘이 전화해서 물어보았다. "아빠, 내가 우리 home이 어디냐는 질문에 답을 해야 하는데, 나는 어디라고 써야 해요?" 갑자기 할 말이 막혔다. 머뭇거리며 "엄마 아빠 있는 곳이 홈이지"라고 얼버무렸다.

미국에서 태어나 중국에서 자라고, 성년이 되어 미국으로 돌아갔으니 친구를 사귀는 것이 절대 쉽지 않았을 것이다. 중국에서 고등학교를 다닐 때야 마음껏 어울려 놀던 친구가 있었는데 이제 성인이 되어 전혀 다른 분위기의 나라에서 동양인으로 살다 보니 친구를 사귀는 것이 쉽지 않은 것 같다. 그래서 기도 제목만 요청하면 늘 "좋은 친구를 사귈 수 있게 기도 부탁합니다"라는 말을 반복한다. 그렇지. 좋은 친구를 사귀어야지. 하지만 이미 대학을 졸업한 나이에 좋은 친구는 과연 어떠해야 하는가? 질문해 보지 않을 수 없다. 중학교 고등학교 때 같이 중국에서 공부하던 친구들 중에 미국에 와서 살면서 이미 결혼한 친구들이 있다. 지금도 여전히 가깝게 지내지만 같은 지역에 사는 것도 아니고, 이미 결혼을 했으니 어쩌면 대화의 주제도 많이 달라졌을 것이다. 그리고 대부분이 백인 친구들이니 저들에게는 고향 같은 곳이지만 다니엘은 조금 다른 느낌을 갖고 살 수밖에 없을 것이다.

나 역시 60을 넘긴 나이에 가끔 앉아 친구에 대해 생각하곤 한다. 나에게 친구가 있나? 어떤 사람을 친구라고 하는 것이지? 본질적 질문도 해 본다. 나에게도 중학교 친구가 있고, 고등학교 친구가 있지만 그들 중에 진짜 친구가 있기는 한가? 그런데 친구면 그냥 친구이지 진짜 친구는 무엇을 의미하지? 그럼 가짜 친구도 있다는 말인가?

사실 대학교에 들어가서 하나님을 나의 개인적 구주로 영접하였기 때문에 나의 대학 시절은 하나님에 대한 뜨거움으로 가득했었다. 그리고 그저 뜨거움만 있는 상태에서 같은 신앙을 가진 친구들과 '겟세마네'라는 기독학생회를 조직했다. 그 '겟세마네'라는 기독 동아리는 지금까지도 성균관대학교 안에 존재하고 있으며, 겟세마네를 통해 배출된 귀한 열매들은 일일이 나열할 수 없을 정도로 많다. 그렇게 뜨겁던 시절에 함께 했던 친구들은 예외 없이 모두 좋은 친구들이었다. 시간만 되면 주변 교회 기도실을 찾아가 부르짖으며 기도하였고, 매주 금요일마다 산을 찾아다니며 밤샘 기도를 하였고, 3인 1조로 그룹을 지어 버스 전도도 하였고, 길에서 찬송을 부르며 전도를 하면서 주님을 향한 뜨거운 마음을 불태웠던 시절의 모든 이들이 나에게는 귀한 친구들이었다.

대학을 졸업하고, 각자의 삶터에서 적응하면서 약간씩 변질된 모습이 없는 것은 아니지만, 지금과 같이 이념으로 온 국민이 둘로 나누어져 있는 시점에서 겟세마네 역시 서로 다른 생각을 갖고 있겠지만, 여전히 저들은 나의 기억에서 지울 수 없는 귀한 친구들이다. 여기에 토를 달고 싶은 마음은 추호도 없다.

그럼에도 불구하고 현재의 나는 한국을 떠난 후 40년(2024년 기준)이라는 세월을 해외에서 보냈고, 지금도 캄보디아라는 척박한 땅, 복음의 불모지에서 살면서 친구를 논하니 한국 땅에서 친구를 논하는 것과 같을 수는 없을 것이란 생각이 든다.

언제부터인가 저녁 식사는 아내와 나만의 시간이 되었다. 아내가 일이 있어 한국을 방문하러 나간 중에도 거의 대부분 시간은 혼밥을 했다. 자폐증 환자처럼 마음의 문을 닫은 것 같다. 이유는 간단했다. 함께 밥을 먹으며 대화할 사람들의 대부분이 입만 있고 귀는 없었기 때문이다. 내가 자문을 구해야 하는 입장에서 만남을 갖는다면 당연히 오랜 시간이라도 귀 기울여 들어야 하겠지만 내가 들을 필요도, 기억할 이유도 없는 이런저런 스토리와 스토리에 등장하는 사람들의 여러 이름을 들으면서 시간을 보낼 필요성을 못 느꼈기 때문이다.

나의 어머니는 금년 2024년에 98세가 되셨지만 지금도 전화를 하면 나와 함께 주고받는 대화를 유지하신다. 보통 이 정도 연세의 어르신들은 대부분 일방적으로 본인의 이야기만 하시는 경우가 많지만, 얼굴을 안 보고 전화로만 대화하다 보면 나의 어머니가 98세라는 사실을 잊을 정도로 언제나 주고받는 대화를 하신다. 하지만 아직도 젊다고 느껴지는 사람 중에 벌써부터 자기의 말만 하는 사람들이 제법 있다. 이러한 자들과 함께 앉아 음식을 먹거나 커피를 마시는 시간은 고통스러움 그 자체이다. 차라리 상담을 위해 앉아 있는 것이라면 모든 말을 들어주겠지만 교제하는 사귐과 만남의 시간에 일방적 대화의 존재는 다른 사람들에 대한 배려가 전혀 없는 것이기 때문에 그러한 만남과 사귐은 가치를 부여할 수 없다.

내가 돈이 많아 나로부터 무엇인가를 기대하며 만나는 사람들은 당연히 나의 말에 귀를 기울일 것이다. 내가 권력이 있어 나의 도움을 기대하며 만나는 사람들 역시 나의 말에 귀를 기울일 것이다. 하지만 그러한 자들은 나의 친구는 아니지 않은가? 물질과 권력 등 이익을 주고받는 관계가 아니라 할지라도 서로 말하는 것에 귀를 기울일 줄 알고, 조심스럽게 자신의 의견도 피력할 줄 알고, 서로에 대해 존중심을 갖는 관계가 어느 정도 연륜이 깃든 나이에는 맞는 친구가 아닐까 생각한다. 만날 때마다 옛날이야기만 추억하면서 대화를 유지할 수 있는 것은 아닐 것이다. 그런 이야기가 끝나면 현재의 삶을 나누는 대화로 자연스럽게 흘러 들어가게 된다. 그럴 때 "듣기는 속히 하고 말하기는 더디 하라"는 하나님의 지혜를 갖고 있는 사람이 좋은 친구가 될 수 있지 않을까?

선교사로서 동일한 선교지에서 좋은 친구를 만난다는 것은 복 중의 복이다. 먼저는 이미 다 성장해서 온 사람들이고, 복음 전파라는 각자의 부르심과 사명에 따라 움직이는 사람들이기 때문에 같은 단체 안에서 일을 하더라도 좋은 친구의 관계가 보장되기는 어렵다. 그래서 '사귐'에 관한 한 각자 자기의 길을 가게 마련이다.

나 역시 그러한 사람 중의 하나였다. 그리고 그러한 사실을 선교지에 도착한 후 1년이 지난 어느 날 깨달은 후, 모든 좋은 것은 중국인들과 함께했다. 생일도 그들과 시간을 가졌고, 성탄절, 부활절, 감사절 등 모든 시간을 그들과 함께했다. 어렵고 힘든 시간들도 그들과 함께했다. 고난 주간의 금식도, 일 년에 한 번씩 진행하던 10주간의 피를 말리는 전도 활동도 모두 그들과 함께했다.

하지만 그들 모두는 내가 세례를 주고, 훈련을 시켜 주어진 귀한 사역에 함께 해 온 제자들이자 동역자들이지 나의 허물까지 보여줄 수 있는 관계로까지 가기는 힘들었다. 내가 40대에 그들은 20대였고, 함께 하는 내내 격려도 야단도 치면서 동역자로 배출한 관계였다. 내가 50대에 그들은 30대였고, 내가 60을 훌쩍 넘긴 지금 그들은 낼 모래면 50을 바라보는 나이에 접어들었다. 그래도 아저씨뻘인 나와 친구 관계로 발전되기에는 한계가 있다. 지금도 가장 신뢰하고 믿음을 주는 자들이 그들이지만 여전히 나를 믿음의 아버지처럼, 선생처럼 대하고, 나 역시 여전히 그들을 사랑하는 믿음의 자녀처럼, 제자처럼·대한다.

이렇게 사는 중에 나처럼 중국인들을 존중하고, 그들과 함께하며 꿈속에서도 그들과 그들이 섬기는 교회의 부흥을 고민하는 자들 둘을 만나게 되었다. 우리 셋이 만나면 밤이 새도록 중국인의 영성과 중국 교회의 회복과 선교 참여를 위한 전략을 놓고 대화한다. 마치 내가 아내와 함께 사역에 관한 이야기로 대부분의 시간을 보내는 것처럼 저들과 함께하면 늘 그렇게 시간을 보냈다. 그것 때문에 다투기도 하고, 그것 때문에 심각한 고민도 하면서 지내다 보니 같은 선교사로서 피차간에 인정하는 친구가 되어버렸다.

이제 우리 모두가 '선교'라는 큰 과업에 참여한 지가 어언 30년을 넘기고 있다. 나는 파송받은 지 30년, 두 친구는 이미 30년을 훌쩍 넘긴 세월을 선교에 참여하였고, 지금도 여전히 적극적으로 선교사의 삶을 살아내고 있다. 이 책이 출판되어 10년 정도 지나면 선교에 대해 40년 그 이상을 논할 시간이 되겠지. 그때가 되면 우리들 나이는 70 중반에 접어들어 있겠지.

어쨌든 우리의 소원은 중국 교회가 현재의 어려운 시기를 지혜롭게 잘 넘기고, 장성한 교회로서 세계 선교에 잘 참여하는 것이다. 그래서 우리 친구들은 지금도 같이 고민하고, 함께 기도한다. 그리고 함께 전략을 논하면서 다른 의견들을 조율한다. 지금 코로나 바이러스 덕분에 만나지 못한 세월이 짧지는 않지만 그래도 늘 기억하며 각자에게 맡겨진 일들에 충성하며 살고 있다.

어느 사람과의 '사귐' 또는 '의미를 둔 만남'의 지속은 '친구'의 관계로 들어간다. 한국적 문화의 잣대로 재면서 말하면 동년배의 친구를 친구로 말하는 것이겠지만 꼭 그렇게 표현할 필요는 없을 것 같다. 오랜 시간 동안 사귐과 교제를 지속한 사람들이 바로 친구이다. 나의 아내가 나의 친구이고, 나를 잘 알고 서로가 마음의 문을 열고 이런저런 대화를 나눌 수 있는 모든 자들이 친구의 범위에 속한다.

따라서 사귐의 선택 역시 '신중'해야만 한다는 기본 원칙 위에 다음 장(chapter)부터 다룰 '동역자 매뉴얼'의 원리에 근거를 두어야 한다. 주변에 가까이 있는 여러 사람 중에 좀 더 가까이 마음을 열고 대할 사람으로 결정해 들어가는 과정에서는 성경적 원리라는 잣대가 필요할 것이라 본다.

함께 일할 자의 선택

배우자와 친구에 대한 선택의 중요성에 대해 논하였는데 굳이 동역자에 대해 다시 생각할 필요가 있을까? 중복된 느낌이 들 수 있다. 하지만 따로 생각할 필요가 있다. 이유는 간단하다. 배우자나 친구는 삶을 함께 나누는 주관적이고 감성적인 분야의 관계라고 할 수 있는 반면, 동역자 또는 동업자는 객관적으로 주어진 일을 함께 진행해 나가는 관계로 분류될 수 있기 때문이다.

부부와 친구의 관계와는 달리 '동역'이나 '동업'의 관계는 성취를 위한 목적이나 영리를 위한 전제로 하는 만남이자 관계이기 때문에 좀 더 다른 관점에서 바라보며 생각할 필요가 있다. 어떤 면에서 보면 하루 24시간 중에 아내나 남편과 함께하는 시간보다 훨씬 더 많은 시간을 공유하는 관계가 '동역' 또는 '동업'의 관계라고 할 수 있다. 어쩌다 만나 우정을 나눌 수 있는 친구와의 관계와는 비교하기 어려운 관계라 할 수 있다.

함께 주어진 일들을 하는 사이라 할지라도 일과 연관된 다양한 그리고 복잡 미묘한 일 처리 과정 속에 감정까지 개입될 수 있는 관계가 함께 일을 하는 관계이다. 그저 함께 주어진 일만 하는 사이라 할지라도 적지 않은 부분

속에 감정까지 개입될 수 있다는 말이다. 일을 함께 하면서 만족스러운 시간도 있을 수 있고, 일 처리에 불만족스러운 시간도 있을 수 있다. 만족스럽든 불만족스럽든 어쩔 수 없이 일하는 시간 내내 얼굴을 마주하고 있어야만 하는 관계가 동업 또는 동역의 관계이다.

이제는 단어 둘 중의 하나를 선택해야 될 것 같다. 좀 더 넓은 범위의 단어를 선택할까 한다. '동업'이라는 단어는 같은 종류의 업종에 함께 참여하는 경우에 사용한다. 이 용어는 주로 비즈니스와 관련하여 사용된다. 누구는 자본을 대고, 다른 누구는 기술을 대면서 함께 비즈니스를 진행할 때 그 관계를 동업 관계라 부른다. 일반적으로 교회나 선교, 봉사 등의 분야에서는 잘 사용하지 않는 용어이다. 그럼에도 불구하고 여기에서 이 용어를 한 번이라도 언급하는 이유는 크리스천들이 같은 뜻을 품고 비즈니스를 진행하는 경우에도 이 책의 원리는 동일하게 적용할 수 있는 것이므로 동업이라는 개념도 함께 다루고 있는 것이다.

'동역'이라는 단어는 물질을 벌어들이는 데에 초점을 둔 비즈니스와는 달리 영적인 일로 여겨지는 다양한 종류의 사역에 함께 참여할 때 사용되는 표현이다. 함께 동의된 '사역'이라는 목표에 함께 참여하면서, 함께 의논하고, 함께 고민하며 기도하고, 함께 일을 진행하면서 주어진 목표를 향해 한 마음으로 나가는 자들을 함께 묶어 '동역'하는 자, 즉 '동역자'라고 일반적으로 부른다. 이러한 동역 속에는 주어진 일과 더불어 함께하는 자들의 관계도 자연스럽게 포함된다. 그리고 서로 간에 영적 또는 정신적 돌봄이 필요에 따라 발생하기도 하고, 관리하거나 받기도 하는 일도 생기곤 하는데 이러한 모든 것을 포함하여 '동역'이라고 명명한다.

동역은 물질을 벌어들이기 위해 모든 힘을 재물 축적에 쏟아붓는 냉정한 비즈니스 세계에서 함께 하는 자들과는 많은 차이가 있다. 물론 냉정한 세상의 모든 직업군 안에도 언제나 훈훈한 정과 관심이 부재한 것은 아니다. 각자 각자 마음의 그릇과 그릇의 넓이와 깊이에 따라, 그리고 주어진 위치와 일의 내용에 따라 정과 관심과 용인할 수 있는 마음 등등은 말 그대로 천차만별일 수밖에 없다. 그러나 그러한 모든 것을 다 떠나 일의 결과에 만족하지 못할 경우에는 언제나 냉정한 책임 추궁은 피할 수 없는 것이 일반 사회의 통념이다.

하지만 동역은 주어지는 목표 자체가 영적이고, 정신적이고, 형이상학적이다. 눈에 보이는 현상의 근거가 눈에 보이지 않는 내적 세계이기 때문에 함께 일을 하는 동역자들의 영적 상황과 마음가짐과 일에 참여하는 모든 태도와 방식 중 어느 하나도 가볍게 버릴 수 있는 것은 없다.

심지어는 얼굴 표정, 인사하는 자세, 말투 등까지도 포함되는 것이라면 좀 심할까? 하지만 동역하는 자를 선택하는 것에 대한 내용이니 그러한 것까지 포함하지 않을 수 없을 것 같다.

예를 한 번 들어보자.

아침에 집에서 나온 후 제일 먼저 만나는 사람은 함께 일하는 사람이다. 그 사람이나 내가 집에서 무슨 일이 있었던 것은 그리 중요하지 않다. 좋은 일이 있는 상태에서 출근할 수도 있고, 구름이 낀 상태에서 출근할 수도 있고, 집에서 천둥소리가 들리고 벼락이 때리는 상황에 있다가 출근할 수도 있다. 하지만 사무실에 나오는 동안에 함께 일하는 사람들을 고려하는 사람이라면 자신의 표정과 말투와 복장 등은 어느 정도 다스려진 상황으로 사무실 문을 열어야 한다.

그래서 동역자의 선택은 신중해야만 한다. 신중해야 하기 때문에 함께 일하기로 결정하기 전에 냉정한 분석과 선택의 결정은 중요한 부분을 차지한다. 하지만 우리는 가끔 우리 모두가 하나님의 일을 한다는 이유와 조건 때문에 사랑이나 포용이라는 이름으로 냉정한 분석에 실패함으로 스스로 어려운 상황을 자초하곤 한다.

나는 개인적으로 여러 차례 나의 지인들이 사역지에서 어려움을 겪고 있는 모습을 보면서 "그곳에서 그렇게 있지 말고 이곳으로 와서 나와 함께 일을 하지?"라는 제안을 하곤 했었다. 나의 순진한 그리고 바보스러운 착각은 '저들이 처한 어려움'이 나와 함께 하면 어떤 일이라도 어려움 없이 해낼 수 있는 상황으로 바뀔 수 있을 것 같았기 때문이다. **분석의 실패, 동역에 대한 무거운 개념에 대한 이해의 부족** 등이 나의 문제였다. 결국 이렇게 시작된 동역은 실패로 끝났다. 그리고 한 가지 확실하게 배운 것은 "집에서 새는 바가지는 어디에서도 샌다"는 원리였다. 가만히 생각해 보았다. 저들이 어려움을 겪을 당시의 상황은 100% 저들을 통해서만 들은 내용들이라 상대방에 대한 확인이 없었다. 그리고 당시에는 확인할 생각도 하지 않았다. 그런데 지금 일어나고 있는 문제들을 가만히 살펴보니 저들이 당시에 어려움을 겪게 된 이유가 여기에 있었구나! 달리 생각하게 되었다.

몇 차례의 시행착오를 거친 후로는 동역자를 초청할 때의 조건이 바뀌었다. 싸구려 동정은 아픈 결과만 초래하는 것일 뿐이라는 것을 이미 체득하였기 때문이다. 사람 됨됨이, 대인 관계, 일 처리의 능력, 신앙과 삶의 일치 정도, 건강 등 모든 분야를 심각하게 검토한 후에 여러 스탭과 더불어 신중하게 선택을 함께 결정하는 과정을 가능한 유지하는 것이 서로를 위해 유익하다는 결론을 내리게 되었다.

동역의 결정! 신중 위에 신중만이 답이다!

최선을 지향하는 마음가짐

오래전 들은 이야기다. 미국의 한 규모 있는 교회에서 행정 목사를 구할 때 이력서에 기재된 주소까지 방문하여 지원자가 주차한 차 내부까지 들여다보면서 최종 결정을 한다는 말이었다. 행정을 책임질 목사의 깔끔함과 정돈 습관까지 본다는 말에 한편으로는 '심하다!'라는 생각과 다른 한편으로는 "일리가 있다!"라는 생각을 했던 기억이 난다. 물론 나 같이 정돈 잘 못하는 사람은 평생 행정 목사는 될 수 없을지 모르겠다.

그렇다. 동역자를 선택하는 데에 친밀한 관계를 조건으로 한다면 처음에는 좋을 수 있지만 일을 함께하는 중에 어려움을 겪을 가능성이 높아진다. 부부의 관계나 부모 자식 간의 관계로 엮이는 것은 어려움을 배가시킬 수도 있는 위험성을 내포한다. 왜냐하면 이러한 사적 관계는 언제나 사랑과 은혜, 이해와 용서, 포용 등을 기본으로 하기 때문에 자칫 잘못하던 공과 사의 명확한 구별이 어렵거나, 너무 정확한 구별로 인해 오히려 관계의 어려움을 겪게 될 확률이 높다.

내가 개인적으로 아는 사업가 한 분은 사업을 크게 하시는데 성격이 매우 다정다감한 분이다. 아들이 하나 있는데 어느 날 아버지 회사에 취직하겠다고 자원을 했다. 그때 이분은 아들에게 다른 것은 몰라도 출퇴근 시간은 엄수하라고 요청하셨다고 했다. 하지만 나중에 웃으시면서 말씀하시길 거의 시간을 지키지 않는 아들로 인해 마음고생을 많이 하셨다는 것이다. 아들이었기에 발생할 수 있는 문제였다.

물론 극단적으로 들릴 수 있겠지만 가슴에 품고, 사랑하고, 이해해주고, 은혜를 베풀어야 할 관계의 사람과는, 혹 그 사람이 같은 회사의 동료이든 사업가이든, 아니면 사역자라 해도 아주 특별한 상황이 아니라던 공적인 일을 함께하는 '동역의 관계'를 형성하는 것은 그리 바람직하지 않다고 본다. 친밀한 관계가 선택을 결정하는 데에 우선순위로 작용하는 것은 현명한 일이 아니다.

중국어 속담에 "画虎画皮难画骨, 知人知面不知心"(화호화피난화골, 지인지면불지심)이라는 것이 있다. 이 속담이 갖고 있는 직접적인 내용은 "호랑이를 그리고, 호랑이 가죽을 그릴 수는 있지만, 호랑이 뼈는 그리기가 어렵고, 사람을 알고 사람의 얼굴은 알 수 있지만, 사람의 속마음을 알기는 어렵다"는 뜻이다. 한국말에도 "열 길 물속은 알아도 한 길 사람 속은 모른다"는 동일한 의미를 가진 속담이 있다. 그만큼 보이지 않는 사람의 속마음은 가늠하기 어렵고, 예측하기 어렵다는 뜻이 아니겠는가? 단지 가깝고 친근하다는 이유로 쉽게 '동역'을 시작했다가 꼭 이루어내야만 하는 중요한 일을 그르치는 상황에 처할 수도 있다. 오히려 더 철저하게 검증한 후에 구체적인 직무 기술서(job description)와 계약서까지 작성하여 피차간의 의무에 대한 동의와 서명을 한 후에 함께 하는 것이 훨씬 안전할 것이라고 본다.

전능하신 하나님도 당신의 귀한 일들을 진행하실 때 적당히 일을 처리하지 않으셨고, 지금도 그렇게 하고 계신다고 믿는다. 천지 창조의 예만 보아도 그렇다. 첫째 날에 빛을 창조하시고, 넷째 날, 첫째 날 창조하신 빛을 배경으로 빛의 반사체들인 해와 달과 별들을 창조하셨다. 둘째 날에 하늘과 바다를 창조하시고, 다섯째 날에 둘째 날 창조하신 하늘과 바다를 새들과 물고기로 채우셨다. 셋째 날에 땅과 땅 위에 채소와 열매 맺는 나무들을 창조하시고, 여섯째 날에 그 땅 위에서 채소와 열매를 먹고 살 동물들을 창조하셨다.

아담에게 배필을 주실 때도 홀로 사는 모습을 관찰하신 후에 "혼자 사는 것이 보시기에 좋지 아니하다"는 결론을 내리신다. 그러고는 먼저 동물들을 아담에게로 보내어 이름을 짓게 하신다. 이름을 지어주는 동안 아담은 쌍쌍이 나오는 동물들을 바라보면서 자신만 혼자라는 사실을 깨닫는다. 창세기 2장 20절에 보면 "아담이 모든 가축과 공중의 새와 들의 모든 짐승에게 이름을 주니라"고 한 후에 마지막에 "아담이 돕는 배필이 없으므로"라고 서술하고 있다.

하나님이 우리의 필요한 것을 공급하시기 전에 하시는 방법을 잘 소개하고 있는 내용으로 나는 해석한다. 배필을 주시기로 먼저 결정하시고, 곧바로 배필을 허락하신 것이 아니라 배필과는 전혀 상관없는 동물들에 대한 작명을 요청하신다. 이름을 다 지어주는 동안 아담으로 하여금 쌍쌍이 찾아오는 동물들과 혼자만 있는 자신과 비교하는 시간을 주셨던 것이다. 결국 작명 후에 "아담이 돕는 배필이 없으므로"라는 결론을 스스로 내리게 되었다. "왜 나만 혼자지? 모든 동물은 쌍쌍인데?"

이러한 과정을 통해 하와를 창조하셨기 때문에 아담 앞에 하와가 걸어올 때 "내 뼈 중의 뼈요 살 중의 살이라"는 탄성을 지르며 하와를 맞이할 수 있었던 것이다.

전능하신 하나님도 일을 하실 때에는 엑셀런트, 즉 최선을 지향하시며 그것을 위해 최선의 방법을 동원하신다. 그렇기 때문에 하나님의 일을 운영할 책임을 맡은 하나님의 사람들 역시 무슨 일을 하든 최선의 노력과 더불어 최선의 결과를 향해 경주할 필요가 있다. 또한 그러한 이유로 나 자신만이 아니라 나와 함께 할 자 역시 최선의 노력과 최선의 결과를 얻어내기 위해 머리를 마주하고 일할 능력이 있어야 한다.

이미 언급했듯이 가정이 흔들리면 모든 것이 흔들리기 때문에 나와 평생 같은 길을 걸어 나갈 동반자인 아내 또는 남편을 잘 선택해야만 하는 것은 필수적인 요소이다.

좋은 사귐은 언제나 필요하다. 때로는 동역자와 나누기 어려운 대화도, 혼자서 또는 배우자와의 관계 속에서조차도 풀기 어려운 감정과 얽힌 어떤 것들도 좋은 사귐을 유지하는 친구와의 관계를 통해 풀 수도 있기 때문에 친구 관계 역시 중요하다. 동역자가 친구이고, 배우자가 친구처럼 여겨질 수 있다면 그보다 더 좋은 것은 없을 것이다.

어쨌든 어떠한 형태이든 이 셋 모두가 인생을 살아가는 데 있어서 없어서는 안 될 중요한 관계이기 때문에 선택의 중요성을 언급하지 않을 수 없다.

우리 모두에게 주어진 인생의 긴 여정을 함께 할 자들을 선택하는 것이 중요한 만큼 선택의 기본적 원리를 이해하는 것 역시 매우 중요하다. 배우자나 친구의 선택은 원리보다 앞서 감정이라는 것이 우선 개입되기 때문에 원리라는 잣대를 들고 선택하는 것이 쉬운 일은 아니다. 아무래도 선택 원리의 적용 부분에 어려움은 있다고 생각된다. 예레미야 2장 2절에서도 "네 신혼 때의 사랑"과 "청년 시절의 인애"를 언급하면서 '조건 없는 사랑'과 '우정'을 설명하였다. 물론 이 내용은 타락하기 전의 하나님에 대한 조건 없는 사랑과 우정을 설명하기 위한 일종의 비유였다. 하지만 이 내용에서 배우자의 선택이나 친구의 선택은 일반적으로 '사랑'과 '그냥 좋음'이라는 것이 우선되기 때문에 '조건적 선택의 원리'와 같은 내용의 적용은 쉬울 수 없다.

그럼에도 불구하고 오늘을 사는 현세대에서는 '선택의 원리'를 공부하여 이해한 상태에서 하나님께 기도하면서 배우자를 찾고, 친구를 찾는 것이 충분히 가능해졌다고 본다. 이제는 예레미야서가 기록되었던 시절처럼 십대의 남녀가 가정을 이루는 경우는 거의 없다. 조금씩 차이는 있겠지만 충분히 가늠하고 잴 수 있는 연령대에서 가정을 이루는 시대이기 때문에 감정이 개입되는 상황에서도 정신을 차리고 원칙에 근거한 조심스러운 선택을 충분히 할 수 있다고 본다.

친구 역시 동일하다. 초등학교, 중학교, 고등학교 때의 친구들은 말 그대로 조건을 따지지 않고 사귀었다. 그래서 나이가 들어서도 삶의 조건을 크게 따지지 않고 만남을 유지할 수도 있다. 그럼에도 불구하고 아무 조건 없는 친구의 우애를 유지하기는 아무래도 쉽지만은 않다. 때로는 옛날 서로 주고받던 친구 간의 '욕' 문화를 잊지 않고 줄기차게 사용하기도 한다. 이××, 저×× 등의 가벼운 욕들을 주고받아야 친구 같은 친근감을 느낀다. 나쁘다는 의미만은 아니다. 하지만 40을 넘기고, 50을 넘기고, 심지어는 60을 넘긴 나이에는 그러한 욕이 썩 잘 어울리는 말로 비추어지지 않는데도 굳이 그런 표현을 쓰는 사람을 종종 본다.

나이를 먹고, 지식이 자라고, 사회의 여러 분야에서 맡겨진 일들의 중함이 조금씩 커지는 어른이 되면 거기에 걸맞은 친구에 대한 예와 존중도 따라야 한다. 그것을 지키는 만큼 친구도 지켜지는 것이고, 그것이 지켜지지 않는 만큼 친구의 수도 줄어드는 것이 자연스럽다. 그래서 나이가 드는 만큼 친구는 선별될 필요가 있다. 만날 때는 웃으면서 만났다가 헤어질 때는 씁쓸함을 갖고 헤어지는 사이는 성인에게 있어서는 좋은 친구 사이라고 말할 수 없다. 힘들고 어려울 때 만나 힘과 격려를 받을 수 있는 것이 친구이고, 동일하게 힘들고 어려운 친구를 만나 힘과 격려를 줄 수 있는 내가 그들의 친구가 될 수 있는 것이다. 내가 갖고 있던 에너지가 친구를 만나고 나면 소진되는 것이 아니라, 오히려 충전되고 힘이 솟아나는 관계가 성인의 친구 관계라고 본다.

선택의 제1 원리는 과연 무엇일까? 잠언 31장의 내용에 근거하여 생각해 보자.

잠언 31장 10절에 "누가 현숙한 여인(동반자)을 찾아 얻겠느냐? 그(현숙한 동반자)의 값은 진주보다 더하니라"고 기록되어 있다. 솔로몬의 어머니가 아들을 위해 반려자의 조건에 대해 기록한 내용이지만 지혜서 마지막 장에 기록된 이 내용을 단순하게 아내를 찾는 조건으로만 받아들이기에는 모든 조건 하나하나의 내용이 동반자 또는 동역자의 조건으로 주님이 우리에게 주신 것으로 받아들이는 데 전혀 문제가 없겠다는 확신을 갖는다.

한국말 성경 "현숙한"의 번역은 지극히 동양적이다. 중국어 성경은 '재덕'(才德)으로 번역하였다. 재능과 덕스러움 즉 능력과 덕목을 하나로 묶은 표현이다. NIV 영어성경은 'noble'(고상한)이라는 단어로 번역하였다. '가치'와 '신분의 고상함'에 비중을 둔 번역이다. 하지만 원어인 'khayil'이라는 히브리어가 갖고 있는 의미에 가깝게 번역한 성경은 ASV이다. ASV에서는 'ex-cellent'로 번역하였다. TWOT(Theological Word Book of the Old Testament)에서 소개하는 이 원어의 의미는 동양적 의미와는 좀 거리가 멀다. '군대'의 의미가 56회, '용맹한 사람, 힘 있는 사람'의 의미가 64회, '힘이 있는 사람'으로 27회, '재력이 있는 사람'으로 21회 등으로 해석하고 있다. 우리가 갖고 있는 '현숙'의 개념인 얌전하고, 조용하고, 말도 없고, 다소곳한 내용은 어디에도 보이지 않는다.

어쩌면 우리말로 번역하는 작업에 참여한 학자들은 3절에서 언급된 "네 힘을 여자들에게 쓰지 말며"의 내용과 10절의 "누가 khayil(히브리어 '카일')한 아내를 찾아 얻겠느냐"와 같이 '아내'로 규정된 31장 전체의 흐름에 영향을 받아 '아내'의 선택으로만 이해했기 때문에 이 khayil이라는 히브리어를 오래 전의 덕스러운 동양적 여성의 개념인 '현숙함'으로 번역한 것이 아닐까 추측해 본다.

그래도 중국어 성경은 재능과 덕이 겸비된 사람으로 풀었기 때문에 오히려 원어에 가깝게 해석된 것 같은데 우리말 성경만 유독 신사임당으로 대변

되는 '현모양처'의 이미지에 근거한 현숙한 여인으로 의역된 느낌을 지울 수 없다.

종합적으로 관찰하여 분석한 내용을 토대로 볼 때 "누가 재능과 덕을 가진 엑셀런트한 동반자 또는 동역자를 찾아 얻을 수 있겠는가?"로 재해석할 수 있다고 본다. 이 재해석에 근거하여 제시할 수 있는 첫 번째 원리는 '뛰어남' '최선을 지향하는 자세' 등의 의미를 갖는 '엑셀런트'한 사람을 선택해야 한다는 것이다.

물론 오해의 소지는 있다. '엑셀런트!' '최고!'라는 말을 들을 수 있는 사람은 언제나 소수이기 때문이다. 여기에도 역시 이 단어에 대한 편견에 가까운 오해가 있다. 그것은 우리 한국 사람들의 경우 '1등 문화'에서 자라서 엑셀런트라는 단어를 1등에게만 주로 사용해왔기 때문이다. 하지만 우리의 관점을 조금만 넓히거나, 조금만 재조정해 보면 엑셀런트의 범위는 생각보다 넓어진다.

달리기 경주에서는 성실한 마음가짐으로, 분명한 목적을 갖고, 최선의 노력을 기울여 준비한 사람 중의 한 사람에게만 1등이라는 타이틀이 주어지지만 그렇게 준비한 모든 성실한 참가자들 역시 엑셀런트하다는 칭찬을 받을 수 있다.

돈을 벌기 위해 최선의 노력을 성실한 자세로 기울여도 돈이 따르는 사람은 돈을 벌 수 있고, 많은 경우 그렇지 못한 사람들은 뛰어나게 돈을 벌어들이지는 못한다. 하지만 룰을 지키며 최선을 다해 성실한 모습을 유지하며 돈을 버는 경쟁의 대열에 서 있던 모든 자들은 엑셀런트한 사람이라고 평가를 받을 수 있다.

나와 함께 신학을 한 사람 중에 어떤 사람은 50명, 100명의 목회를 하기도 하고, 어떤 사람은 500명, 1,000명의 목회를 하기도 한다. 어떤 사람은 한국에서 이름만 대도 알만한 위치에 있기도 하고, 어떤 사람은 있는지 없는지조차 무명한 자들 중에 섞여 있기도 하다. 하지만 하나님 앞에서 과연 누가 엑셀런트한 주의 종이었는지는 이 땅 위에서는 분간하기 어렵다. 어떤 이는 꼼수에 능해서 하나님의 일조차 그러한 방식으로 진행하면서 숫자만 늘리는 사람도 있다. 어떤 이는 영혼과 상관없이 본인의 입맛에 따라 그럴 싸한 프로젝트성의 일들을 통해 하고 싶은 일을 하면서 교회도 키운다. 하지만 그 외적 모습 자체만 갖고 결코 평가할 수 없는 것이 목회 사역이다. 이러한 관점에서 볼 때 오로지 한 영혼 한 영혼을 위해 눈물을 흘리며 최선의 노력을 경주하며 위탁된 양들을 열심히 치는 목양자들이야말로 진정 엑셀런트한 자들이라고 나는 믿는다.

한 아내의 남편으로서 그리고 자녀의 아빠로서 최선을 다하는 엑셀런트한 사람을 얻은 아내나 자녀들은 얼마나 행복할까? 한 남편의 아내로서 그리고 자녀의 엄마로서 충실하고 성실한 사람을 아내로 맞이하는 남편이나 엄마라고 부를 수 있는 자녀들은 얼마나 행복할까? 목회의 현장에서 함께 맡겨진 영혼들을 돌보며 목양을 위해 최선의 노력을 경주하는 동역자가 있다는 것은 얼마나 복된 일일까? 그러한 친구를 둔 친구와 그러한 동업자를 둔 사업가와 그러한 회사원을 둔 사장들은 얼마나 큰 복을 받은 것일까? 말로 다할 수 없다.

이제 다음 장부터는 'khayil' 즉 엑셀런트하다는 구체적인 조건들에 대해 살펴보려고 한다. 무엇에 근거하여 엑셀런트하다는 말을 할 수 있을까? 잠언 31장의 내용에 근거하여 하나하나 생각해 보자.

4

신뢰할 수 있는 사람

"그를 믿나니 산업이 핍절하지 아니하겠으며"(잠 31:11)

믿나니 : *batach*

잠언 31장 11절에서는 동역자를 향하여 "그를 **믿나니**"라고 인정하는 평가를 내려준다. NIV에서는 "full confidence"(온전한 신뢰)라고 번역하였고, KJV에서는 "safely trust in"(안전하게 신뢰할 수 있는)이라고 번역하였다. 히브리어는 **batach**인데, 영어의 trust로 103회 번역되었고, confidence라는 단어로 4회 번역되었다. '확신에 찬 신뢰의 의미'로 상당히 높은 수준의 신뢰를 담고 있는 단어이다.

함께 같은 길을 걸어가는 자가 함께하는 동반자에 대해 '확실한 신뢰'의 마음을 갖는 것은 복 중의 복(福, Blessing)이다. 엑셀런트한 동반자의 중심

조건이다.

11절 앞부분을 다시 한번 보면 '신뢰'의 전제 조건이 소개된다. 즉 함께 하는 사람인 '그런 자'에 대한 동반자의 '마음'이다. "**그런 자**와 함께 하고 있는 동반자의 마음은 그를 믿나니"의 내용 앞부분이다.

'그런 자'는 바로 앞 10절에서 이미 설명되었다. "누가 khayil(excellent; 탁월한; 훌륭한)한 동반자를 얻겠느냐? 그의 값은 진주보다 더하니라"

다시 한번 이 책의 1장에서 상세하게 언급했던 원래 단어의 번역 입장을 설명하지 않을 수 없다. 왜냐하면 한글 성경 번역 "현숙한"이라는 단어는 "여인"이라는 대상을 전제로 놓고, 유교적인 관점에서 제일 듣기 좋은 단어를 선택한 것이라는 의심스러운 마음을 지울 길이 없기 때문이다. "훌륭한 여인?" "탁월한 여성?" "믿음직한 여자?"로 꿰맞추기에는 번역에 참여한 분들의 당시 한국적 문화의 사고 관념에서 불편할 수 있었을 것이다.

하지만 khayil이라는 단어를 미국의 NIV에서는 "Noble" 즉 남녀 모두에게 적용될 수 있는 '우아하고 품격 있는'의 의미를 갖고 있는 단어로 번역하였고, ASV에서는 "excellent"로 번역하였다. 실제로 TWOT(Theological Word Book of the Old Testament)라는 사전에서 소개하는 이 원어의 의미는 유교적 사고에 근거하여 "현숙한"이라는 이미지를 창출해내려고 한 의도적 해석과는 많은 차이가 있다. khayil이란 히브리어를 '군대'의 의미로 56회, '용맹한 사람, 힘 있는 사람'의 의미로 64회, '힘이 있는 사람'으로 27회, '재력이 있는 사람'으로 21회 등으로 해석하고 있다. 우리말 성경에 번역된 '현숙'의 개념인 얌전하고, 조용하고, 말도 없고, 다소곳한 내용은 어디에도 보이지 않는다.

따라서 10절은 마땅히 "누가 엑셀런트한, 탁월한 동반자를 얻겠느냐? 그의 값은 진주보다 더하니라"고 재(再)번역하는 것이 옳다고 본다. 단순하게 필자의 목적을 위해 이미 번역된 내용을 의도적으로 고치고자 함이 아니다.

이러한 신뢰의 마음을 갖고 선뜻 높은 평가를 하고 있는 동반자의 '마음'을 살펴볼 필요가 있다.

모든 관계를 떠나 '한 개인'이 다른 '한 개인'을 향해 '값'을 평가하면서 당시 최고의 가치를 지녔던 '진주'보다 더 값있는 탁월한 사람이라는 묘사는 의미심장하다. 과연 이 사람과 얼마의 시간을 함께하는 중에 이러한 평가를 할 수 있었을까? 그리고 어떤 분야에서 이런 평가를 했을까? 한두 분야만 보고 이런 평가가 가능할까? 아닐 것이다. 아마도 짧지 않은 시간에 전 분야를 두루 경험하면서 내린 평가일 수밖에 없다.

이러한 평가와 더불어 이 인생의 동반자는 "그를 믿나니!"라는 믿음의 표현을 하였다.

동역자의 첫째 조건을 바로 이 단어에서 제시하고자 한다. '신뢰'와 '믿음'이다.

이즈음에서 필자는 독자에게 간곡한 제안을 하나 하고자 한다. 첫째는 독자 개인에게 우선 적용하는 것이다. "지금 나와 동역하고 있는 그 사람은 과연 신뢰할만 한가?"라고 질문하기 전에 "나는 신뢰할 만한, 믿음을 주고 있는 동역자인가?"를 먼저 질문하고, 먼저 자평해야 한다는 것이다. 그리고 난 후에 상대방을 바라보며 고심할 필요가 있는 것이다.

되돌아보면 길고도 긴 그리고 복잡했던 인생의 여정이 떠 오른다. 걸어오던 방향의 전환 중에 형성된 굽이굽이가 아른하게 그려진다. 그 사이사이에 떠오르는 얼굴들이 있다. 특히 사귐을 넘어 다양한 형태의 일들에 함께 참여했던 그 시간의 동역자들의 얼굴이 좀 더 짙게 다가온다.

대학교 때 기독학생회장을 하면서 함께 뒹굴던 총무의 얼굴도 잊을 수 없다. 안건을 갖고 회의하던 중 여러 임원의 반대에 곤란함을 느꼈던 나는 회의실 문을 발로 걷어차고 나갔던 적이 있다. 잠시 감정을 추스르지 못했던 덜 성숙한 시기의 모습이었다. 그래도 죄의식은 느끼던 수준이었는지 그 길로 자주 찾아 무릎꿇던 새문안교회 기도실에 가서 소리내어 기도하며 이 일을 회개했다. 그리고 다시 학교로 돌아왔더니 그 총무가 "야 이 ××야, 네가 회장이냐?"라고 힐난했다. 할 말은 없었으면서도 또 피차간에 목소리 높여 한바탕하던 시절이 떠오르고, 함께 했던 그 친구의 모습도 짙게 그려진다.

대학 축제 때 캠퍼스의 한구석 자리를 얻어내어 물건을 팔면서 행사를 위한 자금을 마련하던 시간들, Jesus Festival을 준비하면서 이리 뛰고 저리 뛰면서 함께 했던 시간들... 지내고 보면 추억이었지만 그때는 이런저런 동료들과의 다양한 '사역'을 위한 다양한 형태의 양념과 고명이 함께 비벼지고 버무려지는 시간들이기도 했다.

소대장 시절의 분대장과의 관계, 중대장 시절의 소대장들과 중대 인사계와의 관계, 전도사 강도사 목사 시절의 다른 동역자들과의 관계, 선교사로 사역해 온 긴 시간 속에서 함께 했던 수도 없는 사람들 한 명 한 명 등, 지난 세월의 굽이굽이 속에서의 다양한 동반자들과의 관계들을 복기(復碁)해보지 않을 수 없다.

나는 저들에게 어떠한 존재였을까?

지금도 계속 이어지고 있는 동반자의 관계 속에 과연 나는 어떠한 모습으로 저들에게 존재할까? 20년 이상 함께 동역하고 있는 선교사와 선교사 가정에게 있어 나는 어떠한 동역자의 모습으로 묘사되고 있을까? 20여 년 전에 세례를 주고, 훈련을 시키고, 목사 안수도 주고, 지금까지 동역하고 있는 중국인 목회자들과 교인들에게 있어 나는 어떠한 사람으로 인식되고 있을까? 현재 캄보디아에서 함께 동역하고 있는 캄보디아 목회자와 여러 동역자는 지금의 노화되어 가고 있는 퇴물급 선교사인 나를 어떻게 보고 있을까? 나와 한 몸을 이루어 기나긴 세월을 함께 살며 함께 동역해 온 사랑하는 아내는 과연 나를 어떻게 평가해 줄까?

나의 자녀들은? 나의 형제들은?

다른 누구를 먼저 바라보며 생각하기 전에 우선 나를 심각하고 냉정하게 객관적으로 바라보는 것을 전제로 하여 나와 함께 동역하는, 앞으로 함께 동역하게 될 '타인'을 고민하는 순서를 제시한다.

"믿나니"와 "산업이 핍절하지 아니하겠으며"

'신뢰'에 대한 다양한 분야를 생각해 보기 전에 본문 11절의 내용을 자세히 살펴볼 필요가 있다.

함께 길을 걸어가는 사람에 대한 '신뢰'는 어떠한 설명으로도 표현할 수 없을 만큼의 중요한 조건이다. 아무리 오랜 시간을 함께 살고 있는 부부지간일지라도 신뢰가 없으면 온전히 서로의 마음을 나눌 수 없다. 지극정성으로 애지중지하며 키웠던 자녀라 할지라도 성장 후에 일정 분야에 대한 신뢰가 없으면 자식이라는 혈통 이상의 어떠한 기대를 갖는데 불안한 마음을 지우기가 어렵다. 격의 없이 많은 것을 공유하는 친구 사이에도 동일한 원리가 적용된다. 이것은 모든 분야의 모든 사람에게 해당하는 내용일 것이다.

이제 '신뢰'에 대한 근거를 본문을 통해 잠시 생각해보겠다. 조금 복잡하게 느껴질 수 있겠지만 이 글을 읽는 독자라면 오히려 재미있게 읽어나갈 수 있으리라 믿는다.

나는 이 장(章, Chapter)의 주 구절인 11절을 "이렇게 엑셀런트한 동반자를 둔 사람은 그를 믿나니 우리의 산업이 부족하지 않다"라고 의역해 보았다. 여기에서 '신뢰'와 '산업이 핍절하지 아니하겠으며"의 관계를 생각해 보고자 한다.

앞의 "믿나니"와 연관하여 이 부분을 히브리어 원문을 놓고 여러 차례 들여다보며 정확한 해석에 대한 고민을 하였지만, 나의 질문에 대한 만족스러운 답을 찾아내기가 어려웠다. 나의 질문이란 "신뢰를 한 결과로 산업이 핍절해지는 어려움을 겪지 않게 되었다는 것인가?" 아니면 "산업의 어려움을 겪지 않고 필요한 것들을 얻었기 때문에 동반자를 신뢰하게 되었다는 것인가?"에 대한 것이었다. 다시 말해 '신뢰하는 사람을 두었기 때문에 잘 되었다는 말인지, 아니면 하는 일들이 잘 되었기 때문에 그를 믿게 되었다는 것인지'에 대한 순위의 문제였다.

여기에서 'shalal'(한글 성경에서는 '산업'으로 번역)이라는 단어 앞에 붙은 접속사 'vav' 또는 'waw'로 발음되는 와우 연결법은 일반적으로 '그러니까' '그리고' '그러나' 등으로 해석하는데, 나는 앞의 '신뢰'한다는 동사와 연결하여 "신뢰함으로" "신뢰하기 때문에" 동반자가 하는 일을 통한 좋은 결과를 볼 수 있다는 so that 용법으로 해석하였다. 만일 거꾸로 "산업이 핍절하지 않았기 때문에 신뢰한다"는 식으로 해석하면 본문의 내용을 거꾸로 해석하는 느낌을 지울 수 없다. 그래서 '신뢰'를 우선으로 두고 그 결과 '부족함이 없게 되었다'는 순리적 해석을 나는 개인적으로 취했다. 그럼에도 불구하고 필자는 지속적으로 오가는 상호간의 순환 구조에도 무게를 여전히 두고 있다. 처음에는 신뢰해서 이러한 결과를 낳았는데, 그 후부터는 이러한 결과의 지속적 발생에 대한 지속적 신뢰가 상호간에 순환되는 구조로 이해하는 것이 자연스럽게 여겨진다.

'shalal'('산업'으로 번역)이라는 단어 역시 생각해 보고 넘어가게 한다. 이 단어의 원뜻은 '탈취물' '전리품'의 의미를 갖는다. 하지만 한글 번역에서는 이 단어를 사용하지 않고 "산업"으로 번역하였다. 킹제임스 흠정역에서는 "노략물"이라고 직역하였다. 표준새번역에서는 "가난을 모르고"로 번역하였다. 너무 쉽게 번역하려고 애를 쓴 것 같다. 공동 번역에서는 "마음이 든든하다"로 번역하였다. 거의 해석 형식의 번역이다. NIV성경에서는 'spoil'이라는 단어로 번역했다. 역시 '전리품' '약탈품'이라는 뜻으로 직역한 것이다.

늘 공부하고 연구하는 목회자 한상진 목사는 이 단어에 대해 다음의 칼럼을 썼다.

탈취물보다 좀 듣기 좋은 용어는 '전리품'이다. 전쟁한 후에 승리한 쪽에서 패배당한 상대의 것들을 획득한 물품을 의미한다. 이후에 계속해서 잠언 31장에서 소개하고 있는 엑셀런트한 동반자의 삶에 대해 함께 생각해 보겠지만, 그의 삶을 보면 일종의 '전투적 삶'을 사는 것처럼 보인다. 그리고 그 전투적 삶 속에서 한 발짝 앞으로 나갈 때마다 '전리품'을 챙기는 모습 역시 보인다. 뒤의 내용을 이해하게 되면 왜 신뢰에 대한 내용을 언급하면서 '탈취품' 또는 '전리품'이라는 뜻을 가진 shalal이라는 단어를 사용하였는지 짐작할 수 있다. 길 가는 사람의 주머니를 털어 만든 탈취물이 아니기 때문에 아무래도 '전리품'이라는 단어가 나을 듯하다.

예를 들어보자. 무슨 일을 시작하기 전에 하나님과 상의하는 시간을 가져야 했는데, 너무 급박하게 돌아가는 시간의 압박 속에서 기도할 수 있는 여유를 갖지 못하고 영적 전투에 임하게 되었다. 하지만 이미 기도의 능력을 경험한 자로서 아무리 바빠도 기도만큼은 해야겠다는 결론을 내리고 정신없이 돌아가는 복잡하고 바쁜 상황 속에서 하나님과 기도의 시간을 가지면서 인도함을 받게 되었다. 그리고 성공적으로 일을 마무리하게 되었다. 이때 이 '성공적인 일의 마무리'를 '전리품'으로 이해할 수 있지 않을까 생각한다.

교회론에서도 이 땅 위의 교회는 '전투적 교회'라고 명명하고 있다. 비록 십자가상의 희생을 통하여 사탄의 세력을 근본적으로 무너뜨렸지만 여전히 그 힘은 결코 무시할 수 없는 힘으로 이 땅 위에 사는 모든 사람과 체제 등을 무너뜨리려는 시도를 끊임없이 하고 있다. 그래서 전신갑주의 무장도 강조되고, 선한 싸움이지만 '싸움' 역시 강조되고 있다.

"또 아는 것은 우리는 하나님께 속하고 온 세상은 악한 자 안에 처한 것이며"(요일 5:19)라는 요한일서의 선포는 두 가지 모두를 내포하고 있다. 우리는 분명히 하나님에게 속한 자들이라는 사실과 그럼에도 불구하고 우리의 육신이 일하며 살고 있는 이 모든 세상은 악한 자의 강력한 영향력 안에 처해 있다는 또 다른 아픈 사실이다. 하나님에게 속한 자들의 삶이 악한 사탄의 조종을 받는 이 세상에서 살고 있다는 내용 자체 속에 '전투적 교회' '선한 싸움' '우리의 싸움은 혈과 육에 속한 싸움이 아닌 어둠의 세력들과의 싸움' 등의 전투와 싸움이 포함되어 있다.

싸우기 싫은 사람은 '전리품'도 챙길 수 없다. 전쟁이 없으니 '전리품'이 있을 수 없다. 성품적으로 싸우기 힘들어도 사탄과의 전쟁, 그리고 사탄이 조직해 놓은 여러 시스템 속에서의 전쟁은 어차피 불가피하다. 그리고 신뢰를 바탕으로, 하나님에 대한 의지함으로, 하나님에 대한 은혜를 사모하는 마음으로, 그리고 충성되고 정직하고 성실한 마음으로 선한 싸움을 싸워야만 한다. 때로는 도저히 싸움이 되기에도 어려운 싸움의 현장에 들어가야만 한다.

포기하지 않고, 최선의 노력으로, 하나님과 교통하면서, 나보다 나약한 자들을 돌보면서, 최선의 결과를 추구하면서 한 걸음 한 걸음 전진해 나가는 삶과 사역을 통해 하나님으로부터 그리고 주위 사람들로부쳐의 신뢰는 쌓여 갈 것이다. 나도 그리고 내가 함께 하기를 원하는 동반자도 이러해야 할 것이다.

'신뢰'의 분야

사람에게 '믿음'과 '신뢰'를 갖는다는 것은 하루아침에 이루어질 수 있는 일이 아니다. 예수님보다 거의 500년 전에 출생했던 공자에게 한 제자가 '인(仁)'에 대해 질문하였다. 공자는 "나를 누르고 예(禮, Courtesy)를 행하는 것이 인이니, 단 하루라도 나를 누르고 예를 행하면 천하가 인으로 돌아갈 것이다 … 예(禮, Courtesy)가 아니면 보지 말며, 예가 아니면 듣지 말며, 예가 아니면 말하지 말며, 예가 아니면 행하지 말 것"이라고 답했다. 그때 그 제자는 "제가 비록 불민하오나, 이 말씀을 실천해 보겠습니다"라고 답하였다.[3]

당시 공자의 관점에서 신뢰할 수 있는 사람은 '군자(君子)'였다. 즉 군자는

---

3) 논어, 12편, 안연(顔淵).

예를 중히 여겨 "문밖에 나가서는 사람을 귀빈(貴賓) 대하듯 하며, … 내가 싫어하는 바를 남에게 시키지 않는" 사람이고, "남과 사귐에 공경하고 예의를 지키는" 사람이었다.[4]

사실 이 정도 군자의 수준에 다다르면 이미 득도(得道)하였다고 말할 수 있을 것이며, 함께 하는 사람들로부터 신뢰와 존중을 받기에 마땅할 것이다. 그러니 어찌 짧은 시간에 이루어질 일이겠는가?

여호와 하나님을 알지 못했던 공자지만 그의 가르침은 '타인 배려 중심'을 근간으로 하고 있다. 그 사상의 기초를 '인본(人本)'에 두고 있다. 이 인본 정신을 유지하는 기본 자세에 '인(仁)'을 내세운다. 그리고 이 인애의 자세를 위한 행동 지침으로 '예(禮)'를 제시한다.

이와 같이 인본 위주의 철학과 인애의 사상과 예라는 행위를 강조하였기 때문에 이것에 근거하여 '군자'와 '소인'을 나누었다. 타인을 우선하는 자를 군자라 하였고, 개인의 이익을 우선하는 자를 소인이라 칭하였다. 돈의 많고 적음, 권력의 크고 작음에 잣대를 대지 않고 기본 정신에 얼마만큼 충실한가로 대인과 소인을 나누었고, 신뢰를 많이 줄 수 있는 사람과 신뢰를 적게 부여할 수밖에 없는 사람으로 나누었다.

비록 철저하게 신본(神本) 위주의 사상으로 시작된 기독교와는 정반대인 인본 위주 사상으로 출발한 공자의 사상이었지만, 2,500년이 지난 지금도 그의 가르침을 존중하는 이유는 철저한 '타인' 배려 우선 정신과 자신을 철저하게 돌보고 다스리는 자기 돌봄과 성찰의 자세를 귀한 가르침으로 받아들이고 있기 때문이다.

공자보다 1,500년 전쯤에 태어나 활동했던 아브라함에게 여호와 하나님은 "복의 근원이 되라"는 요청을 하셨다. "너에게 내가 복을 줄 터이니 너는

---

4) 논어, 12편, 안연(顔淵).

네가 받은 복을 혼자만 간직하는 것이 아니라 다른 사람의 복에 기초를 제공하는 자가 되라"는 요청이었다.

얼핏 보면 공자의 가르침과 성경의 가르침이 같다고 생각할 수 있겠지만 두 가르침의 출발점은 분명 다르다. 공자의 가르침이 사람에게서 시작한 것이라면, 기독교에서 말하는 믿음의 조상 아브라함이 처음 받은 요청은 여호와 하나님이신 눈에 보이지 않는 신에게서 시작한 것이다. 내용은 타인을 향한 '복의 근원'이 되라는 것이었다.

뿐만이 아니다. 기독교의 본질로 들어가 이 뜻을 이해하게 되면 "복의 근원이 되라"는 요청에 목숨까지 걸게 된다. 예수 그리스도 역시 복의 근본인 '죄의 용서' '영원한 생명' '세상에서 얻을 수 없는 평안'을 주시기 위해 십자가 상에서의 '희생'을 마다하지 않으셨다. 사도 바울은 복의 근원인 '은혜의 복음'을 전하기 위해 스스로 로마행을 선택하여 순교하면서까지 '복의 근원'에 대한 요청에 적극적으로 순종하였다.

이 정도의 수준에 이른 사람들을 신뢰하는 것은 어려운 일이 아니다. 주위 사람들을 귀하게 여기고, 내가 싫어하는 일을 남에게 시키지 않으며, 사람들과 예의 바른 관계를 유지하는 소위 군자 수준의 사람들과 함께 일을 한다면 기본적인 인간관계에 있어서만큼은 신뢰할 수밖에 없지 않을까? '복의 근원'이 되라는 요청을 받고, 그 요청에 순응하고자 애를 쓰는 아브라함과 같은 여호와 하나님 중심의 신실한 그리스도인과 함께 일할 수 있다면 '신뢰' 그 자체에 관한 한 어려움이 없을 것이다.

실제로 조카 롯과의 어려운 갈등을 해결하려고 애썼던 아브라함의 처세는 '복의 근원'이 되라는 여호와 하나님의 요청을 이미 삶의 한가운데에 간직했던 모습으로 보인다. 어렸을 때 부모님을 여의고 고아가 된 조카를 친아들처럼 돌보아 주었던 아브라함이었다. 그저 돌본 정도가 아니었다. 아브라함이 재산을 형성할 때마다 공평하게 분배해 주었기 때문에 롯은 아브라함이 부유해지는 만큼 함께 부유하게 되었다. 하지만 그러한 삼촌 아브라함의 은혜를 은혜로 여기지는 못했던 이기적인 롯이었다. 결국은 삼촌의 일꾼들과 자신의 일꾼들이 충돌하는 사건이 발생하게 되었고, 그런 와중에 롯은 나서서 문제를 해결하려고 하지 않았으며, 삼촌 아브라함의 양보를 만족스럽게 얻어내었다. "우리가 함께 하기에는 이미 너무 커졌으니 이제 헤어져야 할 때가 온 것 같구나. 이제 네가 동을 선택하여 가면 나는 서를 선택할 것이고, 네가 서를 선택하면 나는 동을 선택하겠다. 조카야! 네가 먼저 선택하거라!" '복의 근원'이 되라는 요청을 마음 깊이 새긴 아브라함은 자연스럽게 이러한 소위 군자의 선택을 하였고, 소인배 롯은 이기적인 선택을 하였다. 그의 눈에 "여호와의 동산"처럼 보인 땅을 선택하여 은혜를 베풀었던 삼촌 아브라함의 곁을 미련 없이 떠났던 것이다.

동역의 기초는 '신뢰'이다. 이제 신뢰의 구체적인 분야를 생각해보자.

'돈'에 관한 신뢰

'재정'이라는 단어가 '돈'이라는 단어보다 듣기에 편할 수 있겠지만 굳이 '돈'이라는 약간 노골적으로 느껴지는 용어를 선택한 이유는 현대 사회에서 돈이 미치는 영향력이 그만큼 막강하기 때문이고, 함께 일을 함에 있어서도 이 돈이라는 영향력의 범위에서 모두가 벗어나기 어려운 현실이기 때문이다.

나는 개인적으로 함께 일함에 있어서 〈정확한 금전 출납〉을 중하게 여기는 편이다. 공금 100원을 가지고 나가 57원을 썼으면 정확하게 43원이 다시 입고되어야 한다고 생각하는 사람이다. 공금 57원을 사용하는 과정에서 5

원짜리 음료수를 사서 마셨을 경우 개인으로 부담하는 것과 공금으로 부담하는 것에 대해서도 민감하게 생각하는 부류의 사람이다. 그리고 그러한 일 처리에 정확하지 않은 사람에 대해서는 재정 관리 부분을 포함한 책임을 져야 하는 묵직한 분야를 맡기지 않는 원칙을 일반적으로 견지한다.

나는 아내와도 돈과 재정에 관한 모든 분야를 함께 함에 철저한 신뢰를 유지하고 있다. 지금까지 거의 40년이라는 짧지 않은 세월을 함께 하는 동안 서로가 1전 1페니조차 숨기거나, 허투루 관리하거나, 마음대로 처리하는 것을 보지 못했기 때문에 철저한 신뢰를 갖는다.

실제로 부부 사이에도 상대에 대해 미덥지 않은 마음을 가지고 사는 경우가 적지 않다. 돈이 생기면 자신의 부모만 챙기려는 짧은 안목의 아내나 남편이 있는데, 여윳돈만 있으면 자신의 부모에게로 돈을 보내려는 남편이나 아내이다 보니 피차간에 물질 관리에 대한 의심이 가득하다. "다른 것은 몰라도 돈에 관한 한 믿을 수가 없어요!"라는 한탄이 가득 담긴 평가를 하곤 한다. '돈에 관한 한'이라는 의미는 신뢰를 주는 기준에 상당히 큰 자리를 차지한다. 어떤 아내는 남편이 힘들게 벌어오는 돈을 인터넷 쇼핑에 지출하기 시작하면서 신용카드 문제가 야기되었다. 쇼핑 중독이었다. 어쩌다 그렇게 되었는지 알 길은 없지만 이로 인해 이혼하는 사태로까지 이어졌다고 들었다.

부모 자식 관계라고 해서 늘 신뢰가 보장되어 있는 것은 아니다. 아무리 오랫동안 친하게 지낸 친구 사이라 해도 이 분야에 관한 한 확실한 신뢰를 유지하기는 쉽지 않다. 친구라서 믿고 빚보증을 섰다 재산을 날린 사람이 어디 한둘이던가? 자식이니까 믿고 은행 대출 보증을 섰다 길거리에 나 앉게 된 노인들 역시 적지 않다. 돈만 손에 들어오면 어떻게든 쓸 곳을 찾아다 써버려야 직성이 풀리는 사람도 있다. 공금과 사적인 돈을 구별하지 못하여 액수의 대소와 상관없이 공금 유용을 쉽게하는 사람들 역시 제법 있다. 늘 남에게 손을 벌리며 사는 사람도 있다. 늘 남의 것을 탐내며 사는 사람들도 있다. 물질에 대한 신뢰가 없는 사람들의 경우다.

정확하고 구체적인 '돈' 출납

함께 일을 하는 동역의 관계 설정에는 피차간에 '돈' '재정' '경제'에 대한 생각과 방식의 나눔은 정확하고 구체적일수록 안전하다.

1에서 9까지의 싱글 액수를 정확하게 관리할 때, 10에서 99의 수를 맡길 수 있다. 100이라는 액수에 신뢰를 주었을 때 500도 1,000도 맡길 수 있는 것이고, 1,000이라는 액수에 신뢰가 주어질 때 그 이상의 것도 믿고 맡길 가능성을 보장받을 수 있다는 것은 너무나도 상식적이다.

주위에 들으면 놀랄만한 액수를 놓고 하나님께 기도하는 사람들이 제법 있다. 하지만 나는 늘 그렇게 기도하는 사람이 현재 관리하고 있는 액수를 알고 싶어하는 편이다. 10,000을 놓고 기도하는 사람이 현재 100도 낑낑거리며 힘들게 관리하고 있는 편이라면 그 누구보다 그를 사랑하고 아끼시는 하나님께서 그에게 과연 10,000이라는 거금을 놓고 기도하고 있다는 이유로 "옜다"라고 하시며 집어주실 리가 없다고 보기 때문이다.

따라서 함께 일하는 동역자는 남이 되었든 내가 되었든 정확한 금전의 출납 원칙을 지키려고 애를 쓰는 사람이어야 한다.

또 결코 오해해서 안 될 것은 '나눔'과 '베풂'과 '선행'과의 혼동이다.

선교지란 일반적으로 선교사의 모국보다 경제적으로 어려운 곳이다. 아프리카의 시골에 사는 사람이 미국에 선교하러 가는 경우는 매우 드물다. 영적으로 황폐해져 가는 미국이나 유럽에 누구든 선교사로 갈 수는 있겠지만 아주 드문 경우이다. 일반적 관점으로 볼 때 경제적으로 부유한 나라에서 가난한 나라로 선교사를 보내는 경우가 많다.

선교사가 선교지에 와서 느끼는 첫 번째 인상은 참 가난하다는 것이다. 그래서 아주 가끔은 그들을 돕는 것과 그들에게 복음을 전하는 일과 혼동하게 된다. 그들을 의료적으로 치료해 주는 일과 복음 전하는 일을 섞어서 진행하는 경우도 적지 않다. 물론 이러한 민감한 사안을 심도 있게 언급하고자 하는 것은 아니다. 다루어야 할 내용이기는 하지만 신학적 입장에 따라 다른 의견이 나누어질 수 있는 내용이라 지금의 지면에 할애할 수 있는 성질은 아니다. 단지 이런 말을 꺼내는 이유는 선교 현지의 사역자들과 동역하는 경우에 정확한 금전 출납의 원칙과 저들과의 나눔과 베풂에 있어서의 혼동 부분을 언급하고자 함이다. 선교사에게는 아주 작게 여겨질 수 있는 액수의 금액이 현지인들에게는 큰 금액일 수도 있다.

나는 현지 사역자의 금전 문화와 관계없이 언제나 정확한 금전 출납의 원칙을 유지하는 것을 지지한다. 개인적으로 돕는 것도 선교사에게는 공적인 사역에 해당한다. 어차피 그러한 일을 위해 선교사로 가 있는 것이니까. 하지만 함께 일을 진행할 때 오가는 금전적 지출에 관한 한 명확할수록 서로에게 안전장치가 주어짐을 잊지 말아야 한다. 이러한 것도 정확한 원칙이 미리 제시되지 않을 경우에는 불필요한 오해가 주어질 수 있으므로 시작할 때부터 구체적 설명은 필요하다.

이러한 부분은 선교지에만 해당하는 사항은 아니다. 국내 목회를 함께 동역하는 경우에도 해당하고, 구제 사역이나 선교 사역 등 모든 사역에 해당한다. 이미 앞에서 언급하였듯이 '돈'은 매우 민감한 사안으로 작용하고, '돈'으로 인한 문제는 끊임없이 발생하는 부분이기 때문에 '돈'의 지출과 수납에 있어서만큼은 철저할수록 안전하다. 그리고 이러한 원칙을 중하게 여기고 최선을 다해 지키는 만큼 신뢰의 깊이도 깊어질 수 있다.

함께 일을 하다 보면 아무래도 함께 하는 시간과 상황이 많아지고 겹치게 된다. 아침 시간에 함께 커피나 차를 마시는 시간도 자주 있을 수 있고, 중간의 간식 시간도 함께 할 수 있기도 하고, 일하는 곳에서 중식까지 배려하는 경우를 제외하고는 점심 식사 역시 함께 해야 할 때도 종종 있다.

커피 타임을 갖든, 티 타임을 갖든, 함께 식사를 하든 비용의 지출 원칙이 명확하지 않을 경우 우리 동양인들은 알게 모르게 힘든 시간을 갖게 되곤 한다. 어쩌면 요즈음의 젊은 세대들은 생각보다 쉽게 해결하는 모습을 보긴 하지만, 그럼에도 불구하고 여전히 '누가' 돈을 내는가에는 늘 관심이 있어 보인다.

이러한 이유 때문에 함께 동역하는 관계에 굳이 어려움을 줄 필요는 없다고 생각한다. 조금 살갑지 않을 수는 있겠지만 모두 동의할 수 있는 깔끔한 사전 대화만 있으면 문제가 없으리라고 보기 때문이다. 사실 필자인 나 자신부터 아시아적, 동양적인 문화권에 있다 보니 더치페이(Dutch Treat, Going Dutch)[5]에 익숙하지 못하다. 하지만 문화적 느낌만 무시할 수 있다면 더치페이만큼 편한 것은 없다. 내가 먹은 것 내가 내고, 내가 필요한 것 내 돈 주고 사면 된다. 그런데 이상하게 동양적 문화권에서는 그렇게 하는 것이 소위 '밥맛없는' 너는 너고 나는 나인 개인주의적 발상으로 받아들여지곤 한다.

오래전에 중국인 사역자 한 가정을 중국 내 소수민족 지역에 파송한 적이 있었다. 어느 날 이 사역자에게서 전화가 왔다. "독일 선교사가 우리들을 저녁 식사에 초대해서 갔는데요. 저녁을 먹은 후에 우리가 먹은 것은 우리가 내라고 하던데요? 이게 무슨 경우예요?"라는 불만에 가득 찬 내용이었다. 마치 태어나서 처음으로 이렇게 말도 안 되는 경우를 경험했다는 표현으로

---

5) '더치페이'라는 용어는 한국화된 용어이고 일반적으로 "Go Dutch" "Dutch Treat"으로 사용된다.

억세게 불만을 토로했다. 나는 웃으면서 그러한 '밥맛없는 행동'에 대해 상세하게 설명해 주었다. 나는 문화적으로 충분히 이해할 수 있었지만 선교지에까지 와서 자신의 문화적 입장을 지나치게 견지하는 모습에 쓴웃음을 지을 수밖에 없었던 기억이 있다. 그럼에도 불구하고 늘 함께 만나 일을 하는 동역의 관계에 있어서는 각각 해결하는 더치페이 방식을 추천한다. 이번에는 내가 밥을 샀으니 다음에는 누군가가 사야 한다는 방식도 있을 수 있으나 오히려 복잡할 수도 있으므로 조금 적응하는 시간이 필요할 수 있겠지만 각자 먹은 것을 각자가 내는 방식도 좋은 방식이라고 생각한다.

내 주머니에 늘 넉넉한 여유 자금이 있는 경우와 그렇지 못한 경우가 있을 수 있으므로 함께 동역하게 될 경우 이러한 섬세한 부분까지도 미리 언급할 필요가 있다.

공금과 사비의 깔끔한 구별

공적인 자금과 개인 돈의 구별은 동역의 기본이다. 이 부분에 있어 피차간에 신뢰를 유지하기 위해서는 처음부터 원칙을 공유할 필요가 있다. 선교단체이든, 교회이든, 아니 개인이라 할지라도 공적인 일과 사적인 일은 반드시 구별해야 하고, 특별히 자금 사용에 있어서는 더욱 정확하게 구별해야 한다. 함께 일을 시작하기에 앞서 처음부터 이 원칙을 상세하게 설명하는 것이 필요하다.

업무 시간 중에 외근을 해야만 하는 경우 필요한 활동 경비의 지출은 업무를 요청한 단체에서 지불하는 것이 당연하다. 그것이 교회가 되었든, 선교 단체가 되었든, 구제 단체이든 업무를 목적으로 외근을 할 경우에는 교통비, 체류비, 식비 등의 경비는 공적 경비로 지출하는 것이 당연하다. 단지 규모 부분에 대해서는 범위를 정해주는 것이 피차간에 안전하다.

요즈음은 일반적으로 필요한 돈의 지출을 전자 지갑(Digital Wallet)을 통해 하는 편이다. 나부터도 경제 후진국인 캄보디아에서 살고 있지만 어지간한 지출은 모바일폰을 통해 한다. 조그마한 마켓도, 주유소도, 식당도 대부분 QR 코드를 통한 지불 방식이 일반화되어 있다.

때로는 급하게 지불하다 보면 공금과 사적인 돈의 출처가 명확하지 않을 때도 있다. 그래서 하루에 적어도 한 번 이상은 개인 자금과 여러 분야의 공적 자금을 정리하는 데 시간을 사용한다. 같은 주머니에서 돈이 지출되더라도 그 돈의 출처는 각기 다를 수 있기 때문에 깔끔하게 정리하는 습관을 가질 필요가 있다.

또 급하게 돈을 빌리는 경우도 있다. 물론 소액의 경우이다. 가능하면 누구에게서라도 돈을 빌리는 행위는 최대한 자제해야 하겠지만 소액의 돈을 빨리 지출해야 하는데 당장 꺼내기가 불편할 경우에는 주위에 있는 동료에게 도움을 요청하는 경우를 배제할 수는 없다. 하지만 어떠한 경우에라도 가능한 한 즉시 갚도록 노력해야만 한다. 아주 소수의 경우이지만 적은 돈에 대한 환불 이행에 소홀히 함으로 큰 신뢰를 잃어버리는 어리석음을 쉽게 생각하는 사람들도 있다. 하지만 의도적이든 의도적이지 않든 이러한 습관은 대단히 어리석은 것임이 분명하다. 그러한 반복적인 작은 소홀함을 통해 잃게 되는 신뢰를 생각하면 '어리석음'이라는 단어 외에 다른 단어가 떠오르지 않는다.

공금 사용하는 것을 쉽게 생각하면서 자기 주머니에서 나오는 동전 한 닢은 귀하게 여기고 아끼는 마음이 주위 동료들에게 표현되는 것 역시 크게 다르지 않다. 이런 사람은 재정에 관한 한 위험 인물로 분류해야만 할 대상이다. 소탐대실(小貪大失)이라는 말이 바로 여기에 해당한다. 자신의 적은 돈을 아끼려다 소중한 신용과 신뢰를 잃는 것이기 때문이다.

‘말’에 대한 신뢰

    신뢰에 관한 첫 번째 내용에 ‘돈’을 언급한 것에 수긍하기 어려운 독자들도 있을 것이다. 필자 역시 신뢰의 분야 순서를 놓고 많은 시간을 보내며 생각에 생각을 해보았다. “실력도 있고, 말도 조심하고, 행동에 예절도 있고, 주위 사람들을 편하게도 하고, 기도도 많이 하고, 성경도 많이 읽고, 힘들고 어려운 사람들을 돌보려고 애를 쓰는데, 돈 관계가 시원찮아! 돈을 빌려주면 절대 갚지 않고, 단 한 번도 밥을 산 적이 없어! 다 좋은데 돈 쪽은 아니야!”와 같은 평판을 상상해 보았다. 이런저런 생각을 하다 결국 ‘돈’에 대한 신뢰를 제일 먼저 언급하게 되었다.

    이제 두 번째로는 ‘말(언어)’에 대해 생각해 보자.

‘떠벌이’(Big Mouth)

    〈네이버 국어 사전〉은 떠벌이를 ‘촉새처럼 입이 가볍게 수다 떠는 사람을 낮잡아 이르는 말’이라 설명하였고, 영어의 big mouth는 ‘남의 이야기를 좋아하여 수다스럽게 떠드는 사람을 낮잡아 이르는 말’이라고 기술하였다.

    나와 함께 일할 동역자가 떠벌이라고 상상해 보자. 촉새처럼 입이 가벼워 시도 때도 없이 수다를 떠는 사람이 내 옆에 있다고 생각해 보자. 말만 가벼운 것이 아니라 남의 이야기하는 것을 쉽게 내뱉어대는 사람이 나와 함께하는 동역자라고 생각해 보자. 생각만 해도 아찔하다!

    성향적으로 말하는 것을 좋아하는 것은 나쁜 것만은 아니다. 모두가 침묵만 유지한다면 거꾸로 전반적 분위기가 어둡고 침체할 수 있을 것이다. 적당한 조화는 필요하겠지만 소위 ‘떠벌이’ ‘빅 마우스’의 경우는 말하는 것을 좋아하는 것과는 다른 경우이기 때문에 함께 동역하는 부분에 대해 고민해야만 할 것이다.

이런 자들에게는 어떤 비밀도 유지되기가 어렵다. 절대 말하지 않겠다고 하고 뒤를 돌아서는 순간 곧장 누군가에게 가서 자신의 생각까지 덧붙여 침소봉대된 내용으로 말해버리는 경우가 많기 때문에 신뢰하기가 어렵다. 이런 사람은 함께 하기 전에 알 수 있다면 피하는 것이 상책이겠지만 이미 함께하게 된 상황이고, 얼마의 시간 후에 이러한 성향을 알게 되었다면 조심의 대상으로 놓고 대처해 나가는 길 외에 다른 방법이 없을 것이다.

만일 이 글을 읽는 독자 중에 혹이라도 본인이 이런 부류의 사람이라는 생각이 든다면 부탁하건대 최대한 '말'에 대한 자제를 위해 몸부림쳐야만 할 것이다. 주님께서도 야고보를 통해 "듣기는 속히 하고 말하기는 더디"(약 1:19)하라고 요청하셨다. 잠언에서는 '말'과 관련된 경계의 내용이 많이 소개된다. "미련한 자의 입은 그의 멸망"(잠 18:7)이 된다고까지 경고하셨다. 예수님도 "입으로 들어가는 것이 사람을 더럽게 하는 것이 아니라 입에서 나오는 그것이 사람을 더럽게 하는 것이니라"(마 15:11)고 말씀하셨을 정도이다.

말을 하고 싶어 입이 근질근질하여도 숨을 들이마시며 가능한 한 삼키고, 그래도 말을 해야만 한다면 건설적인 내용의 말, 다른 사람들을 세워주는 말을 하도록 노력하고 또 노력해야만 한다. 특히 타인에 관한 대화는 좋게 시작했다가도 이상한 방향으로 흘러갈 가능성이 늘 있으므로 '일'에 관한 대화나 '현상'에 관한 대화가 아닌 주위 사람에 대한 대화는 하지 않는 것이 최선임을 명심하기 바란다.

듣지 않고 '내 말'만 하는 사람(有口无耳)

'하소연'으로 가득한 사람들이 간간이 있다. 뭐가 그렇게 늘 억울하고, 항상 잘못된 일만 경험하는지, 얼마 전에 만났던 사람이든 또는 아주 오랜만에 만났던 사람이든 피차 안부를 물을 시간조차 주지 않고 만나자마자 하소연 보따리를 풀어제껴 헤어질 때까지 자기 말만 하다 가는 사람들이 제법 있다.

선교사로 살다 오랜만에 고국을 방문하여 친구들을 만날 때에는 듣고 싶은 말도 있고 하고 싶은 말도 있게 마련이다. 하지만 친구들과 만나 대화의 시간을 갖다 보면 주로 하소연을 더 많이 듣고 나의 삶은 거의 나누지도 못하고 헤어질 때가 자주 있다. '아! 이곳의 삶이 참 힘든가 보다! 많이들 힘이 드나 보구나!'라고 이해하며 헤어지곤 하면서도 씁쓸한 마음을 금할 길이 없다. '오랜만에 선교지에서 돌아온 것이 무슨 대수라고 그런 기대를 하나?'라고 자책하며 스스로 위로했던 적이 적지 않다.

함께 동역한다는 것은 서로 들어주고, 서로 말하는 시간의 연속이다. 말하는 내용도, 표정의 변화도, 움직이는 행동도 모두가 관심 가져야 할 대상이다. 상대방을 귀하게 여기는 만큼 나도 귀하게 여김을 받을 수 있고, 상대방을 존중하는 만큼 상대방의 말에 귀를 기울일 수 있어야 한다.

한 번은 내가 'A'와 관계된 말의 서론을 꺼내는데 '내 말'만 하기 좋아하는 이 청자(聽者)는 즉시 'A'와는 전혀 상관없는 내용의 말을 중간에 치고 들어와 한참 동안 B에 대해 말을 한다. 그리고 아무 반응이 없는 내 눈치를 살피는 것이었다. 나는 더 이상 이 '내 말'만 하기 좋아하는 이 사람과 마음의 대화를 나누는 것을 포기하였다. 상대방의 입장이나 생각엔 전혀 아랑곳하지 않고 '자신'이 중심되어 끝없이 '자신의 말'만 하는 사람들은 주변 사람들과 깊고 진지한 관계를 형성하기가 쉽지 않다. 대화란 서로의 생각을 주거니 받거니 하는 것이니까. 또한 사람들은 자기가 하는 말을 진지하게 들어주는 사람에게 자신의 속마음을 나눌 수 있으니까. 상대방의 말은 듣지 않고 자기 말만 하는 사람과는 '대화'를 할 수 없다. 더군다나 '속마음'은 더더욱 나눌 수 없다.

네거티브 VS 샌드위치 화법

모든 사물과 일과 사람을 바라볼 때 긍정적 시각보다는 부정적 시각, 긍정적 평가보다는 부정적 평가를 습관적으로 유지하는 사람들이 있다. 아무리 선한 의도를 갖고 설명해 주어도 자신의 내면에 형성된 부정의 틀에 집어넣어 부정적인 내용으로 형상화해서 되돌려준다. 밥을 한 끼 대접해도 '이 사람이 무슨 의도로 나를 대접하지?'라고 생각하는 사람이 있다. 참 대하기 어려운 사람이다. 함께 길을 걷기에는 너무 버거운 사람이다. 아니, 옆에 있기만 해도 숨 막히게 하는 사람이다.

주위의 이런저런 사람에 대해, 주어진 이런저런 환경에 대해 끝없이 문제를 들추어 부정적 표현에 능숙한 사람들이 우리 주변에 제법 있다. 함께 있으면 에너지가 쑥쑥 빠져나가는 느낌이 든다. 능력 여하를 떠나 불편하고 힘든 사람이다.

하나님께서는 "분을 그치고, 노를 버리며, 불평하지 말라. 오히려 악을 만들 뿐이라"(시 37:8)고 시편 기자를 통해 경고하셨다. 유다서에서는 원망하고 불만하는 모습을 경건하지 못한 사람들의 특징으로 소개하였다. "이 사람들은 원망하는 자며 불만을 토하는 자며"(유 1:16).

일에 대해, 사람에 대해, 환경에 대해 일체의 불만이 없을 수는 없다. 그러한 불만들을 얼마만큼 속으로 눌러 삭이며, 필요에 따라 얼마만큼 지혜롭게 표현해내는가가 관건일 뿐이다.

'샌드위치 화법'에 대해서는 대부분 독자들이 이미 알고 있을 것이다. 학교에서 선생들이 학생들에게 잘못된 부분을 지적할 때나, 집에서 부모가 자녀들의 문제를 지적할 때 요청되는 화법이다. 이미 알고 있겠지만 대화를 나누면서 샌드위치를 먹으라는 것이 아니다. 빵과 빵 사이에 들어있는 샌드위치의 핵심인 고기나 야채를 먹으려면 빵을 먼저 깨물고 먹어야 하듯이, 고기나 야채가 되는 '네가티브'한 내용을 말하기 전에 먼저 긍정적인 내용을 앞과 뒤로 포장하라는 의미의 화법이다. 긍정적인 말로 대화를 시작하면서 대화의 본질로 들어갔다가 다시 긍정적인 대화로 마무리를 짓는 것이다. 일종의 대화 테크닉이라고도 할 수 있고, 지혜라고도 할 수 있는 방식이다.

은쟁반의 옥구슬

정확한 내용 위에 설득력 있는 논리와 표정과 어투와 몸동작과 예의 바른 자세 등을 두루 갖춘 커뮤니케이터는 손쉽게 찾을 수 없다. 이러한 모습은 태어날 때부터 갖추어지는 것이 아니기 때문에 이미 이러한 모습을 갖추었다는 것은 오랜 시간 자신을 다스리고 통제하며 동시에 노력하고 또 노력하면서 습득된 것이기 때문에 하나의 자산적 가치로도 받을 수 있는 것이다. 이러한 자질을 소유한 자와 함께 길을 걷는 것도 복이라 생각한다.

사소한 대화 중에도 상대방의 뜻을 이해하면서 자신이 말하고자 하는 내용을 논리적으로 정리하여 대화하는 사람과는 대화 시간 자체가 즐거울 수 있다. 하지만 두서없이, 무슨 뜻인지 귀를 기울여 들어도 이해하기 어려운 말을 하는 사람도 간간이 있다.

이 사람이 말을 하면 들을 것이 있다는 느낌을 상대방이 갖고 있다면 무슨 내용의 말을 해도 대화가 가능해진다. 주고받는 것이 가능한 대화, 동역자 간의 관계 속에 없어서는 안 될 소중한 부분이다.

'돈'에 이야기를 집중하는 사람

입만 열면 '돈' 이야기 하는 사람이 있다. 있을 만한 것 다 갖고 있는 것 같은데도 입만 열면 '나는 돈이 없다'고 습관적으로 말하는 사람도 있다. 때로는 '혹시 자라면서 물질로 인해 많은 어려움을 겪어서 어떤 형태의 한(恨)을 간직하고 있나?' 하는 마음으로 이해해 보려고 하지만 신뢰의 대상으로 여기기에는 힘들다. 매우 가난한 환경에서 자라온 사람이라도, 또는 아무리 부유한 환경에서 돈 걱정없이 자란 사람이라도 "그리스도 안에 있으면 새로운 피조물이라 이전 것은 지나갔으니 보라 새 것이 되었도다"(고후 5:17)라는 성경적 원리는 예외없이 적용되어야 한다.

영혼만 거듭나는 것이 아니라 삶이 거듭나고, 가치관이 거듭나고, 인생관이 거듭나야 할 것에 대한 선포이다. 그렇게 선포된 하나님의 말씀이 있는데도 불구하고 과거의 불우했던 환경을 내세워 입만 열면 '돈 돈 돈' 하는 사람은 이 성경적 원리가 아직 적용되지 않은 사람이다. 우리가 과거에 어떻게 살았건 과거의 사건과 상황들이 이미 새롭게 거듭나 새로운 존재가 된 우리의 현재에 여전히 '쓴 뿌리'로 남겨두지 말아야 한다. 새로운 피조물이 된 우리들은 "혈통으로나 육정으로나 사람의 뜻으로 나지 아니하고 오직 하나님께로부터 난 자들"(요 1:13)이기 때문에 과거의 혈육 관계 속에서 발생한 어떠한 일들도 우리 새 피조물들의 발목을 잡도록 두면 안 된다. 왜? 새 피조물들이기 때문이다. 이전 것들이 우리를 지배할 때에는 돈이 없음으로 인한 비참함, 돈이 많음으로 인한 교만함, 안하무인 같은 것들이 우리를 지배했고 우리 역시 그러한 것들에 지배당했었지만 이제는 그렇게 지배받을 수 있는 신분이 아니라 오히려 그러한 것들을 지배하는 자로, 통치하는 자로 부름을 받았기 때문에 더 이상 '돈 돈 돈' 하며 사는 것은 매우 타당하지 않다.

돈은 뒤에 두는 존재이지 우리의 앞에 두는 존재가 될 수 없다. 주님은 돈을 나의 앞에 두고 사는 사람들에 대해 '두 주인'을 섬기는 것이라고 말씀하셨다. 낙타가 바늘구멍으로 들어가는 것보다 더 어려운 사람이 부자라는 의미를 잘 이해해야 한다. 이는 늘 '돈'을 앞에 두고 하나님도, 인간관계도, 선한 행실도 '돈' 뒷자락에 두는 사람을 의미한다.

어쨌든 이러한 사람들은 하나님의 일을 한다고 해도 '하나님의 일'이라는 명분을 갖고 '돈'을 추구한다. 디모데전서 6장 5절에서 이러한 사람들에 대해 "마음이 부패하여지고 진리를 잃어버려 경건을 이익의 방도로 생각하는 자들의 다툼"이라고 평가하고 있다. 하나님과 관계되는 일들을 이익의 방도로 생각하기 때문에 그러한 부류들 사이에서는 다툼이 끝없다.

눈을 똑바로 뜨고 내가 신뢰를 주어야 할 사람을 찾고 선택하는 데에 있어 지나치게 '돈'을 중심으로 움직이는 사람들은 우선 조심해서 선택해야만 하는 자들이라고 봐야 한다.

나와 함께 오랫동안 동역하는 선교사 부부가 있다. 그 부부가 어느 날 한국을 방문하는 중에 어느 분이 "선교사님 필요하신 것 있으시면 말씀하세요."라고 요청하셨단다. 그런데 이 선교사는 "저보다 캄보디아에 있는 현지 교회에 차량이 필요한데 그것을 요청하고 싶습니다."라고 답하였다는 말을 들었다. 돈이 있는 선교사가 아니었다. 늘 돈에 시달리는 생활을 하는 중에도 나보다 단체를, 나의 이익보다 하늘나라의 이익을 우선 추구하는 모습에 나는 귀한 가치를 그분에게 부여한다. 결국 한국에서 차를 구입해서 이곳으로 들여와 처리하는 과정 중에 여러모로 뒷돈을 요구하는 문제 등 말로 다 할 수 없는 마음고생을 하면서 참 좋은 차를 현지 교회에 넘겨주었다고 한다. 그리고 생색 한 번 내지 않았다. 바로 이런 자와 함께 길을 가는 것은 매우 큰 복이 된다.

일의 마무리를 못하는 사람 (항상 2% 부족)

함께 하는 동역자 중에는 무슨 일을 맡기든 2% 부족하게 일을 끝내는 사람이 있다. 때로는 2%라 할지라도 전체를 다시 손봐야 하는 시간과 에너지를 요구하기도 한다. 능력이 없어서일까? 아니면 2%의 대충 성향 때문일까? 이런 사람에게 일을 맡기면 늘 불안하다. 2% 정도의 부족한 부분만이 아니라, 전체에서 2%의 보완할 곳을 찾아야 하기 때문에 더 많은 시간이 들어가기도 한다. 이런 사람과는 함께 일하기에 쉽지 않다.

원인을 분석해 보면 몇 가지가 눈에 들어온다. 제일 많은 경우는 대충 대충의 일 처리 방식 또는 습관 때문이다. 어찌 보면 일을 대함에 단순하다. 때로는 이 세상을 만만하게 보는 것처럼 느껴지기도 한다. 설명을 끝까지 듣지 않는다. 설명을 들으면서 이미 판단을 내려 버린다. 확신에 찬 어조로 "문제없어요"라고 쉽게 말함으로 함께 하는 자들의 걱정을 묻어버린다. 하지만 어느 정도 시간이 흐른 후에 언제나 이런저런 문제가 예상치 않게 발생했다는 말을 하곤 한다. 기가 찬다! 아마추어이기 때문이다. 일에 있어 프로는 제1안, 제2안, 제3안 정도는 들고 일을 진행해야 한다. 세상이 자기의 뜻대로 돌아가지 않는 것을 미리 알고 몇 가지의 안을 들고 일을 처리한다. 그만큼 세상의 이치를 이해하고 대처할 준비를 하면서 일에 임하는 것이다. 바둑이나 장기에 있어 '한 수 앞'을 보지 못하면 쉽게 이길 수 없다. 질 확률이 훨씬 더 높다.

때때로 이 사람은 몇 가지 대책을 들고 일하려는 사람을 싸잡아 믿음이 약한 사람이라고 공격하기도 한다. 하지만 함께 어떤 일을 하건 생각과 말과 처리에 있어 단순하기만 한 사람은 믿음직한 동역자는 되기 힘들다. 왜냐하면 복안(腹案)을 들고 움직인다는 것이 전략적인 반면에 단안(單案)만 들고 다양한 전략을 요구하는 일에 참여하는 것은 실패할 확률이 높고 위험하기 때문이다. 반면에 일에 대한 분석과 토론과 경험 있는 사람의 의견 청취와 구체적인 전략의 수립을 통해서 주어지는 신중하면서도 성실한 전략 수립을 지향하는 자와 함께 일하는 것은 훨씬 믿음직스럽다.

다음에 이런 사람의 잘못된 원인은 '게으름' 때문이다. 조금만 더 인내하며 일을 진행하면 만족스러운 결과를 도출해 낼 수 있는데 거기까지 가지 못하고 중간에 주저앉는 모습을 보이곤 한다. 인내가 부족한 탓도 있을 수 있고, 몸이 약하거나 의지력이 약해서 그럴 수도 있겠지만, 나는 게으름으로 보는 편이다. 어려워도 한 발만 더 나가면 될 것을 한 발을 더 나가지 않고 주저앉는다. 게으른 자들은 해야만 할 일을 차일피일 미루다 끝내야 할 시간이 다가오면 급하게 서둘러 일을 마무리한다. 학생 시절에는 그러한 분치기 초치기가 가능하지만 직종과 관계없이 보수를 받으면서 일을 하는 직업군에 들어와서까지 그런 습관을 유지한다는 것은 바람직하지 못한 정도가 아니라 위험한 습관임을 명심해야 할 것이다.

"이 사람에게 일을 맡기면 어떻게 해서든 이루어내니까 염려할 필요 없어. 만일 자신 없으면 시작하기 전에 미리 도움을 요청할 것이므로 그 사람이 아무 말 없이 일을 맡으면 안심해도 돼!" 이러한 평을 받는 동역자가 나와 함께 일하는 사람이 되어야 할 것이고, 동시에 나 자신이 바로 이러한 평가를 받을 수 있는 사람이 되어야 할 것이다.

내 눈엔 나만 보여!

이기적인 성향은 죄성을 가진 모두에게 있다. 필자인 나에게도, 나의 식구들에게도, 훌륭한 목사들, 선교사들, 성도들 모두에게 예외없이 이기적인 성향은 있는 것이 당연하다. 하지만 모두가 예외없이 이기적인 성향을 가졌다고 해서 모든 사람에게 이기적이라는 단어를 사용하지는 않는다. 타인과의 관계 속에서 자신의 이익만을 챙기려는 행동이 반복적으로, 습관적으로 드러나는 소수의 사람에게만 이 단어가 적용된다.

남을 위해 희생을 즐기는 사람은 없다. 남을 위해 손실을 감수하는 즐거움으로 사는 사람 역시 없다. 남을 위해 희생하는 경우에는 나만 보이는 것이 아니라 나보다 못한 남이 보이기 때문이다. 나에게 오는 이득을 다른 사람에게 돌림으로 궁극적 손실을 입게 되는 경우 역시 동일하다. 남이 보이는 눈을 갖고, 남을 향한 마음이 있기 때문이다.

그런데 고개를 들어 남을 바라볼 여유가 없는 사람들이 있다. 삶이 고달프기 때문만은 아니다. 자기에게만 시선을 맞추어 놓아서 남을 바라볼 만큼 목이 부드럽지 않기 때문이다. 눈의 초점이 늘 자기에게만 맞추어져 있다. 무슨 일을 해도, 누구와 함께 일을 해도, 언제나 자기를 위해서 일을 하고, 누구와 일을 하는 것과 상관없이 자기의 유익만 취하면 된다는 생각을 갖고 있으면 이기적이라고 말할 수 있다.

이러한 사람이 공동체 안에 들어오면 그 공동체가 힘들어진다. 이미 언급하였듯이 모든 사람에게는 죄성이 있기 때문에 이기적인 생각은 모두 기본적으로 갖고 있다. 이러한 생각들을 남을 바라보는 마음과 눈으로 억제하며 함께 하는 것인데, 그래서 희생을 택하고, 손실도 감당할 수 있는 것인데, 철저하게 이기적인 사람이 들어와 자신의 이익만을 대변하는 모습이 지속될 경우 공동체 모두가 힘들어질 수밖에 없다.

사람마다 다 나름대로의 목표가 있겠지만 이기적인 사람의 목표는 일반적인 선한 사람의 심성으로는 감당하기 어려울 때가 많다. 선한 말을 하며 접근하여 '이 사람이 왜 이렇게 좋게 대하지?'라고 생각할 때쯤 그 의도가 보이면 "와우!"라는 비명을 지르게 되곤 한다. 그런데 이렇게 굳어진 사람은 늘 이런 모습으로 모든 만남과 대화가 진행되곤 한다.

함께 일을 하는 사람들 사이에 피해야만 할 것이 바로 이 '이기적'인 마음가짐이고, 신뢰의 중요한 기초 역시 타인에 대한 배려이다.

당신이 최고예요!

사도 바울은 동역자를 향하여 "나와 멍에를 같이한 자" "복음에 나와 함께 힘을 쓰는 자"(빌 4:3), "함께 수고하고 함께 군사 된 자"(빌 2:25), "그리스도의 일을 위하여 죽기에 이르러도 자기 목숨을 돌보지 아니한 자"(빌 2:30), "하나님의 나라를 위하여 함께 역사하는 자들"(골 4:10) 등의 평가를 하였다. 사도 바울의 성향으로 볼 때 이런 평가를 아무에게나 쉽게 해 줄 수 있던 인물이 아니다. 그럼에도 불구하고 그는 신뢰하는 동역자에게 이러한 표현을 사용하였다. 듣기에 좋은 표현들이다.

사도 바울이 바나바와 갈라서게 된 이유는 마가라 하는 요한 때문이었다. 바울은 사역하는 도중에 이탈했던 자를 다시 데리고 가는 것이 옳지 않다고 강하게 주장하였고, 바나바는 한 번 더 기회를 주자고 주장하였다. 이렇게 다른 이견으로 인해 둘이서 심하게 다투는 일까지 벌어지게 되었고, 결국은 둘이 갈라서게 되었다. 바나바는 마가를 데리고 구브로로 떠났고, 바울은 실라를 데리고 수리아와 길리기아로 향했다.

여기에서 한 가지 짚고 넘어가고자 하는 것은 바나바의 마가를 향한 고집에 대한 분석이다. 성경에서는 "바나바는 착한 사람이요, 성령과 믿음이 충만한 사람"(행 11:24)이라고 기록하고 있다. 그런데 마가라 하는 요한에 대해 사도 바울은 바나바의 조카라고 소개하고 있다. 바나바가 함께 동역해오던 바울과 심하게 다투어 갈라서게 된 원인이 단순하게 한 번 실수한 동역자를 용서하자는 차원보다는 자신의 사사로운 관계를 위해 그렇게 한 것이 아닌가 하는 의심을 지우기가 어렵다. 자신의 누나 아니면 여동생의 아들인 마가에 대한 책임감 역시 있었을 것이고, 이러한 조카가 큰 실수를 저지른 것에 대해서도 인정했지만 지속되는 앞으로의 사역을 위해 또 한 번 기회를 줄 수 있는가 없는가 하는 문제로 바울과 다투게 된 것이다. 그러므로 단순하게 바울은 성격이 나쁘고, 한 번 잘못한 것을 용서하지 못하는 사람이고, 반면에 바나바는 사람을 품고 용납하는 사람의 대명사로 해석할 성질은 아닌 것으로 보인다.

하지만 골로새서 4장에서 사도 바울이 "나와 함께 갇힌 아리스다고와 바나바의 생질 마가"에 대해 "이들만은 하나님의 나라를 위하여 함께 역사하는 자들이니 이런 사람들이 나의 위로가 되었느니라"고 평가해 준 내용을 근거로 보면 바나바의 용납이 허사는 아니었다는 것을 알 수 있고, 동시에 사도 바울 역시 이미 회개하고 충심으로 하나님을 다시 섬기다 감옥에까지 들어오게 된 마가를 이전의 개인적 감정으로 대하지 않고, 있는 그대로 객관적 관점에서 평가하고 인정하면서 대하고 있음도 알 수 있다.

우리 모두는 불완전하다. 그래서 어떤 부분은 신뢰가 가는데 다른 부분에서는 신뢰하기 어려울 수도 있다. 100%의 신뢰는 우리 모두가 죄성을 가진 사람들이기 때문에 이상적이기는 하지만 어려운 일이다. 내가 가장 사랑하고 믿는 아내라도, 내가 가장 신뢰하는 믿음직한 남편이라도, 기본적 신뢰는 있을 수 있지만 모든 면에서의 100% 신뢰는 있을 수 없다.

그럼에도 불구하고 인정할 부분은 인정해 주는 동반자의 관계는 대단히 중요하다. 매일 얼굴을 마주 대하고 사는 부부 사이에도 끊임없는 인정은 언제나 필요하다. 남편이든 아내든 집안에서 진행되는 모든 일 속에 언제나 인정이 따라야 한다. 밥과 반찬을 만드는 일에도, 청소하는 일에도, 빨래하고, 화장실을 사용하고 하는 모든 제반 일들에 늘 지적하고, 불만을 표시하고, 불평하게 되면 아무리 좋은 부부 관계라 해도 조금씩 금이 가게 마련이다. 동시에 집 밖에서 진행되는 여러 가지 일들의 처리 과정에 대해서도 존중하고 인정하는 자세는 매우 중요하다. 집에서와 달리 때로는 생존과 연관된 여러 일로 인해 아내이든 남편이든 각양각색의 스트레스를 받을 수 있다. 이러한 강도 높은 스트레스와는 무관하게 함부로 말하거나 과소평가하거나 업신여기는 말과 행동 등은 적절치 못한 마음가짐이고 이러한 자세를 계속 유지하는 자는 함께 하기에 신뢰가 가지 않는 자로 분류될 수 있다.

형제자매의 관계 역시 큰 차이가 없다. 왜 형제와 자매들이 자주 다투는가? 서로 인정을 잘하지 않고, 쉽게 비방하고, 자존심을 별 생각 없이 상하게 하기 때문이 아닐까? 칭찬은 고래도 춤추게 한다는 말이 있듯이 '상대방에 대한 인정' '칭찬'은 함께 함에 있어서 필수적 요소이다.

사도 바울에 대해 한 번 더 언급하고자 한다. 그에 대한 일반적 느낌은 까다롭고, 대충 넘어가는 것이 없는 깐깐한 성격의 사람으로 다가온다. 틀린 말은 아니다. 하지만 그가 함께하는 자들을 다른 사람에게 소개할 때의 내용을 보면 그를 다시 생각하게 만든다. 그는 동역자에 대해 "나와 함께 힘쓰던 저 여인들을 돕고 또한 글레멘드와 그 외에 나의 동역자들을 도우라 그 이름들이 생명책에 있느니라"(빌 4:3), "에바브라가 너희에게 문안하느니라 그가 항상 너희를 위하여 애써 기도하여 너희로 하나님의 모든 뜻 가운데서 완전하고 확신 있게 서기를 구하나니 그가 너희와 라오디게아에 있는 자들과 히에라볼리에 있는 자들을 위하여 많이 수고하는 것을 내가 증언하노라"(골 4:12, 13), "주 안에서 진실한 일꾼인 두기고가 모든 일을 너희에게 알리리라"(엡 6:21)와 같은 최고의 평가를 아낌없이 하고 있다. 형식적인 느낌으로 다가오는 내용이 아니라 사도 바울의 동역자들에 대한 진지한 평가의 표정이 읽히는 글들이다.

그러나 유난히 자기와 함께 하는 자들에 대해 인색하게 평가하는 사람들이 있다. 동시에 일의 범주를 벗어난 곳에서조차 자기와 함께 하고 있는 자들을 심하게 비난하고 심지어 조롱까지 하는 사람들도 있다. 함께 길을 걷기에는 아주 힘든 사람들이다.

선교지에 있다 보면 드문드문 이런 사람들을 접하게 된다. 부끄러워 자세히 말할 성질은 아니지만 앞에서는 이를 내보이며 웃지만 뒤로 돌아서기만 하면 함께 하는 자들을 어떻게든 끌어내리려고 한다. 나 자신은 너무 감사하게도 이런 경험을 해보지 못했지만 주위에서 가끔 이러한 아픔을 경험한 자들의 쓸쓸한 이야기를 듣곤 한다. 가슴 아픈 내용이다.

함께 하는 자에 대한 객관적이고 정직한 평가와 아울러 좋은 장점을 인정해 주고 격려해 주는 마음가짐을 유지하는 자들이 함께 길을 걸을 수 있는 자들이리라!

분위기 메이커

"동역에 대해 말하는데 굳이 분위기를 언급할 필요가 있을까?"라고 질문할 수도 있을 것이다. 하지만 함께 일을 함에 있어서 '분위기'는 실제적으로 중요한 의미를 제공한다.

다니엘 골먼은 그의 책 《감성의 리더십(*Primal Leadership*)》에서 '감정의 하이잭'을 소개하고 있다. 그는 "부정적인 감정, 특히 지속적인 노여움, 불안감, 경박함은 우리의 주의를 눈앞의 일에서 다른 데로 전환시킴으로써 일을 방해한다"[6]라고 기록하면서 함께 일함에 영향을 미치는 부분에 대해 언급하였다. 다시 말해 사람들은 감정에 쉽게 하이잭을 당할 수 있다는 의미이다.

특히 교회 사역이나 선교지에서의 사역 또는 구제 사역들은 일반적으로 사람들을 상대하는 경우가 많다. 사람들을 대상으로 하는 일들은 쉬울 수 없다. 사람 한 명 한 명 모두가 개성이 다르고, 원함도 다르고, 방식도 다르므

---

6) 다니엘 골만, 장석훈 옮김, 《감성의 리더십》(청림출판, 2007), 36.

로 일일이 모두를 만족시키면서 일을 처리하는 것이 쉬울 수 없기 때문이다.

이러한 상황 속에서 함께 일하는 누군가의 감정이 늘 편치 않거나 가끔가다 한 번씩 노골적으로 표출되는 일이 발생하면 모두가 함께 곤란한 상황에 처할 수 있게 된다.

업무 환경의 질은 함께 일하는 동료들 사이의 분위기가 중요한 역할을 하게 된다. 사실 기분이 좋고 마음이 편하면 쉽게 일에 집중할 수 있다. 따라서 함께 하는 한 사람 한 사람의 화합적 분위기와 상호 협력적 자세는 팀원 전체의 분위기를 잘할 수 있는 분위기로 이끌어갈 수 있게 된다.

솔직한 의견 표현

습관적으로 자신의 생각을 모두의 의견인 것처럼 말하는 사람이 있다. 자기의 의견을 자기의 의견이라고 말하기에는 쑥스러울 수도 있겠지만, 이런 사람은 다른 관점에서 보면 비겁하고 용기가 없거나 다른 사람의 이름으로 자기의 입장을 표명하는 '부정직한 일의 조종 방식'(manipulate)을 택한다. 그러나 이것은 일종의 습관이기 때문에 이러한 사람의 말은 들으면서 명확하게 질문할 필요가 있다. "다른 사람들이라 함은 누구를 말하는가?"라고 명확하게 질문해서 그의 그러한 습관을 고쳐줄 필요가 있다.

필자 역시 오랫동안 한 단체의 책임자 위치에 있었기 때문에 이러한 경험을 자주 하였다. 처음에는 이러한 표현을 듣고 진짜 모두의 의견인 줄 알고 난감해했던 적이 한두 번 아니었다. 하지만 나중에 이러한 표현법을 가진 사람에게 내가 매니퓰레이트(manipulate)를 당했다는 것을 안 후로는 "당신이 말하는 '모두'의 이름을 대보라!"는 강한 방식으로 대화하면서 본인 한 사람 또는 그에게 그러한 생각을 전달한 다른 한두 사람의 의견임을 찾아내곤 하였다.

물론 이렇게 면박을 주듯이 따지면서 말하는 것이 결코 쉬울 리 없다. 어찌 쉽겠는가? 하지만 함께 일을 하는 데에 있어 심각하게 영향을 행사할 만한 좋지 못한 습관을 갖고 있을 경우에는 다루지 않을 수 없는 내용이기도 하다. 지금 이 책에서 필자가 지칭하고 있는 '동역자'들은 영적이고 정신세계와 관계된 일에 참여하고 있는 사람들이다. 그리고 그 동역의 대상들은 주로 사람들이다. 그래서 한 사람 한 사람의 가치를 소중하게 여길 수밖에 없는 구조이다. 이러한 구조 속에 동역하는 사람들 중의 한 사람이 동역의 대상의 의견이라는 이름으로 자신의 생각을 피력하여 동역자들로 하여금 긴장하게 하거나 곤란한 마음을 갖게 하는 것은 사실 있어서는 안 되는 행위이다.

이러한 일이 여러 차례 일어나고, 언젠가 이러한 일의 주도자가 동역자 중의 한 사람이라면 어떻게 다스려야 할까? 지혜를 모아 이러한 일이 다시 발생하지 않도록 조치하는 원칙과 규칙은 마땅히 필요할 것이다.

'분노 조절 규칙' 만들기

평소에는 예의도 바르고, 온화한 성품을 유지하다 가도 어떠한 상황에 봉착하게 되면 갑자기 위도 아래도 없이 급하게 화를 내는 성질(hot temper)을 가진 사람이 있다. 함께 일하는 사람으로서는 아주 당혹스러운 분위기에 처하게 되는 상황을 조성한다. 모두 이 한 사람의 눈치를 보면서 일을 하게 되는 분위기 역시 만들어진다.

나와 함께 일하던 한 형제가 이러한 유의 성질을 가졌었다. 내가 선택하여 함께 일하기로 결정한 동역자이기는 하지만 나보다 한참 어린 나이인데 가끔가다 보이는 그의 과격한 분노의 표현은 주위 사람들을 긴장하게 만들곤 했다.

사실 이러한 사람을 지정하여 어떤 벌칙을 만들어 놓는다든지 어떤 처리 방식을 만들어 놓는 것이 쉬운 일은 아니다. 모두가 유기적으로 얽혀 있는 동역자들 사이에는 더욱 그러하다.

그럼에도 불구하고 어느 정도의 원칙은 전체를 고려하여 꼭 필요하다고 주장하고 싶다. 일이 일어날 때마다 문제를 해결하다 보면 감정도 개입될 수 있고, 그로 인해 더욱 어려워질 수도 있다. 하지만 미리 규칙이나 원칙을 만들어 놓으면 적용은 쉽게 할 수 있게 된다.

하나님의 은혜를 사모하는 사람

이 글을 읽는 독자는 그리스도인들이다. 예수 그리스도를 통해 하늘나라 시민권을 부여받은 하늘나라의 백성이다. 하나님의 자녀가 되는 권세를 받은 특별한 사람들이다. 처음 예수님을 개인의 구주로 영접하고 지난날의 죄악들을 회개하고 폭포수 같은 눈물을 흘렸던 경험이 있는 사람들이다. 어둠 속에서 방황하던 자리에서 십자가의 희생으로써 광명의 삶으로 인도하여 주신 하나님의 은혜에 감격하여 주님을 위해 평생을 살겠노라고 격하게 다짐했던 경험이 있는 사람들이다. 연약한 인성을 갖고 있는지라 여전히 부족함을 느끼지만 늘 은혜를 사모하면서 살려고 발버둥 치는 사람들이다.

함께 길을 걸어가는 동역의 현장에서 요구되는 조건 중의 하나가 바로 은혜를 끊임없이 사모하는 마음이다. 그리고 그 결과로 눈가가 언제나 촉촉함을 유지하는 사람이다. 비록 우리에게 맡겨진 여러 일을 최선을 다해 최고의 결과를 얻어내기 위해 온갖 노력을 기울이는 중에 일정 부분의 상함과 어려움을 늘 경험하기도 하지만, 그러는 중에도 나의 영혼에 은혜를 간직하려고 애쓰는 삶을 유지하는 사람들과 함께 일하는 것은 귀한 특권이다. 은혜의 강물에 잠길 때마다 순수함을 덮은 죄성을 한 번씩이라도 씻어낼 수 있게 되고, 이기적인 마음을 회개하게 되고, 최선의 노력을 기울이지 못한 것에 대한 회개의 마음을 간직하게 되는 등 실질적인 회복을 얻어낼 수 있기 때문이다. 이러한 자들과 함께 길을 걷는 데 피차간에 힘과 격려를 실어줄 수 있는 믿음직한 사람들이다.

지금도 기억나는 것은 20대 초반의 대학 시절 동료들이다. 젊은 피로 가득했던 우리들, 하나님을 향한 열정만큼 각양각색의 유혹도 넘쳐나던 젊음들이었다. 모두 은혜를 사모하는 젊은 대학생들이었지만 언제나 모두 성령 충만할 수 있었던 것은 아니었다. 누구인가가 힘들어할 때 다른 이들이 붙잡아주고, 또 다른 누군가가 어려워하면 다른 이들이 함께 일으켜 주는 시간들을 지속적으로 유지하면서 우리들의 신앙생활을 지켜나갔다. 어떤 원칙을 갖고 그렇게 했던 것이 아니다. 그냥 은혜를 체험하고, 그 은혜를 유지하고자 했던 이들의 자연스러운 유기적 반응으로 지금도 이해하고 있다.

일터 한가운데에서도 이와 유사한 현상은 유지될 수 있다고 본다. 모두 일에만 몰두하면서 은혜의 강가에서 멀어지고 있을 때 어느 누군가의 간절한 사모함이 함께 하는 공동체 전체의 목을 축여줄 수 있다. 어느 누군가의 죄에 대한 애통함이 함께 하는 자들을 십자가 앞에 무릎꿇게 만들 수 있다. 어느 누군가의 연약한 자들을 향한 측은지심이 메말라 가는 그 공동체의 이기적 마음을 이타적으로 돌려줄 수도 있다.

모두 함께 은혜의 충만함 속에 머물러 있다면 더 바랄 것도 없겠지만 현실은 그렇지 못하기 때문에 돌아가면서라도 은혜의 충만한 영성을 유지하는 것은 함께 동역하는 공동체에 꼭 필요한 신뢰 조건이라 할 수 있겠다.

신뢰를 요구하는 여러 분야에 대해 생각해 보았다. 어디 이뿐이겠는가? 시간 관념에 대한 내용, 책임의 철저한 완수, 외모 관념 등등 책 한 권을 다

채울 수 있는 내용들은 얼마든지 있다. 하지만 앞에서 다룬 내용 속에 대부분 포함할 수 있는 것들이라 여겨 더 이상 다루지 않았다. 남의 시간을 소중히 여기는 것은 이타주의 분야에 포함된다. 남이 어떻게 보든 내가 입고 싶은 것 입고, 하고 싶은 대로 하는 것 역시 이기주의 분야에 해당하는 사항이다. 책임을 지는 내용 역시 2% 부족한 일처리 분야에 해당하는 내용이다.

우리 모두 완벽할 수는 없지만 함께 일하는 만큼 피차간에 신뢰를 쌓으며 믿고 의지하며 함께 지혜를 모으면서 일을 한다면 좋은 결과를 도출해 낼 수 있는 동역의 현장이 될 것이라 믿어 의심치 않는다.

함께 하는 자에게
선을 행하고
악을 행하지 않는 사람

"그런 자는 살아 있는 동안에 그의 남편(동반자)에게 선을 행하고

악을 행하지 아니하느니라"(잠 31:12)

위대한 평가이다! 함께 하는 동안에 선을 행하고 악을 행하지 아니하였다는 이 단순한 평가는 한평생 그가 어떻게 살아왔는지를 정리해 주는 말이다. "저 사람은 참 훌륭한 사람이다!" "아주 똑똑한 사람이다" 등과 같은 칭찬은 잠시 듣는 자의 귀를 즐겁게 해주는 격려의 말들이다. 하지만 저가 "살아있는 동안에" 함께 하는 자에게 선을 행하고 악을 행하지 않았다는 평생의 삶을 평가하는 이 표현은 단순한 격려나 칭찬이 아니다. 일생의 삶을 저울에 달아 무게의 경중을 말하는 엄숙한 선언이다.

함께 평생을 살아온 동반자가 그리고 평생을 지켜본 지인의 최종 평가 속에 "이 자는 살아있는 동안에 함께 해 온 자들에게 선을 행하고 악을 행하

지 않았다"는 내용이 담겨있다는 것은 삶의 내적 가치를 추구하는 사람들이라면 누구든 들어보고 싶은 삶의 무게가 아닐까 생각된다.

문득 아내와 함께 살아온 긴 시간이 떠오른다. 대학교 1학년에 나를 만나 대학 재학 4학년 때 약혼한 후 지금까지 거의 40년이란 긴 시간 동안 함께 해 온 아내를 바라보며 한 치의 망설임 없이 할 수 있는 말은 "이 사람은 지금까지 나와 함께 하는 동안에 나에게 선을 행하고 악을 행하지 아니하였다"이다.

LA에서 첫째를 낳고, 공부하기 위해 시카고로 가자고 할 때도, 경제적으로 가장 어렵던 그 시절, 공부하는 내내 무더운 여름철 에어컨도 없는 학교 아파트에서도, 목회하러 워싱턴으로 또 이사를 하고, 새벽에 나가서 밤늦게야 들어오는 남편에게 아무런 불평 없이 협조하며 조용히 자녀들을 양육한 아내이다.

목회를 접고 다시 세인트루이스로 가서 공부할 때도, 1살짜리 막내를 옆에 끼고 남편과 두 자녀를 학교로 실어 나르는 운전기사 역할도 충실하게 감당해 낸 아내이다. 때로는 어린 세 아이를 데리고 장까지 봐오던 '수퍼 맘'이다.

중국 천진에서 북경으로, 곤명으로, 캄보디아로, 함께 삶의 터전을 옮길 때마다 이삿짐을 싸면서 "우린 나이 들어 은퇴하고 나면 이삿짐센터를 합시다!"라고 말하며 웃었다. 함께 동역하는 전 과정을 찬찬히 돌아보면서 할 수 있는 말은 바로 "이 사람은 평생 나에게 선을 행하고 악을 행하지 않았다"는 고백이다.

반면에 나 자신을 돌아보면 이러한 평가를 감당하기에는 턱없이 부족하다는 생각을 하게 된다. 단순한 겸손이 아니다. 단체를 이끄는 지도자, 가정을 책임진 가장이라는 이름 하에 열심히 최선의 노력을 경주한 부분도 있지만 동시에 알게 모르게 아내에게, 자녀에게, 동역자들에게 선하지 못한 판단과 결정을 내린 적이 제법 있었던 것으로 기억된다.

"선을 행한다"는 내용에 있어서 '선'의 원어적 의미를 생각해 볼 필요가 있다. 성경 히브리어 단어에 대한 해석을 어느 정도 믿고 볼 수 있는《스트롱 히브리어 사전》에 의하면 '즐거움'(pleasant), '동의'(agreeable), '행복'(happy), '번영'(prosperous), '가치'(valuable), '유익'(beneficial), '친절'(kind), '도덕적 선함'(moral good), '너그러운'(bounteous) 등으로 해석하고 있다.[7]

'악'에 대한 스트롱의 해석은 '나쁜'(bad), '반대하는'(disagreeable), '악의적인'(malignant), '불쾌한'(unpleasant), '고통을 주는'(giving pain), '불행한'(unhappy), '괴롭히는'(distress), '상함을 주는'(injury) 등이다.[8]

함께 삶을 이끌어 가는 자들에게 '즐거움'을 나누고, '행복'을 나누며, 더불어 영육 간의 '번영'을 꾀하며, '도덕적 선함'을 함께 추구해 나가는 선한 삶을 의미하는 것이다. 반면에 함께 하는 자를 괴롭히고, 불쾌감을 조성하고, 고통스러운 시간을 제공하고, 괴롭히고, 상함을 주는 삶은 악한 모습이다.

어느 누가 '선'을 버리고 '악'을 택하고 싶겠는가? 하지만 적지 않은 우리의 선택 가능한 삶 중에는 자신도 모르게 함께 하는 자를 힘들게 하며, 불쾌하게 하며, 괴롭히고, 상함을 주는 시간이 많아지는 경우가 있음을 부인하기 어려운 것도 사실이다.

---

7) Strong's Hebrew, 2896(to-wb).
8) Strong's Hebrew, 7451(ra).

운명공동체 VS 공동운명체[9]

　2020년에 발생하여 지금(2022년 7월)까지 지구상의 모든 나라와 백성은 코로나 바이러스라는 몹쓸 병균으로 인해 심각한 몸살을 앓고 있다. 몸살을 앓는 정도가 상상을 초월하는 수준이다. 미국이라는 나라 하나만 예를 들어도 그 심각성의 정도를 충분히 짐작할 수 있다. 구글 검색에 근거하여 소개하자면, 지금까지 감염된 총수는 9천만 명이고, 지금까지 이 바이러스로 죽은 수는 백만 명이 넘는다. 미국이라는 한 나라의 상황이다. 전 세계적으로는 현재까지 5억 6천9백만 명 정도가 감염되었고, 사망한 숫자는 6백만 명을 넘겼다. 물론 매년 성인병으로 인해 죽는 사람들, 독감으로 죽는 사람들, 교통사고와 같은 것으로 죽는 사람들의 수가 적지는 않겠지만 두 해에 걸쳐 새로 발생한 이상한 병균을 통한 질병으로 이렇게 많은 사람이 감염되어 죽는 경우는 아주 드문 일이라고 볼 수밖에 없다.

　우리 부부 역시 캄보디아에서 옴짝달싹 하지 못하고 이 시기를 보낸 경험이 있다. 도대체 움직일 수 없었다. 2020년 2월 중순에 카자흐스탄에 소재한 한 신학교에서 2주간 강의한 후 3월 초에 미얀마 신학교에서 강의하기로 되어 있었는데, 코로나바이러스가 기승을 부리는 바람에 그 강의는 취소되었다. 그래서 카자흐스탄 신학교에서의 강의를 끝으로 해외에서의 강의는 끝이 났다. 지금 이 글을 쓰고 있는 2022년 7월에 들어와서야 조금씩 풀리고 있는 상황이다. 해외 출장이나 여행도 조금씩 시도하고는 있지만 여전히 상황을 살펴야 하는 시기에 머물러 있는 것으로 보인다.

　이 코로나바이러스를 겪는 중에 나와 아내 사이에 사용되는 용어가 하나 늘어났다. 그것은 '공동운명체'이다. 호흡기 질환이기 때문에 둘 중에 어느

---

9) **운명공동체**는 서로의 운명이 얽혀 있는 관계, 내가 선택해서 태어날 수 없는 민족, 나라, 가족을 강조, **공동운명체**는 협력과 공동의 목표를 통해 운명을 공유하게 되는 선택적 형성 개념으로 이해;

하나만 감염되면 부부 모두 아주 쉽게 이 질병으로 인한 어려움에 처할 수밖에 없는 구조이기 때문이다. 특히 자주 밖에 나가서 다른 사람들과 접촉을 많이 하는 나를 향해 아내는 "여보, 우리는 운명공동체라는 것 잊지 마세요!"라는 말을 잊지 않곤 했다. 이 말은 내가 먼저 사용한 말이었지만 오히려 내가 자주 듣는 말이 되었다.

함께 사는 지체 중에 한 사람만 부주의해도 함께 하는 공동체에 손실 또는 큰 불이익을 가져다주는 일은 언제나 일어날 수 있다. 더구나 피할 수 없는 운명공동체의 경우는 더욱 그러하다. 피할 수 없는 운명공동체는 아무래도 직계가족일 듯싶다. 나누고 분리해 생각할 수 있는 단위가 아니기 때문일 것이다.

가족 다음으로의 운명공동체는 같은 나라의 민족이 아닐까 생각한다. 같은 나라의 같은 민족 안에도 엄청나게 많은 생각들과 이념들과 구조들이 존재하고 있기 때문에 운명공동체라는 개념에서 탈피할 수 있을 것 같지만 사실은 탈피하기가 결코 쉽지 않다. 같은 여권을 들고 다니기 때문에 어느 곳에 가도 그 여권이 소재한 나라에 대한 평가를 동일하게 적용받게 되어 있다. 아무리 대한민국 안에서 최고의 엘리트라는 자부심을 갖고 살아도 세계 곳곳에서 대한민국에 대한 평가가 부실하면 어느 곳을 가도 부실한 평가와 눈길과 대우를 받을 수밖에 없다. 아무리 혼자 잘 살고 있어도 어느 날 전쟁이 나면 예외 없이 그 나라에 속한 모든 민족이 고통을 함께 겪어야 한다. 피할 길이 없기 때문이다. 자연재해가 발생해도 이유 여하를 막론하고 피할 수 있는 길이 없다. 국적을 포기하고 다른 나라 여권을 갖고 있다 해도 원래의 소속감이 사라지는 것은 아니다. 지연을 포기하고, 학연을 포기해도 포기되지 않는 것은 민족과 국가이다. 그래서 가족 다음으로 피하기 어려운 공동운명체는 민족과 국가라고 필자는 생각한다.

어떤 면에서 보면 '운명공동체'라는 것은 부부의 관계를 제외하고는 선택이 불가능한 관계이다. 내가 어느 한 나라의 백성으로 태어난 것에 무슨 선택이 있었겠는가? 내가 어느 아버지 어느 어머니의 자녀로 태어나게 된 데에 무슨 선택이 작용했겠는가? 선택이 불가능하게 주어지는 관계에는 선택에 대한 사전 학습이나 중요성에 대한 강조가 아무 의미가 없다. 태어날 때 이미 아버지가 알코올 중독자이고 도박에 빠져있던 상황이었다면 그러한 상황에서 태어난 자가 할 수 있는 일이 과연 무엇이겠는가? 선택 불가능한 상황이다.

나의 아버지는 황해도 분이시다. 즉 황해도에서 태어나셨다는 말이다. 나의 어머니는 할아버지가 선교사로 계실 때 중국 흑룡강성 목단강 지역에서 태어나셨다. 나는 수원에서 태어났다. 나의 아버지도 선택 없이 황해도 분이 되셨고, 나의 어머니 역시 선택의 여지 없이 선교사 자녀로 중국에서 태어나셨다. 나의 어머니가 수원 여고 선생으로 계시고, 나의 아버지가 수원에서 일을 하실 때 내가 태어난 것 역시 선택의 여지가 없었다. 그냥 경기도 수원 사람이 된 것이다. 일곱 살 때 서울로 이사와 계속 살면서 모든 학교를 서울에서 다녔으니 서울 사람이라고 할 수도 있다. 선택할 상황이 아니다.

나의 장인 어르신은 평안북도 선천 분이시다. 장모님은 황해도 분이시다. 나의 아내는 두 분께서 월남하신 후 서울에서 사실 때 태어났으니 서울 태생이다. 태어남 그 자체는 아무도 선택할 수 있는 성질이 아니다.

하지만 매일 얼굴을 마주하고 사는 부부의 관계는 선택함으로 시작되는 '공동운명체'이다. 남편이든 아내이든 어떤 전염병에 걸리게 되면 둘이 같이 어려움을 겪게 되는데, 아주 아주 특별한 경우를 제외하고는 피할 수 없는 것을 당연함으로 여긴다. 같은 일을 하는 사람 역시 크게 다르지는 않다. 하나님 나라라는 거대한 꿈, 공동의 목표를 이루기 위해 하나로 묶인 그런 특

별한 관계가 가족이나 부부 다음으로 꼽을 수 있는 공동운명체[10]라고 표현
하는 것에 크게 하자가 없다.

'선택' 가능한 동역자

어떠한 공동체에 속해있든지 함께 하는 사람에 대한 '선택'은 의심할 여지
없이 중요하다. 친구를 선택하는 것은 본인의 몫이다. 공부를 하고 안 하고
를 선택하는 것 역시 본인의 몫이다. 부모의 말을 잘 듣고 안 듣고를 결정하
는 것 역시 본인의 몫이다. 여기에서부터 '책임'이라는 것이 따른다. 내가 물
건을 훔치기로 마음을 먹고 선택하여 물건을 훔친 것은 나의 몫이다. 그 결
과로 벌을 받게 되는 것은 운명이 아니라 선택에 대한 책임이다. 얼굴이나
학력이나 재산만 보고 배우자를 선택하는 것도 본인의 몫이다. 주위에서 무
슨 말을 하였든 내가 결정한 선택은 잘 되든 못 되든 결정한 본인의 몫이다.
잘 되어도 나의 선택이고, 못 되어도 나의 선택이다.

사업을 계획하면서 함께 할 동업자를 선택하는 것도 결국은 콘인의 몫이
다. 돈을 우선으로 생각하여 인격과 성품에 관계없이 돈 있는 자를 선택하
여 함께 동업의 길로 들어가는 것도 본인의 결정이다. 돈은 조금 없어도 실
력이 있고, 대인 관계에 뛰어난 부분에 점수를 주고 결정해 들어가는 것도
역시 본인의 몫이다. 그냥 친하니까 동업자로 받아들여 어려움을 겪는 것도
본인의 몫이다. 꿈쟁이 요셉 같은 사람을 선택하는 것도 나의 선택이고, 욕
심이 많은 사람이지만 하나님이 함께해 주시는 야곱 같은 사람을 선택하여
같은 길을 걷는 것도 결국은 나의 결정이다.

---

10) 〈네이버 우리말 샘〉에서는 **공동운명체**는 둘 이상의 사람이나 단체가 협력하여 앞으로의 존망이나 생
사에 관한 처지를 이끌어 가는 유기체적 존재로, **운명공동체**는 생사나 존망에 관한 처지를 같이하
는 집단 또는 사회로 설명한다.

하나님의 일을 하는 동역자를 선택하는 부분 역시 크게 다르지 않다. 하나님의 일이라 해서 무조건 '은혜'로 사람을 선택하면 후에 어려움을 겪는 것은 당연하겠지만 이 역시 본인의 결정이다. 비록 하나님의 일이지만 신중한 과정을 거쳐 함께 동역의 길로 들어서는 사람이 있을 수 있고, 그렇지 않은 사람, 그렇게 못하는 사람 등 다양하다. 결국 모든 것의 진행과 결과에는 선택에 대한 결정과 거기에 따르는 책임이 언제나 함께한다. 이러한 '선택의 중요성'을 생각하면서 이 장의 본문을 생각해 보고자 한다.

그런 자

이번 장의 본문은 "그런 자는 살아 있는 동안에 그의 남편(동반자)에게 선을 행하고 악을 행하지 아니하느니라"이다.

"그런 자"란 앞장에서 이미 생각해 본 사람이다. 11절에서도 "**그런 자**의 동반자의 마음은 그를 믿나니"의 내용과 같이 "그런 자"가 나오고, 이번 장의 주 구절인 12절에서 역시 "그런 자는"이라는 말로 시작한다. 그런 자란 10절에서 소개된 "현숙한 동반자"를 의미한다. 즉, 주어진 일에 엑셀런트한 자세를 유지하면서 최선의 결과를 얻어내는 사람을 의미한다. 혼자서만 모든 것을 다 하고, 혼자서만 모든 선한 결과를 취하는 것이 아니라 다른 자들과 함께 하면서 자기에게 주어진 일들을 책임감 있는 모습으로 충성스럽게 감당하는 사람을 말한다. 이러한 자들이 얻어내는 결과들은 보잘것없는 것이 아니라 전쟁에서 전리품을 얻어내듯이 넉넉한 결과들을 얻어낸다.

그런 자가 동반자와 함께 길을 걷는 중에 유지하는 매우 중요한 원칙 중의 하나는 어떠한 상황에서도 함께 하는 자를 해롭게 하는 '악'을 행하지 않는다는 것이다. 결심하기는 쉬운 원칙이지만 지키기는 결코 쉽지 않은 원칙이다. 때로는 이를 악물고 견지해야만 하는 원칙이기도 하다.

든든한 기본기

본문에서 말하는 이 선한 원칙을 견지하는 기간은 단기간이 아니다. "살아 있는 동안에"라는 표현은 긴 시간을 함축한다. 일년 이년 정도의 기간이 아니라 오랜 기간 동안 이 원칙을 유지하는 것을 말한다. 이렇게 긴 시간 동안 함께 하는 자에게 해악을 끼치지 않는다는 말은 잠시의 표방이나 결심으로 유지될 수 있는 것이 아니다. '든든한 기본기'가 없이는 해 낼 수 있는 것이 아니다. 어려서부터 지금까지 꾸준하게 쌓아놓은 '인격' '성품' '인내' '성실함'과 같은 한 인간의 무형 자산을 의미한다.

만일 함께 하기로 한 사람에게 분노 조절 장애가 감추어져 있었다고 하자. 어찌 보면 이것은 예상치 못한 어느 한순간에 깜짝 놀랄 일을 경험하게 되는 상황을 맞이하게 될 가능성을 내포한다. 평소에 그리고 특별한 일이 발생하지 않은 일반적 상황에서는 아주 안정된 성품의 사람처럼 보였는데, 어느 날 우연히 발생한 어느 한 사건에 조절되지 않는 분노를 표출해 내는 모습에 뒤로 자빠질 만한 충격을 받게 될 수도 있다.

나 역시 어릴 때 이러한 모습을 가졌던 기억이 있다. 어릴 때부터 장남이라는 이유로 가정에서 발생하는 여러 불미스러운 일들에 대한 책임을 강조당하는 가운데 심적 깊은 곳에서 나도 모르게 형성된 부분으로 나 스스로 진단한다. 하나밖에 없는 아들에 대한 기대와 기대에 못 미치는 결과에 따른 책망 등에 대한 심리적 영향에 대해서 그때는 사회적으로 대스롭게 여기던 시대가 아니었기 때문에 적지 않은 가정에서 발생할 수 있었던 상황이었을 것으로 생각한다. 어쨌든 나 개인적으로는 이러한 약간의 분노 조절 장애 모습이 내 안에 형성되어 있었던 것을 나는 기억한다. 어느 순간 갑자기 숨이 쉬어지지 않고, 눈이 위로 올라가는 것 같은 느낌이 들면서, 말도 잘 나오지 않고, 상황 판단이 서지 않으면서 폭력으로 들어갈 수도 있는 상황이 내 안에서 발생하는 것이었다.

만일 내가 주님을 개인적으로, 인격적으로 영접하는 경험이 없었다면, 그리고 성령님의 도우심을 통해 내 안 깊은 곳에 감추어진 상처가 치유되지 않았더라면 어쩌면 내가 분노로 인해 저지른 죄의 값을 비싸게 치르는 죄인의 모습이 되어 있었을지도 모른다.

이러했던 나의 모습(분노 조절 장애)과 어느 정도 치유함을 받은 후의 내 모습 사이에 발생했던 '무엇'이 있었길래 소위 '변화'라는 것이 가능했을 것이다. 아무 작용도 없이 어느 날 변할 수 있는 것이 아니니까. 그 '무엇'이란 오로지 '주님의 은혜'일 뿐이다. 이 단어 외의 다른 용어가 생각나지 않는다. 어떠한 이유와 형태로 상처가 누적되어 오다가 어느 날부터 터져 나오기 시작한 분노 조절 장애 같은 심리적 문제를 갖게 된 어린 내가, 가끔가다 터져 나오는 분노를 분노라고 정의라도 내릴 수 있었겠나? 그것이 일종의 심리적 문제라고 생각이라도 했었겠나? 그래서 누군가를 찾아가 내가 이러이러하니 치료를 부탁한다고 말이라도 할 수 있는 사회적 분위기가 형성되어 있었나? 그냥 내가 왜 이러지 하는 정도 외에 다른 생각을 할 수 없었던 그 시절이었다. 지금 그 시절을 돌이켜 생각해 보니 그때 나의 상태가 분노 조절 장애를 어느 정도는 지니고 있었던 것이 틀림없다고 말을 하는 것이다.

이러한 중에 내 나이 18세 때에 예수님을 인격적으로 만나게 됨으로 어둠 속에 한 줄기 강렬한 빛이 내 안에 들어오게 된 것이다. 어둡고 답답했던 암울함 중에 만난 찬란한 빛은 나의 인생을 바꾸어 주었다. 새벽부터 밤까지 의식이 있는 모든 시간 속에서 주님을 의식하며 살기 시작했다. '기도'

라는 것을 하면서 보이지는 않지만 분명하게 존재하고 계신 하나님과 대화하게 되었다. 새벽에도, 낮에도, 시간만 주어지면 무릎을 꿇고 하나님과 대화하면서 나도 전혀 인식하지 못하는 중에 말로 표현할 수 없었던 답답증이 해소되기 시작했다. 가슴에 시원함을 느끼기 시작했다. 옛날 잘못했던 모든 것들이 생각나 눈물을 흘리며 회개하다 보니 가슴에 후련함을 더 크게 느끼기도 했다. 사람들 앞에 서서 나의 이전 상황과 지금의 변화된 상황을 말하다가도 말을 잇지 못하고 눈물을 흘렸던 그 시간들이 기억난다. 크리스마스 행사 중에 혼자 땅바닥에 주저앉아 성탄의 참 의미를 생각하며 감사의 눈물로 밤을 지샌 기억도 난다. 노는 시간으로만 생각해 오던 성탄절에 대한 새로운 의미를 가슴 깊이 간직하면서 속 깊은 곳에 머물러 있던 아픔들이 조금씩 조금씩 지워져 사라졌다. 엄청난 치유의 사역들이 나도 인지하지 못하는 사이에 내 심부 깊은 곳에서 오랜 시간에 걸쳐 진행되었던 것이다. 이 오랜 시간 성령님의 끊임없는 내적 치유 사역을 통해 든든한 기본기가 형성되어 온 것이다. 몇 일간의 책상 위에서 진행되는 학습을 통해 형성될 수 없는 기본기이다.

말과 생각과 행동에 절제와 인내로 바탕을 이룬다. 가끔가다 한 번씩 폭발되어 터질 것 같은 감정에 성령님이 심어 놓으신 인내와 절제가 개입하여 싸워준다. 내적 갈등이 흔들어대도 밑바닥에 깔린 성령의 열매로 견디어 낼 힘을 얻는다. 양심을 흔들어대는 각종 유혹이 덤벼들어도 그리고 가끔씩 뒤로 자빠지기는 해도 "죄에 대하여" "책망"하시는 성령님의 사역을 통해 다시 한번 일어나 마음을 고쳐먹고 정신을 똑바로 차리고 앞을 향해 달려 나갈 수 있는 힘을 얻는다.

기본기는 내적 치유 과정에서 시작하여 성령의 열매를 맺어가는 짧지 않은 세월 속에 다져지는 것이다. 그래서 "새로 입교한 자도 말지니 교만하여 져서 마귀를 정죄하는 그 정죄에 빠질까"(딤전 3:6) 염려되어 책임을 지는 사역자의 자리에 앉히지 말 것에 대해 성경에서도 지적하고 있는 바이다. 든든한 기본기를 갖춘 사람은 어쨌든 믿고 신뢰할 만하며, 입에는 꿀과 같은 말을 달고 뱃속에는 검을 들고 있다는 구밀복검(口蜜腹劍)이나 표리부동(表裏不同) 같은 안타까운 일을 경험하지 않을 수 있을 것이다.

험담을 멀리하는 자

어느 날 내가 불현듯 아내에게 이런 질문을 한 적이 있다. "당신 혹시 집안 식구들과 나에 대해 험담한 적이 있나?" 갑자기 그런 생각이 들어 질문을 했던 것이다. 아내는 무슨 말이냐는 듯이 "아니요! 한 번도 그런 적이 없는데요?"라고 답을 했다. 그때 나 역시 "나도 한 번도 나의 부모님과 형제들 앞에서 당신에 대해 흉을 본 적이 없어!"라고 했던 기억이 난다. 실제로 내 기억에 나의 형제들과 부모님과 함께 있던 자리에서도 아내에 대해 한 번도 부정적인 언급을 꺼내 본 적이 없다. 사람인지라 부족한 것은 늘 있지만 각자가 이러한 부족함에 대한 언급을 누구에게까지 확대하여 말할 것인가는 원칙을 갖고 해야 할 성질이다. 가까울수록 더욱 그러하다.

나와 함께 오랜 시간 함께 하는 동역자가 있다. 그 동역자에 대해 내가 확실하게 신뢰하는 것 중의 한 가지는, 이 사람은 최소한 나에게 그리고 나와 함께 하는 모든 일에 '해'를 끼치거나 뒤에서 비방하며 험담을 하지 않는다는 것이다. 굳건한 믿음이다. 이는 일의 효율성과 비효율성을 떠나 관계에 있어서의 신뢰를 의미한다.

함께 발을 담그고 같은 일을 하는 동반자가 얼굴을 대하고 있을 때와 등을 돌린 후의 말과 행동이 다르다면 어찌 믿고 일을 할 수 있겠는가? 기본적 상식이 다른 자들과 함께 일하는 것도 쉽지 않거니와 든든한 그리스도인으로서의 인격적 기본기가 오랜 시간을 통해 형성되지 않은 사람은 멀리 두고 지켜보며 성숙해질 때까지 기다림의 시간을 갖는 것도 바람직할 것으로 생각한다.

'말'이 제어되지 않는 자

내가 경험한 사람 중에 '말'에 제동이 걸리지 않는 사람이 있다. 한번 입을 열면 막을 길이 없다. 남이 어떻게 생각하는 것은 대수롭지 않게 여기듯 상대방의 표정이나 분위기와 상관없이 끝없이 말을 한다. 한번은 처음 소개받은 사람들도 있고 해서 좀 무겁게 느껴지는 자리에 앉아 있었다. 그때 그는 나이도 제일 어리고, 누가 봐도 그중에 여러 면에 있어 경험도 제일 미천했는데, 말을 하기 시작하자 끝이 나지 않는 것이었다. 뿐만 아니라 대화의 본질에서 벗어나는 내용도 서슴지 않고 쉬지 않고 말을 했다. 참석했던 모두가 점잖은 사람들이었기 때문에 아무 말 없이 듣고는 있었지만 참 인내하기 어려웠던 자리로 기억된다. 이러한 분위기는 그 망가진 시간으로만 끝나는 것이 아니다. 두고두고 불쾌함을 기억나게 하는 시간이라 여러 사람에게 '해'를 끼치는 행동이라고 말할 수 있다. 단둘이 앉아 회포를 푸는 시간이라면 좀 길어도 들어줄 수 있기도 하지만 이것도 어느 정도여야 되는 것 아닐까?

어떤 자매와 참 오랜만에 만났던 시간이 있었다. 아내와 내가 나가 그 자매와 두세 시간을 함께 보냈는데, 반가움의 시간을 나누는 동안 90% 이상의 시간을 그 자매 혼자서 쉼 없이 말했다. 우리 부부는 고개를 끄덕이며 조금씩 반응하면서 들었지만 시간이 흐를수록 대화의 내용보다는 '이 자매 참 대단하구나!' 하는 마음이 오히려 들게 되었다. 우리에 비해 아주 어린 나이인데 어른들과 만나 어쩌면 이렇게 오랜 기간 자기의 말만 하는지 '스트레스가 참 많았겠구나!' 생각하면서 열심히 들어주었다. 그때 나는 1년에 한 번 정도 만나면 되겠다는 생각을 하며 일어섰던 기억이 난다.

내가 살고 있는 지역에 어르신이라고 할 수 있는 분이 계셨다. 나와 아내는 가능한 삼 개월에 한 번은 이분을 모시고 식사하는 섬김의 시간을 가지려고 노력했다. 그럴만한 이유가 있었다. 하지만 그분과의 만남의 조건은 우리 부부가 진짜 시간이 넉넉할 때 함께 시간을 갖는 것이었다. 이분과 한 번 만나면 적어도 4시간 정도는 잡고 만나야 했다. 그리고 만날 때마다 매번 거의 같은 내용의 과거사를 듣는 것이었다. 그분이 '아' 하고 말을 꺼내시면 거의 어김없이 우리가 추측하는 방향으로 흘러갔다. '어' 하고 말을 꺼내시면 '30분 정도 걸리겠구나' 하면서 내용 전체를 이미 추측하면서 예의를 갖추고 처음 듣는 것처럼 표정을 지으며 인내를 갖고 들었다. 일종의 사역처럼 느껴지는 시간이었다. '나이가 들면 다 이렇게 되나?' 하는 생각 역시 지울 수가 없었고, 이러한 모습을 나의 '반면교사'로 삼을 수밖에 없었다. 나이를 지긋하게 먹어도 어떤 일이 중단되는 것도 아니고, 사람들과의 관계도 없어지는 것은 아니다. 따라서 나이와 상관없이 '말' 하는 시간의 절제와 함께 하면서 듣는 자들의 입장도 늘 생각해야만 한다.

꼭 필요한 말만 하고 다른 말은 하지 않는 단답형의 사람과 있으면 좀 건조하고 재미가 없을 수는 있지만, 그래도 말이 많아 실수하거나 끝없이 말하여 듣는 사람들을 힘들게 하는 것보다는 차라리 나을 것이라 여겨진다. '말'은 삼킬 줄도 알아야 하고, 상황과 환경에 맞는 화법으로 오갈 수 있어야 한다. 그러기 위해서는 본인의 무단한 노력도 필요하고, 필요에 따라서는 커뮤니케이션에 대한 훈련도 받아야 한다. '말'이 가져다주는 '해로움'이 결코 적지 않기 때문이다.

싸움 닭

사람에게 '닭'의 이미지를 얹는 것 자체가 좋은 표현은 아니다. 그럼에도 불구하고 이 표현을 꼭 피해야 할 동역자의 조건에 포함해야만 할 것으로 여겨 부득불 첨가해 본다.

가끔 어이없는 표현을 듣곤 한다. "나는 책망하는 은사와 부름을 받았어!" "내가 이런 말을 하지 않으면 저들은 깨닫지 못하기 때문에 구약의 선지자들이 그러했듯이 욕을 좀 먹더라도 책망하는 일을 감당해야 해!"

본인이 하나님으로부터 받은 것이라고 하니 따지고 들면서 아니라고 말하기는 어렵다. 하지만 글로써는 따질만하다고 생각하며 그렇지 아니할지라도 이런 자들과는 동역은 둘째치고 거리를 넉넉히 두고 사는 것이 건강에 좋을 것으로 여겨진다.

오래전 신학교에서 공부할 때의 일이다. 토마스 맥코미스키(Thomas E. McComiskey) 교수와 예언서에 대해 공부하던 중에 한 학생이 질문하였다. "교수님, 진짜 선지자와 가짜 예언자에 대해서 말씀해 주십시오. 한 번 참 선지자가 되면 계속해서 참 선지자이고, 한 번 거짓 선지자이면 계속해서 거짓 선지자입니까?" 모든 학생이 어쩌면 하고 싶었던 질문이었을 것이다. 그 때 교수님은 "Class!(항상 학생들을 향해 그러한 식으로 불렀다) 하나님이 주신 말씀을 받은 그대로 전하면 참 선지자이고, 이전에 참 선지자였더라도 하나님으로부터 직접 전달받지 않은 말을 하나님이 주신 말처럼 하면 거짓 선지자가 되는 것입니다."라고 답변을 주셨다. 1989년도의 클래스였으니 얼마나 오래전 들은 내용인가? 하지만 아직도 그 교수님의 표정까지도 생생하게 기억하고 있다.

어느 누구도 하나님으로부터 직접 들은 계시가 아니라면 부름을 받은 선지자라는 이름으로 함부로 평가하고 비판하고 야단치고 꾸짖는 행위는 자제되어야만 한다. 더구나 그러한 부름을 받았다는 미명하에 자신의 생각과 다른 자들에게 함부로 말하고, 함부로 꾸짖고, 함부로 야단치는 모습은 전체의 유익에 반하는 행위이다.

어쩌면 이런 부류의 사람들이 필요할 수도 있다. 그나마 이러한 분들의 책망을 통해 다루어지는 일들이 있을 수도 있을 터이니. 그러나 함께 손잡고 나가는 동역의 길에는 가능한 참여시키지 않는 것이 전체 팀원의 정신 건강에 유익할 것이다.

'글'에 '독설'을 담는 자

4차 산업 혁명 시대로 진입한 현시대의 주 커뮤니케이션 수단은 말할 것도 없이 SNS(Social Network Service)이다. 원하든 원하지 않든 현시대에 살고 있는 우리들은 오디오나 비디오나 글 등으로 하고 싶은 말을 거침없이 표현해 내는 그리고 원한다면 우리도 그렇게 해 낼 수 있는 환경에 살고 있다.

이전에는 내가 누군가에게 말하고 싶어도 말할 수 있는 장(場)이 마련되지 않으면 말할 수 없었고, 다수에게 글을 쓰고 싶어도 그렇게 할 수 있는 방도를 찾기가 어려웠다. 하지만 지금은 다양한 SNS 기능 덕분에 거의 모든 것을 표현해 낼 수 있는 시대가 되었다. 누가 듣든지 내가 하고 싶은 말이 있으면 오디오든 비디오든 자신이 만든 개인 TV를 통해서든 얼마든지 말을 할 수 있다. 누가 보든지 나에 대해 마음껏 알릴 수 있는 시스템이 다 형성되어 버렸다. 일인 방송국도 얼마든지 운영할 수 있다. 보든지 말든지 내가 하고 싶은 글을 마음껏 쓸 수 있는 인터넷 공간이 모든 자에게 허용되고 있는 시대이다.

이러한 '열린 표현'의 시대에 모두가 살고 있음에 큰 장점도 있지만 동시에 아찔아찔하고 때로는 무시무시하기도 한 단점 역시 함께 존재하고 있음을 부인할 수가 없다. 장점이란 모든 표현에 있어서의 편리함과 자유로움이다. 단점이란 이 모든 표현의 자유와 표현해 내는 데 있어서의 편리함이 누군가를 공격하는 수단으로, 때로는 잘못된 정보를 진짜인 양 의도적이든 비의도적이든 퍼뜨릴 때 생기는 악영향이다.

특히 소위 '글'을 쓴다 하면서 글에 독기를 품어 써 대는 경우어는 문제가 심각해진다. 말과 글이 같을 것 같지만 '말'도 하고 '글'도 쓰는 사람으로서 나는 이 둘의 차이가 매우 크다고 주저하지 않고 말한다.

글을 통해 나의 생각을 표현하는 것은 쉬운 일이 아니다. 말 역시 쉬운 것은 아니겠지만 글에 비하면 오히려 쉬운 것이다. 말을 준비하면서 녹음기를 틀어놓고 들어보고 다시 말했다 또 들어보고 하면서 말을 준비하는 경우는 비교적 드물다. 하지만 글은 썼다 지웠다를 반복하는 것이 일반적인 경우다. 썼다 다시 보고 맘에 들지 않으면 다르게 고쳐보았다가 또 맘에 안 들면 다시 지웠다가 쓰곤 하는 것이 글을 쓰는 것이다. 그렇게 쓰인 글 속에 담긴 내용들은 쓴 사람의 마음과 생각이 고스란히 담겨있는 표현물이라고 해도 과언이 아니다.

그런데 평소 대화를 할 때는 조용하고, 온화해 보이는 사람이 글만 쓰면 독기로 가득한 경우도 아주 드물게 볼 수 있다. 칭찬과 격려는 아무리 과장되어도 크게 나쁠 것이 없지만 판단과 비판과 정죄의 내용으로 가득한 글은 사람들을 죽이기까지 한다. 적지 않은 연예인들도 이러한 글에 희생당해 왔다. 처음에야 '그런가 보다' 또는 '그렇게 말할 수도 있지'라고 넘길 수 있지만 유사한 내용의 반복적인 비판, 부정적 평가, 냉소, 조소, 조롱, 단정, 헛소문, 부풀리기 소문 등을 접하다 보면 정신적인 타격을 입게 마련이다. 반복적 타격을 계속해서 입다 보면 그리고 그러한 타격을 정신적으로 극복하지 못하게 되면 결국 극단적 선택의 길로 들어갈 수밖에 없게 된다.

SNS가 모든 사람의 손에서 자유롭게 활용되기 전에는 아마도 적지 않은 사람들이 소위 '일기' 쓰기를 통해 자신의 여러 가지 생각들을 담아두었을 것이다. 하지만 그러한 일기들이 출판의 형태로 많은 사람에게 공개되는 경우는 아주 드물다. 그나마 대부분은 그러한 일기조차 쓰지 않고 그냥 친구들과 앉아 수다를 떨면서 털어버리는 경우가 더 많았을 것이다.

하지만 지금 시대는 누구나 자신의 생각을 올릴 수 있는 공간이 주어졌다. 깊이 생각하여 한 글자 한 글자를 정성스럽게 작성하여 올리는 사람도 있을 것이고, 대충 글을 써서 올리는 사람도 있을 것이고, 아무 생각 없이 내키는 대로 써서 올리는 사람들도 있을 것이다. 그러한 글을 쓰는 사람 중에는 선한 의도를 갖고 칭찬의 글을 쓰고, 격려의 글을 쓰는 사람들도 있겠지만 말 그대로 내키는 대로 자신의 감정을 글로 옮겨버리는 사람도 있을 수 있다. 그런데 더 큰 문제는 막을 길이 없다는 것이다. 맘을 먹고 법적 조치를 취하는 단계에 들어가지 않는 한 막을 길이 없다. 이것이 현대를 사는 우리 모두에게 큰 문제이다. 정제된 글만 볼 수 있는 것이 아니라 모든 종류의 글을 다 접할 수밖에 없는 무선택의 세대에 살고 있는 것이다.

이러한 시대에 살고 있으므로 함께 일할 동역자를 선택하는 과정에서 저들의 평소 SNS에 써온 글을 참고하는 것은 어쩌면 필수적 요소가 될 수 있다. 더구나 중요한 일을 함께 생각하고 함께 결정해야 하는 '동반자'의 선택에 있어서만큼은 더욱 그러하다. 왜냐하면 '글' 속에는 '생각'이 담겨있기 때문이다.

필자 역시 '글'을 쓰는 사람이라 '글'에 대한 의미를 너무 잘 안다. 어떤 때는 어느 대상에 대해 무척 화가 나서 펜을 드는 경우도 있었다. 하지만 쓰고 또 쓰다 보면 이 내용을 나의 일기장에 담아 두어야 하는 글인지 아니면 나누어도 되는 글인지에 대해 고민하게 된다. SNS에 꼭 올려야 되겠다는 결정을 하게 될 때는 이름도 생략하고, 금방 추정할 수 있는 지역이나 상황 등을 철저하게 감추고 올린다. 하지만 가능하면 '원리' 위주의 글만 올리려고 애를 쓴다. 더 많은 독자를 얻기 위해 얼마든지 자극적인 글을 쓸 능력은 되지만 그럴 수 있다고 생각되지 않아 모든 글에 자극적인 것을 제한하여 글을 쓰려고 노력한다.

정치에 대한 나의 견해가 뚜렷해도 어차피 다른 견해를 가진 사람들이 많으므로 가능한 쓰지 않는다. 하지만 지금도 어느 정도 영향력이 있다고 생각되는 기독교 지도자 중에는 '자극적'인 글을 주저하지 않고 쓰는 사람들을 자주 보게 된다. 자신의 성질을 참지 못해 공개적인 장소에다 여과없이 글을 올리는 사람들의 면면을 볼 때마다 답답함을 느낀다. 그렇다고 수만 명의 팔로워들을 거느리고 있는 것도 아닌데 그렇게 자극적인 글을 쓰는 것은 영향력의 행사라기보다는 성깔을 글로 표현하는 것으로밖에 생각되지 않는다. 이러한 자들은 그냥 독립군으로 뛰게 두어야지 함께 일할 대상으로 선택한다면 순간순간 찔리는 아픔을 경험하는 것을 피하기 어려울 것이다. 피할 수 있는 것은 피하는 것이 지혜이다.

일에 대한 에너지가 약하거나 없는 자

사람이 착하고, 말을 조심히 하고, 누구에게든지 악을 행하려 하지 않고, 모든 사람과 좋은 관계를 유지하려고 애를 쓰는 사람이라도 함께 하는 일에 있어서 열정과 열정을 감당할 수 있는 에너지가 부족하면 '해로움'으로 작용하는 경우가 있기 때문에 '열정'과 '에너지'의 측정은 꼭 필요하다.

남녀가 서로 사랑하여 아내와 남편으로 부부가 되고 난 후에도 서로를 향한 열정과 에너지는 지속되어야 행복한 가정을 유지할 수 있다. 부족함을 빨리 인정하고 채워나가는 열정과 에너지가 필요하고, 서로를 받아들이려고 애를 쓰는 열정과 에너지도 필요하다. 함께 손을 잡고 마주쳐 오는 여러 가지 문제들을 대면하여 풀어나가는 힘 역시 언제나 필요하다. 어려울 때마다 서로에게 책임을 미루거나 상대방의 노력에 책임을 미루며 본인은 뒤로 빠지는 일이 반복되면 함께 살아가는 것이 괴로워진다.

나는 아내와 결혼하기 전에 미국에서 공무원 생활을 했었다. 안정된 직업이었다. 하지만 아내와 결혼하면서 직장에 사표를 냈다. 그리고 곧장 신학을 시작했다. 동시에 아내는 자녀들을 낳았다. 공부하고 졸업 후 목회를 하는 동안 우리 부부는 경제와 싸워야 했고, 바쁨과 자녀 양육을 감당하려고 노력해 왔다. 어린 자녀 셋을 데리고 선교지에 가서 새로운 문화와 언어와 사람들에 적응하면서 살아왔다. 어느 하나 쉬운 일이 없었고, 어느 하나 함께 손을 맞잡고 서로 밀고 당기며 극복해 나가지 않은 일이 없었다. 어린 막내아들이 눈 수술을 두 번이나 받을 때마다 가슴 졸이며 밖에서 애타게 기다리던 시간도 함께 해야만 했고, 딸이 자녀를 출산하는 시간에도 함께 하면서 손을 마주 잡고 기도하는 시간을 가져야만 했다.

지금은 손주들을 둔 할아버지 할머니가 되었지만, 지금도 여전히 둘이 앉아 선교지의 교회를 놓고, 함께 운영하고 있는 선교사 자녀 학교의 현재와 장래를 놓고 의논하고 침 튀기는 논쟁도 하면서 함께 살고 있다. 아마도 우리 부부 사이에 열정과 에너지가 식는다면 그때는 관 속에 들어가야 할 때일 것이다.

부부 중 한 명이 매일 침대에 누워서 뒹군다고 생각해 보라! 부부 중 한 명이 해야만 할 일을 하지 않고 늘 그 게으름으로 인해 발생하는 일들을 다른 한 명이 뒤치다꺼리며 산다고 상상해 보라!

젊을 때의 사랑으로 한 결혼이니 돌이킬 수 없으니 그냥 산다고 가정하더라도 함께 일할 사람을 찾는 과정에서는 재삼재사 고려해서라도 일할 열정과 에너지가 있는 사람을 찾는 것은 충분히 고려하고 선택할 수 있는 것이다.

일에 대한 열정과 그 열정을 감당해 낼 수 있는 에너지를 소유한 사람의 선택! 대단히 중요하다.

책임감과 지속적 도전 정신을 가진 사람

"그는 양털과 삼을 구하여 부지런히 손으로 일하며, 상인의 배와 같아서 먼 데서 양식을 가져오며, 밤이 새기 전에 일어나서 자기 집안 사람들에게 음식을 나누어 주며 여종들에게 일을 정하여 맡기며, 밭을 살펴 보고 사며, 자기의 손으로 번 것을 가지고 포도원을 일구며, 자기의 장사가 잘 되는 줄을 깨닫고 밤에 등불을 끄지 아니하며, 손으로 솜 뭉치를 들고 손가락으로 가락을 잡으며"(잠 31:13–19)

가끔가다 엉뚱한 생각을 하곤 했다. 만일 내가 왕이라면 나의 세 자녀 중 누구에게 왕위를 물려줄 수 있을까? 만일 내가 큰 기업가이고 기업의 후계자로 누군가를 선정해야 한다면 과연 누구에게 이 자리를 믿고 맡길 수 있을까? 감사하게도 나는 왕도 아니고 큰 기업가도 아니라 이런 염려를 실제로 할 필요는 없지만, 그래도 가끔 그런 생각을 하곤 한다. 하다못해 조그마한 일이라도 어느 정도 나의 삶을 통해 이루어진 것이라면 과연 내가 손에서 일을 놓아야 하는 시점에 누구에게 내 삶을 드렸던 일을 넘겨줄 수 있을까를 고민하지 않을 수 없을 것이다.

캄보디아 프놈펜에서 MK school(선교사 자녀 학교)을 섬기고 있다. 2011년에 시작했으니 벌써 12년을 넘겼다. 중국인 선교사들을 캄보디아에 선교사로 보낸 후 자녀 교육 문제로 힘들어하는 모습을 보면서 겁도 없이 그리고 멋모르고 시작한 학교였다.

'학교'라는 것이 교육기관이기 때문에 귀에 듣기는 좋은 일이지만 실제로 운영하는 것은 결코 쉬운 일이 아님을 지난 10여 년의 세월을 통해 체득했다. 4명의 학생으로 시작했지만 학생이 4명이라도 교장이 있어야 하고, 교사들이 있어야 하고, 교실도 있어야 한다. 현지인들을 대상으로 하는 학교는 후방에서의 후원이 끊기질 않는다. 선교로 보기 때문이다. 하지만 선교사 자녀 학교는 외국인 자녀들을 대상으로 하기 때문에 많은 경우 선교로 보지를 않는다. 많은 경우란 한국 교회의 경우를 말하는 것이다. 선교사는 25,000명 이상을 파송한 한국 교회이지만 선교사들의 자녀들에 대해서는 이상할 정도로 매정한 부분이 있어 왔다. 최근에 많이 개선되기는 했지만 그래도 인색한 부분이 다른 규모의 외국 교회들에 비해 분명히 있다.

선교에 대한 관점의 차이로 이해할 수도 있을 것이다. 전도하고, 세례 주고, 양육하고, 신학 훈련시키고, 교회를 부흥시키는 일을 주된 선교로 보기 때문이다. 요즈음에는 고아원도, 병원도, 양로원도, 현지 학교에도 많은 비용이 선교사들 또는 NGO를 통해 지출되지만 대상은 분명 현지인들이 중심이다.

나는 선교사로 파송받을 때 두 살, 네 살, 여섯 살 어린 세 자녀를 데리고 선교지에 갔다. 아내와 내가 선교지에서 살며 사역하는 동안 자녀들을 위해 힘들었던 시간들은 말로 헤아릴 수 없다. 한국에서 자녀를 키우는 모든 기간이 그러하듯, 미국에서 자녀를 키우는 모든 시간이 그러하듯, 언어와 문화가 전혀 다른 선교지에서 자녀를 키우는 일은 결코 쉬운 일이 아니었다. 하지만 이러한 어려움을 나누면 미성숙하고, 가정하나 제대로 돌보지 못하는 선교사라는 생각을 삐딱하게 보면서 할 것을 너무 잘 알기에 긍정적인 부분만 주로 언급했지 부정적이고 힘든 부분들은 우리 부부 사이의 대화 속에 머물도록 두었다. '선교사가 선교 일이나 잘할 것이지 무슨 가정에 저렇게 관심이 많아!'라고 생각하는 경우가 너무 많기 때문이다.

이러한 간단한 이유 때문에 선교지로 파송한 선교사 자녀들을 위해 심각하게 고민하며 자녀 교육을 위해 과감히 투자한 한국 교회가 있다는 것을 들어보지 못했다. 어딘가에 있을 수는 있겠지만 중소형 교회에서 벅차게 시도해 보다 중간에 포기하는 경우가 오히려 많았을 것으로 본다.

어쨌든 나 역시 중국인 선교사들을 캄보디아에 파송해 놓고 저들이 힘들어하는 모습을 보면서 함부로 시작하면 안 될 선교사 자녀들을 위한 학교를 무작정 시작했다. 힘들게 힘들게 이끌어 왔다. 이름 내기를 원하지 않는 분이라 공개하지 않겠지만 규모 있는 사업을 하시는 한 분이 인내를 갖고 도와주지 않으셨다면 아마도 나는 일찌감치 포기하는 선택을 했을 것이다. 그만큼 힘든 일이 선교지에서의 교육 사역이라고 본다.

이렇게 조그마한 학교 하나를 운영하는 데도 인사(人事)는 역시 만사(萬事)이다. 누가 학생들을 가르치고, 누가 행정을 보고, 누가 학교를 관리하느냐에 따라 많은 차이가 있음을 늘 경험한다. 결국은 사람이 모든 일을 하는 것이기에 사람의 선택은 그만큼 중요한 것이다.

결국 사람을 선택할 때의 중요한 조건 중 하나는 앞을 향해 전진해 나가는 책임감이다. 단순한 '책임감'만 있는 것이 아니라 앞을 바라보고 도전하며 나갈 수 있는 '책임감'의 소유자를 의미한다. 이러한 자들에게는 언제든 믿음이 간다. 영어로 대화할 때 이러한 사람들을 'Reliable Person'이라고 한다. 이 단어는 어지간한 사람들에게 사용하기보다는 어느 정도의 기간 지켜보고 경험하는 가운데 이 정도의 사람이라면 무슨 일을 맡겨도 '믿을 만하다'는 결론을 내린 후 사용하곤 한다. 적어도 나의 경우는 그렇다. 아무리 공부를 잘해도 reliable하지 못한 사람이 있다. 아무리 돈이 많아도 늘 비즈니스적인 판단만 하고 사람을 보지 못하고 사람을 희생시키는 사람에게 이 단어는 사용되지 않는다. 돈도 있고, 머리도 좋고, 말도 잘한다고 해도 총체적인 것을 고려하지 못하고 제한된 시선과 판단을 가진 사람에게 역시 이 단어를 사용하기 어렵다. 따라서 이러한 사람을 찾는 것은 결코 쉬울 수 없다. 또한 처음부터 이렇게 어느 정도 완성된 사람을 만날 수도 없다. 그래서 우선은 어느 정도 갖추어진 사람과 단순한 일부터 함께 하면서 일하는 과정에서 어느 정도의 기간을 관찰하고 함께 여러 일을 경험하면서 내릴 수 있는 판단이다.

학교를 운영하는 중에 재미있는 경험을 한 적이 있다. 남아프리카 백인 선생과 이란에서 온 두 선생에 대한 내용이다. 한 명은 남아프리카에서 왔고 한 명은 이란에서 왔는데, 오는 조건이 둘이 함께 살며 일하는 것이었다. 이유를 물어보니 과거에 어떤 제자 훈련 과정에 만나 함께 했던 경험이 있기 때문이라는 것이었다. 사진작가로 있었다는 남아프리카 여선생은 처음에는 활발해 보였고, 학생들과 어울려 사진도 찍고 함께 대화하며 잘 지내는 것 같이 보였다. 이란에서 온 여선생 역시 나름대로 노력하는 모습이 보였다.

그런데 함께 일하는 중에 두 가지의 바람직하지 못한 모습이 내 눈에 들어오기 시작했다. 하나는 두 선생의 관계가 마치 주종 관계와 비슷하게 비추어졌다는 것이다. 한 사람은 계속해서 지시하고 다른 한 사람은 그 지시를 따르는 모습이었다. 다른 한 가지는 일에 대한 아마추어적인 태도였다. 학교 선생에 대한 개념조차 없어 보였다. 학교 수업 시간이 오전 8시 30분에서 오후 3시 30분까지였는데 오후 3시 30분 학교 수업이 종료되는 시간에 이 두 사람은 벌써 학교 문 앞에 서 있다가 수업 종료 벨이 울리면 이란에서 온 선생이 뚝뚝이[11]를 잡아가지고 오면 둘이 함께 즉시 집으로 향했던 것이다. 즉 학생들이 하교하기도 전에 선생들이 먼저 집으로 하교한 것이다. 나는 몇 차례 사무실에서 이런 모습을 보며 참 의아한 생각을 갖게 되었다. 이 것은 불러서 충고할 성질도 아닌 것처럼 보였다. 아니, 선생이 수업 종료 벨이 울리면 학생들보다 먼저 하교한다?

나 역시 오래전에 미국에서 일을 할 때 clock in과 clock out을 했던 경험이 있다. 출근하면서 내 이름이 찍힌 카드를 기계에 넣으면 출근 시간이 찍히고, 퇴근할 때 집어넣으면 퇴근 시간이 찍히는 것이다. 이러한 출퇴근 시간을 찍는 직원은 아주 낮은 단계의 직원에게 사용되는 것이다. 적어도 책임을 지는 직원은 할 일을 하고 마치면 퇴근하는 것이다. 왜냐하던 그의 임금은 연봉으로 책정되어 있기 때문이다. 몇 시간을 일했는가에 따라 월급이 나오는 것이 아니라 맡겨진 일을 어느 정도 완성했는가에 따라 연봉이 결정되는 것이므로 그런 기계가 필요 없는 것이다.

학교 선생은 시간을 찍고 출근하고 퇴근하는 위치의 사람들이 아니다. 학교에서 청소하고, 기본 행정을 보는 사람들은 그렇게 하는 것이 당연할 수 있지만, 학생들의 학업과 문제들을 돌보고 관리하는 선생들은 일반적으로 스트레스를 받으면서도 할 일을 해야 일이 끝나는 것이다. 필요하다면 집으로 가지고 가서라도 할 일을 끝내야 하는 것이다.

동역의 기초는 '고용직'이 아니라 '함께' '책임'을 지는 길에 들어서는 마음

---

11) 삼륜차 형태의 택시.

가짐이다. 함께 길을 걸어갈 수 있는 사람은 '책임'과 '근면함'에 있어 reliable 해야 한다. 즉 믿고 맡길 수 있는 사람이어야 한다. 아주 똑똑할 필요도 없다. 아주 말을 잘하는 사람일 필요도 없다. 훌륭한 이론가도 필요 없다. 그냥 이 일이 바로 '나의 일'이라고 생각하고 성실하게, 근면하게, 책임감을 갖고 중간에 포기함 없이 최선의 노력을 하는 사람이면 된다. 때로는 토끼처럼, 때로는 거북이처럼 움직여 주위 사람들을 약간 불편하게 할 수는 있을지언정 이러한 태도를 갖고 있다면 언제든지 함께 갈 수 있다.

때로는 이러한 모습을 갖추고 있는 것 같은데 유심히 살펴보면 자신의 일과 자기 가족의 일에 책임과 근면과 성실함을 유지하지만 실제로 함께 해야만 하는 일에는 마음을 쏟지 않는 부류의 사람들도 있다. 잘 구별해 내야 할 부류의 사람들이다. 이기적인 사람, 자기중심적인 사람에게는 치료제가 별로 없기 때문이다. 결국은 모든 것의 끝에 자기의 이익을 우선으로 하기 때문이다.

철저한 책임감과 부지런함

"양털과 삼을 구하여 부지런히 손으로 일하며, 상인의 배와 같아서
먼 데서 양식을 가져 오며, 밤이 새기 전에 일어나서"(13-15)
"밤에 등불을 끄지 아니하며"(18)

잠언 31장 13절 이하의 내용에서는 철저한 책임감과 부지런함으로 옷 입은 동반자의 모습을 소개한다.

철저한 책임감을 지닌 사람과 함께 무슨 일을 하면 마음이 편해진다. 함께 무슨 일을 진행하면서 맡겨진 일이 있으면 결코 대충 넘어갈 수 없는 것

이 책임감이기 때문이다. 분명 '맡겨진' 일을 놓고 이리저리 연구하고 고민하다 의문이 생기면 질문할 수도 있다. 또 1안, 2안, 3안 등의 여러 선택을 놓고 회의를 신청하여 함께 의논하는 시간도 가지면서 생각을 나누고 모두어 한 방향으로 나가는 가능성을 만들어 나갈 것이다. 책임감이 있는 사람은 언제나 2% 모자라게 일을 처리하는 사람과는 많이 다르다. 사실 2%가 부족하다고 할 때는 일의 마무리가 되지 않은 것이기 때문에 늘 옥의 티와 같은 문제를 갖게 된다. 상상해 보라. 2%라는 별명을 가진 사람이 어떤 일을 진행할 때 엄습해 오는 '불안감'을! 오늘은 어디에서 빵꾸가 날까? 오늘 이 시간이 되기까지 나와 한 번도 상의를 안 하고 진행했는데, 과연 처음 책임을 맡긴 의도대로 잘 진행했을까? 생각만 해도 불안해진다.

철저한 책임감에는 지속적 대화와 상의와 회의가 포함된다. 본문에 나오는 현숙한 여인과 같이 수평적 수준의 사람이 없을 경우에는 끊임없이 하나님과 자신과 대화와 회의를 하게끔 되어 있다. 어쩌면 그 정도 구모의 일들을 진행했었으니 십부장 백부장 급의 리더십과 지혜를 가진 아랫사람들이 있었을 수도 있다고 충분히 추측할 수 있다. 지혜로운 사람이었으니 그러한 자들을 찾아내어 함께 의논하며 일을 처리했을 가능성 역시 높다.

책임감은 부지런함을 자연스럽게 동반한다. 나는 자주 세미나나 신학교의 강의 요청을 받는 사람들 중의 하나다. 주일 설교 부탁도 가끔 받곤 한다. 매번 부탁받아 수락하고 난 후에는 그 요청에 따른 고민이 시작된다. 거의 머리를 지배한다고 생각하는 것이 맞을 것이다. 요청을 한 모임과 강의를 듣게 될 사람들에 대해 먼저 생각한다. 어떠한 내용이 맞을까? Outline만 잡는 데에도 적지 않은 고민과 시간이 들어간다. 길을 걸어도, 운동해도 거기에 대한 부담감은 떠날 줄을 모른다. 어느 정도 outline이 잡히면 강의의 틀을 잡는다. 일종의 frame work이다. 이때까지가 제일 힘이 드는 것 같다.

그 후에는 뼈대에 살을 입히는 작업을 한다. 빈 가지에 나뭇잎도 붙이고, 꽃도 만들고, 열매도 상상하며 만든다. 요즈음에는 파워포인트 작업 없이는 강의 자체가 메말라 보이므로 파워포인트의 디자인 작업 역시 결코 만만한 일이 아니다. 그리고 완성되면 처음부터 강의하듯이 말하면서 읽어보고 교정한다. 그리고 강의 내용을 프린트하여 언제 이 페이지를 넘기고 이 페이지에서 어떤 말을 해야 하는지 등의 세부적인 내용까지 집어넣으면서 마무리한다.

나 자신이 이렇게 강의든 발제든 철저하게 준비하기 때문에 다른 누군가의 강의를 들어보면 그 강의가 얼마나 심혈을 기울여 철저하게 준비된 강의인지, 아니면 대충 준비하여 포장만 잘하여 하는 것인지를 쉽게 평가할 수 있다. 책임감과 부지런함을 갖춘 사람을 만나 함께 일한다는 것은 엄청난 복 중의 복이다. 일단은 무슨 계획을 하든지 이런 사람과 함께 하면 마음이 편해지기 때문이다.

내가 귀한 친구라고 여기는 선교사가 있다. 이 사람은 선교사이지만 늘 성경을 연구하는 데 온 힘을 기울인다. 가르치는 일을 위해서만이 아니다. 말씀 자체의 연구에도 열심이다. 그 친구 아내의 불평은 "늘 책상에 앉아서 밤 늦도록 성경만 연구해요!"라는 것이다. 그래서 이 친구와 공동 강의 같은 것을 맡으면 마음이 편하다. 최선을 다해서 준비해 올 것이기 때문이다.

나와 함께 선교사 자녀 학교를 섬기는 필리핀 선생이 있다. 현재는 이 학교의 교장직을 수행하고 있다. 이 교장은 매우 꼼꼼하다. 그러면서도 어느 상황에서 질문을 해야 할지 그리고 어느 상황까지 본인이 책임지고 일을 진행해야 하는지를 잘 구별한다. 내가 거의 학교에 나가지 않는 편이지만 어느 곳에 있든지 학교의 진행 상황을 잘 알고 있을 뿐만이 아니라 필요한 제반 문제들 역시 의논이 되는 상태에서 처리가 된다. 믿음직한(Reliable)한 동역자임이 틀림없다.

본문 15절에 보면 이 동반자는 "해가 뜨기 전에 일어나서"라는 내용을 소개한다. 18절에 보면 "밤에 등불을 끄지 아니하고"라는 내용 역시 소개된다. 해가 뜨기 전에 일어나고, 밤에 등불을 끄지 않으면 잠은 언제 잘까와 같은 기초적 질문이 절로 나온다.

매우 부지런한 사람임이 틀림없다.

그런데 여기에서 아마 독자 중에는 '책임감 강하고 너무 부지런한 사람과 일하려면 피곤해요! 항상 좋은 것만은 아니에요!'라고 생각하는 분들이 있을 것이다. 무슨 뜻인지도 안다. 나도 경험이 있으니까.

먼저 **〈책임감〉과 〈위기관리 중심적인 사람〉**과의 차이점을 간단하게 이해할 필요가 있다. 책임감 있는 사람이라도 커피를 마시다 컵을 테이블 모서리에 놓을 수 있다. 위기관리 중심적인 사람은 책임감과 상관없이 그 테이블 모서리에 놓인 컵이 떨어져 깨지면 어쩌지 하는 염려를 자연스럽게 한다. 그래서 "컵을 테이블 가운데로 옮겨 놓으시면 안 될까요?"와 같은 말을 할 수 있고 "그래요? 안전한데? 내가 이 컵을 손으로 잘 잡고 있는데요? 염려하지 마세요."와 같은 대화가 오갈 수도 있을 것이다. 〈책임감〉은 일의 핵심을 붙잡고 핵심 목표의 완성에 심혈을 기울이지만, 〈위기관리 형의 사람〉은 '위기'에 초점을 맞추곤 한다. 만일 이런 일이 발생하게 되면, 만일 저런 일이 발생하게 되면 이런저런 일들이 발생하게 될 텐데 등의 생각을 더 많이 하게 된다.

절대 나쁜 것은 아니지만 때로는 위기에 대한 걱정으로 인해 주위 사람들을 힘들게 할 뿐만 아니라 핵심을 놓치는 우를 범할 수 있는 가능성이 있게 된다. 사실 책임감 속에는 자연스럽게 발생할 수 있는 문제의 가능성에 대한 대안 마련도 포함되는 것이기 때문에 위기관리는 포함되는 것이 당연하다. "자! 그럼 이제부터 이 일을 진행하는 데에 있어 발생할 만한 문제에 대해 함께 의논해 봅시다"와 같이 처리할 경우에는 주위 사람들이 스트레스를 받을 가능성이 낮아진다. 하지만 계속해서 위기 가능성에 대해서 민감하게 지적하거나 고민하는 모습을 자주 보이게 될 경우에는 함께 일하는 사람들이 어려움을 겪을 가능성은 높아진다.

그럼에도 불구하고 이런 성향의 사람들이 함께 일하는 팀 속에 있는 것은 도움이 된다. 하지만 책임자의 자리에 있게 되면 그 아래 있는 사람들이 많이 피곤함을 느끼지 않을 수 없을 것이다. 설교를 들으면서도 내용에 집중하는 것이 맞는 것이지만 "어휴, 나는 목사님이 설교 중에 마신 물컵을 강대상 끝에다 놓아서 실수로 쳐 떨어뜨릴까 봐 얼마나 불안했는지 몰라"와 같이 실수가 일어날 가능한 문제가 너무 자연스럽게 다가와 본질보다는 그러한 가능성에 더 집중하는 성향이 늘 있기도 하기 때문이다. 팀원으로 있을 때는 부족함을 메꾸는 역할을 하겠지만 책임자의 자리에 있게 되면 주위 사람들을 피곤하게 만들 가능성이 늘 있게 마련이다. 따라서 이러한 성향의 사람들은 이미 주어진 좋은 성향을 자신만 잘 간직하면서 주위 사람들에게 어려움을 주지 않는 범위 내에서 자신의 성향을 발휘하되 절대 본질에서 벗어나지 않도록 핵심 중심의 일을 진행해야 할 것이다.

〈책임감〉과 〈책임 투덜이〉 역시 생각해 볼 필요가 있다. 책임이란 나 자신이 고민하면서 감당해야 할 일의 성질이다. 제일 바람직한 모습은 내가 묵묵하게 일을 수행하는 것이다. 하지만 우리들은 혼자서 사는 것이 아니기 때문에 주위 사람들과의 적당한 나눔이 필요하다. 아내나 남편에게 이러한 책임을 맡게 되었고, 이 일을 하기 위해서 이러한 식으로 진행하게 될 것 같다는 등의 대화가 필요할 것이다. 함께 자주 시간을 보내던 친구들과도 이런 대화는 필요할 수도 있고 필요 없을 수도 있을 것이다. 본인의 판단이다.

그런데 가끔 보면 책임 투덜이 형이 있다. "이것 해야 하는데 큰일이네. 내가 지금 이러고 있을 상황이 아닌데 내가 왜 이러고 있지?" 마치 살을 **빼야** 할 사람이 저녁에 아이스크림을 손에 들고 "이것 참 큰일이네. 내가 이것 지금 먹으면 안 되는데, 왜 이 아이스크림은 이렇게 맛이 있는 거야?"와 같은 모습을 의미한다.

책임을 감당하는 것은 입이 아니라 행동에 있는 것이다. 필요한 도움은 도움대로 분명하게 받고, 자문을 필요로 하면 자문을 받고, 도서실에 가야 하면 도서실에 가고, 컴퓨터 앞에 앉아야 하면 그렇게 하면 되는 것이지 동네 방네를 시끄럽게 할 필요는 없는 것이다.

<책임감>과 <책임 스트레스 노출>에 대해서도 간략하게 생각해 볼 필요가 있겠다. 책임이 있다는 말은 일을 하고 있다는 말이다. 일을 계속해서 한다는 말은 스트레스도 당연히 따른다는 말이 된다. 세상에 스트레스 없는 책임질 일이 어디에 있겠는가? 영어 단어 10개를 암기하는 일도 테스트와 연관되면 스트레스가 작동하는 것이 당연한 것이다. 그런데 책임 스트레스 노출형의 사람은 자기 혼자서 감당할 일을 주위의 모든 사람을 함께 끌고 들어간다. 집 안에서 발소리도 내면 안 되고, 딸그락거리는 소리에드 신경 쓰인다고 투덜거릴 수도 있다. 그래서 온 집안 식구들이 함께 스트레스를 받는다. 왜 그래야 할까? 물론 나 역시도 오래전에 미국에서 공부할 때 그랬던 기억이 난다. 새벽 2시 3시까지 공부하다 서너 시간 자기 위해 잠자리에 들었는데 아이가 울면 아내는 즉시 아이를 데리고 거실로 나가서 잠을 자곤 했다. 예민한 상황에 있는 남편을 위해서. 지금 그때를 생각하면 미안한 생

각이 든다. 공부는 나 혼자서 했지만 아내와 어린 딸도 같이 공부한 것과 별반 다르지 않았다.

이와 같이 맡겨진 책임을 감당하면서 늘 주위를 시끄럽게 하고, 자신의 부담을 주위 사람들과 함께 나누려는 시끄러운 스타일의 사람들이 있다. 일종의 '책임 스트레스 노출과 나눔형'의 사람들이다. 꼭 나쁘다고 단정 지을 수는 없지만 주위 사람들을 힘들게 할 가능성은 언제나 크다.

본문에서 소개한 현숙한 동반자의 모습을 그려보자. 과연 시끌벅적한 모습의 사람처럼 보이나? 아마도 조용히 과묵하게 맡겨진 일들을 스스로 감당해 내는 분위기가 떠 오를 것이다.

자신의 성격을 굳이 감출 필요는 없지만 자신에게 주어진 성격을 숨길 필요가 없다고 하면서 시끄럽게 주위에 부담을 주고, 주위를 힘들게 하면서 자신에게 맡겨진 책임을 감당하려는 모습은 절제될 필요가 분명히 있다.

<책임감>과 <책임을 이루기 위한 희생>은 불가피하게 연관된다. 어쩌면 이 말은 복음 사역을 위해 전 시간으로 부름받은 자들에게만 해당하는 사항일 수도 있다. 연봉 10만 불을 받고 일하는 사람은 그 가치만큼 일을 하는 경우가 일반적이다. 내가 희생을 하면서까지 일을 완수하려면 그만큼의 대가를 요구하는 것이 일반적인 상식이다. 내 몸을 상하게 하면서까지, 가족을 희생시키면서까지 일하는 경우는 드물다. 물론 생존이 우선인 경우에는 생존을 위해서, 출세를 위해서, 명예를 위해서, 더 많은 파워를 갖기 위해서 무엇인가를 희생시키는 경우가 있지만, 어디까지나 자신의 유익을 위한 희생이지 책임 그 본질 자체를 위한 희생은 아니다.

하지만 복음 사역을 위해 부름받은 자들에게 주어지는 책임은 개념 자체가 다르다. 연봉의 액수로 책임을 맡은 자의 가치가 평가되는 것이 아니기

때문이다. 연봉 1만 불을 받으면서도 연봉 백만 불을 받는 이상의 책임을 완수해야 하는 자들이 하늘로부터 부름받은 자들의 삶이기 때문이다.

사도 바울의 "내가 달려갈 길과 주 예수께 받은 사명 곧 하나님의 은혜의 복음을 증언하는 일을 마치려 함에는 나의 생명조차 조금도 귀한 것으로 여기지 아니하노라"(행 20:24)는 고백은 모든 복음 사역자들이 가슴에 무겁게 담고 있는 내용이다. 은혜의 복음을 증언하는 책임을 맡은 자이기 때문에 이 세상에서 주는 어떠한 보상과 전혀 관계없이 생명조차 조금도 귀한 것으로 여기지 않는 희생을 당연한 것으로 받는 것이다.

나를 파송한 교회의 담임 목사님이 나에게 이런 말을 하셨던 기억을 갖고 있다. 아니 기억을 갖고 있는 정도가 아니라 확실한 메시지로 간직하고 있다. "선교사님, 저 역시 이 교회를 떠나면서 아무 퇴직금 같은 것 받을 생각을 하지 않고 있으니 선교사님도 어떠한 기대도 하지 마세요." 한 편으로 생각하면 좀 그렇다. 콩알만 한 교회도 아니고 그래도 규모가 있는 교회인데. 하지만 그렇다면 그런 것이다. 토를 달 필요가 없다. 아마도 내가 70에 은퇴한다면 32년간 파송 선교사로 있게 되는 것이다. 회사로 생각하고 세상적인 어떤 기준으로 생각하면 이해하기 어려울 수도 있다. 하지만 내가 먼저 선택한 길에 교회가 보내주는 역할을 한 것이고, 지금까지 변함없이 파송 교회로서의 기도와 물질 후원을 한 것만으로도 감사에 감사를 할 뿐이다. 다른 아무것도 받지 않아도 희생이라고 조금도 생각하지 않는다. 왜냐하면 복음에 대한 부름은 나와 아내에게 먼저 주어진 것이기 때문이다. 그 부름을 귀하게 여겨 함께 선교 사역에 동참하기로 결정하여 우리를 파송한 것이 교회이기 때문에 우리는 감사한 마음만 갖고 있을 뿐이다.

복음 사역의 책임을 맡은 사람이 '희생을 조금도 하지 않겠다'는 마음가짐을 갖는 것은 심각한 문제라 말하지 않을 수 없다. 적당히 나에게 주어지는 것은 받아 챙길 필요도 있고, 또한 남에게 가는 것은 남에게 가는 것으로 인정하면서 살아야 하겠지만, 나에게 주어지는 것을 너무 악착같이 챙기고, 남에게로 가는 것까지 빼앗기지 않으려고 너무 애쓰는 모습은 독생자 예수 그리스도를 우리에게 아낌없이 주신 하나님을 믿는 자들로서 좀 어색한 모습이 아닐까 생각된다.

'복음'의 가치를 알고, 그 복음을 나누는 일에 참여하는 일의 가치를 이해하면서 함께 그 일에 참여하는 것이라면 가치의 나눔에 따르는 적당한 희생이 얼마나 자연스러운 것인지도 이해할 수 있다. 희생이 없는 나눔은 없기 때문이다.

이러한 희생의 가치를 절실히 느끼고 있던 사도 바울의 외침은 이러한 삶을 대변한다. "우리가 항상 예수의 죽음을 몸에 짊어짐은 예수의 생명이 또한 우리 몸에 나타나게 하려 함이라! 우리 살아 있는 자가 항상 예수를 위하여 죽음에 넘겨짐은 예수의 생명이 또한 우리 죽을 육체에 나타나게 하려 함이라. 그런즉 사망은 우리 안에서 역사하고 생명은 너희 안에서 역사하느니라!" (고후 4:10-12).

복음이라는 절대적 가치를 이해하고, 그 복음을 나누는 것에 대한 중요성과 가치를 이해하고 경험한 사람만이 사도 바울의 이 외침을 이해할 수 있을 것이라 여겨진다.

하나님께서 우리같이 깨지기 쉬운 질그릇에 보배를 담아준 목적은 크게 두 가지다. "우리가 이 보배를 질그릇에 가졌으니 이는 심히 큰 능력은 하나님께 있고 우리에게 있지 아니함을 알게 하려 함이라"(고후 4:7)는 내용에서 그 첫 번째 목적을 볼 수 있다. 깨지지 않는 나무 그릇도 아니고, 쇠그릇도 아닌 조금만 부주의하면 깨질 수 있는 질그릇에 보배를 보관하는 것은 사람으로서는 할 수 없다는 것이다. "심히 큰 능력은 하나님께 있고 우리 사람에게 있지 아니함을 우리로 하여금 알게 하시려고” 이러한 일을 행하셨다는 것이다. 우리가 잘 나서 하나님을 믿게 된 것이 아니라 100% 하나님의 능력으로 하나님을 믿게 된 것이라는 말씀이다.

그 두 번째의 목적은 보배의 핵심인 ‘예수의 생명’이 질그릇 밖으로 나와 나누어지게 하고자 함에 있는 것이다. 엄청난 가치를 지닌 복음이라는 보배를 깨지기 쉬운 질그릇에 담아두신 이유는 속에 담긴 보배를 꺼내는 데에는 깨질 수 있는 질그릇이 최고의 선택이기 때문이다. “우리가 항상 예수의 죽음을 몸에 짊어짐은” “사망은 우리 안에서 역사하고”가 갖는 것은 질그릇의 깨뜨림을 의미하는 것이다. 질그릇을 깨뜨려야 속에 있는 보배가 밖으로 나올 수 있는 것이 아니겠는가?

질그릇의 깨뜨림이 바로 희생이다. 스스로 깨뜨리는 것이다. 가치의 나눔을 위해 희생을 택한다는 것이 바로 이러한 원리이다.

막내 아들 다니엘은 미국의 수도 워싱톤 접경에 있는 페어펙스 카운티에서 태어났다. 하지만 이 아들은 미국을 경험할 새도 없이 기저귀를 차고 부모 손을 잡고 선교지에 갔다. 흙먼지 바람을 경험하고, 잔디가 가득한 공원은 구경도 할 수 없었다. 그러다 어느 날 우리 식구가 미국을 방문했다. 방문 기간 중에 우리 식구가 미국에서는 어느 곳에서나 볼 수 있는 공원에 갔다. 갑자기 막내 다니엘이 보이지 않았다. 푸르른 잔디 위에서 마음껏 뛰어다니고 있었다. 그 모습을 바라보던 우리 부부의 가슴에는 말로 표현할 수 없는 아리함이 있었다. 그때 나는 중얼거렸다. “지금 우리의 섬김을 통해 주님을 알게 되고, 주님 안에서 성장을 맛보는 저들의 복은 이 아이의 희생 없이는 주어질 수 있는 것이 아니지!”

복음의 진정한 가치를 이해하며, 그러한 가치를 나누는 것을 귀하게 여기기 때문에 주어지는 희생을 마땅한 것으로 받아들이는 동역자와 함께 주님을 섬길 수 있다면 얼마나 감사한 일일까? 이러한 동역자 동반자가 우리 곁에서 함께 주님을 섬길 수 있는 복을 위해 기도하는 것은 너무 당연하다고 생각된다. 그러한 복이 이 글을 읽는 모든 독자에게 주어지길 기원한다.

책임감과 원리의 유지

본문을 보면 이 현숙한 동반자는 부지런히 '손'으로 일을 했다고 기록한다. 시편 128편에 보면 여호와를 경외하며 그의 길을 걷는 자가 복을 받을 것인데, 그 복의 내용이 "네 손이 수고한 대로 먹을 것이라"이다. 수백 배 수천 배의 복이 아니라 '손'이 수고한 만큼 먹을 수 있게 해 주시는 것을 '복'(福)이라고 말씀하고 있다.

지금 시대는 모두가 로또 한 방을 기대하는 일확천금의 마음으로 가득 차 있다. 내가 심은 만큼 거두는 것은 가난한 생각의 근원이라고 오히려 비아냥의 대상으로 전락되었다. 물론 지금 시대에 살면서 주식이나 펀드와 같은 투자 상품을 업신여길 수 있는 것은 아니다. 현시대에서 재산 증식의 테크닉을 경히 여길 수 있는 것은 당연히 아니다. 그럼에도 불구하고 기본으로 깔려 있는 하나님의 복에 대한 원리마저 배제할 수 있는 것은 아니다. 본문에 소개된 사람은 '손'의 수고로움을 가볍게 여기지 않는 사람임이 틀림없다. 누워서 떡 먹기 식의 삶을 거부하는 자이다.

중국 속담에 '수주대토'(守株待兎)라는 말이 있다. 한 농부가 어느 날 길을 가다 보니 토끼 한 마리가 앞도 안 보고 촐랑거리며 뛰어가다 앞에 있는 나무를 보지 못하고 머리를 그것에 박아 죽은 장면을 목격하게 되었다. 그 이후 이 농부는 나무를 지키며 다른 토끼가 또 나와 저렇게 죽는 것을 기다리며 시간을 보냈다는 이야기에서 기인한 것이다. 이 속담에는 두 가지 해석이 있다. 하나는 '요행'만을 기대하는 것에 대한 지적이고, 다른 하나는 '외길'만을 고집하는 것에 대한 지적이다. 나는 '요행'의 의미를 생각하며 이 예화를 든 것이다.

우리 인생이 이 땅에 살면서 어느 정도의 '요행'을 기대하며 사는 것은 당연할 수 있다. 전혀 배제할 성질은 아니다. 그렇지만 이러한 '요행'을 중시하며 사는 것은 곤란하다. 로또에 대한 기대 역시 이러한 '요행'을 염두에 둔 것이고, 신데렐라 신드롬 같은 것 역시 어느 날 '한 방'에 대한 기대에 근거한 것이다.

성경은 이러한 기대를 지지하지 않는다. 사도 바울의 다메섹 도상에서의 회심 같은 것을 '요행'으로 본다면 엄청나게 큰 요행이라고 말할 수도 있겠지만 이것은 요행이라기보다는 하나님의 놀라운 축복의 수단으로 보는 것이 맞다. 사도 바울이 이렇게 회심한 후에 그는 여러 종류의 사람을 만난다. 모두가 복된 사람들이었다. 바나바의 손에 이끌려 사도들에게 소개된다. 이것 역시 요행이 아니라 하나님의 구체적 안배였다. 하나님 나라의 확장을 위해 하나님께서 디테일하게 배열해 놓으신 만남이었다고 말하는 것이 맞는 표현이다.

이러한 하나님의 구체적인 인도하심 가운데 주어지는 인복(人福)을 제외한 나머지 대부분은 사도 바울의 땀과 눈물과 처절한 노력으로 도배되었다. 그의 손으로 하는 일들을 통해 수도 없이 많은 사람이 주님 앞으로 돌아왔고, 많은 사람이 진리를 아는 데 이르게 되었다. 그의 외침 "하나님은 모든 사람이 구원을 받으며 진리를 아는 데에 이르기를 원하시느니라"(딤전 2:4)와 같이 모든 사람이 구원을 받고, 진리를 아는 데 이르기를 원하시는 하나님의 뜻을 위해 그는 온 몸을 던졌던 사람이었다.

부지런히 '손'으로 일을 하는 이의 철학은 하나님 나라의 모든 일꾼이 간직해야만 할 원리이다.

그의 또 다른 삶의 '원리' 중에는 건강에 대한 관리도 포함되었다고 본다. 그는 음식을 대충대충 먹지는 않았던 것으로 보인다. 계획된 식사를 하였다. 본문 14절에 "먼 데서 양식을 가져오며"라고 기록하고 있다. 물론 호화로운 의미의 양식 운송을 의미한다고 생각지는 않는다. 또 15절에 보면 "밤이 새기 전에 일어나서 자기 집안 사람들에게 음식을 나누어 주며"라는 기록도 있다. 일에 빠져 자신의 건강과 함께 사는 집안 사람들의 건강에는 관심도 두지 않는 태도는 멀리하였던 것으로 보인다.

삶을 잘 이끌어나가고, 맡겨진 일을 잘 감당해 나가는 사람은 건강도 잘 챙기는 의무와 책임을 져야 한다. 건강을 위해 건강식을 먹고, 건강을 위해 적당히 운동도 하는 것은 선택이 아니라 의무이자 책임이다. 책임감이 있다는 사람이 음식을 절제하지 못해 이런 병 저런 병에 걸리는 것은 모순이다. 무슨 일을 하려고 하면 이런저런 아픔으로 인해 중도에 포기하게 되는 것은 책임 없는 것으로 여겨질 수도 있는 중대한 사안이다.

책임과 나 자신의 건강 그리고 나와 함께 하는 사람들의 건강은 불가분의 관계이다.

책임감과 계획적 진행

이 역시 중요한 상관관계를 갖는다. 시켜야 일을 하고, 일일이 체크해서 반복되는 지시를 내려야 일이 진행된다면 동역자가 아니라 고용인이다. 함께 길을 걸어가는 동역자는 reliable해야 한다.

본문에 소개된 현숙한 동반자는 매우 계획적인 사람으로 보인다. 밤이 새기 전에 일어나 함께 일하며, 돕는 자들에게 '일을 정하여 맡기며' 진행하는 사람이었다. 어쩌면 매일 함께 의견을 듣고 모으는 시간을 가졌을 것이다. 비록 말하는 대로 듣는 당시의 '종'들이었지만 지금으로 말하면 '동료' 또는

‘직원’들로 표현될 수 있을 것이다. 상사이기 때문에 자기 멋대로 운영하는 스타일은 아니었던 것으로 보인다. 따라서 일감을 툭툭 던져주는 식의 동역보다는 일을 지시하면서도 상대의 의견을 듣고 참작하면서 일을 진행해 나가는 태도를 유지했을 것으로 보인다.

 ‘계획’이라는 것이 혼자만의 생각으로 만들어지고 진행이 되면 늘 부족하게끔 되어 있다. 공장의 한구석에서 보잘것없이 보이는 일꾼이라도 한 공장에서 5년이고 10년이고 일을 해 왔다면 분명히 자기 관점에서의 생각이 있을 것이다. 또한 전체를 총괄하는 자로서는 그러한 관점을 갖기가 어려운 것은 당연하다. 피라미드 구조의 맨 아래 단계의 의견 청취는 그래서 중요하다. 물론 전체를 보아야만 하는 리더의 시각과 한 분야에서만 일을 하는 좁은 소견과는 많은 차이점이 있겠지만, 그럼에도 불구하고 전체를 책임진 자는 각 분야의 의견을 청취하는 시스템 역시 갖고 있어야 한다. 그렇지 못할 경우 도태는 시간문제일 것이다.

 사실 필자인 나는 이 부분에서 늘 부족함을 느낀다. 계획은 늘 세우지만 중간중간에 임기응변적인 상황을 만들곤 하는 자신을 바라보며 가끔 왜 이러는가 질문하곤 했다. 즉 계획은 수립하는데 일을 진행하다 발생하는 변수를 통해 새로운 전략이 구상됨으로 인해 상황에 맞는 또 다른 방향으로의 진입을 용이하게 생각하고 실제로 그렇게 원래 계획에 변화를 주곤 했다는 말이다.

 그러던 중에 〈강점 진단(Clifton Strength Finder)〉이라는 테스트를 받게 되었다. 돈 클리프턴(Don Clifton)이 개발한 장점 발견 테스트였다. 사실은 내가 나를 알기 위해 받게 된 것이 아니라 내가 훈련시키던 사역자들의 은사 점검을 하기 위해 시도하게 된 프로그램이었다. 이 테스트는 모든 사람에게는 34개로 분류된 여러 종류의 장점 중에 몇 가지가 있다는 확신을 가진 클리

프턴(Don Clifton)이 여러 문제를 통해 참가자의 장점 5가지를 발견할 수 있도록 고안된 것이었다. 나 역시 저들과 함께 테스트를 받았다. 그리고 결과에는 별로 관심을 두지 않고 오랜 시간을 보냈다.

그러다 얼마 전 내가 왜 이러지 하는 생각에 이 테스트가 생각나서 이전에 받았던 테스트의 결과를 열어보았다. 결과를 자세하게 열람하는 중 웃음을 참을 수 없게 되었다. 나의 장점 다섯 가지 중 네 번째의 장점 Adaptability in Action 즉 적응력의 장점에 기록된 내용 때문이었다.

> "강력한 적응력의 은사를 지닌 사람들은 주어지는 어느 한 상황을 중요하게 생각합니다. 그들은 미래를 고정된 목적지로 보지 않습니다. 대신 그들은 미래를 지금 그들이 내리는 선택으로부터 창조할 수 있는 기회로 봅니다 … 이것은 그들이 계획이 없다는 것을 의미하지 않습니다. 그러나 그들의 적응력은 상황이 계획에서 벗어나더라도 순간의 요구에 기꺼이 대응할 수 있게 합니다. … 그들은 오히려 그러한 변화를 기대합니다. 어떤 면에서 보면 그러한 변화를 즐겁게 생각할 수도 있습니다. 그들은 본질적으로 매우 유연적이며 상황이 한 번에 여러 방향으로 끌어당길 때 오히려 생산성을 유지할 수 있습니다."

이 결과를 읽으면서 "상황이 한 번에 여러 방향으로 끌어당길 때 오히려 생산성을 유지할 수 있습니다"의 내용 속에서 왜 내가 한 번에 여러 가지 일을 하는 것(multi task)을 즐기는가를 이해하게 되었고, "그들은 오히려 그러한 변화를 기대합니다. 어떤 면에서 보면 그러한 변화를 즐겁게 생각할 수도 있습니다"의 내용을 통해 순간순간 맞닥뜨려지는 상황의 변화에 대한 용이

한 대처가 꼭 임기응변만은 아니었구나 하는 생각을 해 보았다.

앞에서 현숙한 동반자의 '계획적 일의 진행'을 언급하면서 하루하루 할 일들을 함께 하는 사람들과 의논하여 맡기며 진행하는 부분의 장점을 논했었다. 장기 계획과 중기 계획과 단기 계획을 갖고 하루하루 일의 진행 과정을 점검하고 확인하고 맡기고 평가하는 일의 꾸준함은 어떠한 형태로든 충실한 결과를 얻게끔 되어 있다. 이러한 관점에서 대책 없이 일을 시작하고 진행하는 자와는 비교할 수 없는 좋은 장점을 가진 것이라 평하지 않을 수 없다.

〈책임감〉과 〈도전을 통한 일의 확장〉을 언급하지 않을 수가 없다. 본문에 기록된 내용인 "밭을 살펴 보고 사며 자기의 손으로 번 것을 가지고 포도원을 일구며 … 자기의 장사가 잘 되는 줄을 깨닫고 밤에 등불을 끄지 아니하며 … 베로 옷을 지어 팔며 띠를 만들어 상인들에게 맡기며"(16, 18, 24)를 살펴보면 이 동반자의 도전은 멈추지 않는 것처럼 보인다.

사실 혼자서 일을 하다 함께 할 수 있는 동역자를 찾는 주 목적은 효율적 일의 진행을 통한 일의 확장에 있다. 부부간의 만남 역시 크게 다르지 않다. 혼자서 사는 것이 심심해서 그 심심함을 해결하기 위해서 결혼하는 것은 아니다. 둘의 만남을 통해 자녀들을 생산하는 것도 중요한 것이지만 동시에 둘의 결합을 통해 훨씬 더 큰 시너지 효과를 기대하는 것이다. 책임감을 가진 둘이 함께 하면서 조금씩 조금씩 삶의 영역이 확장되는 기대가 있다는 말이다.

만일 혼자 일을 하다 함께 할 동반자를 찾았는데 일이 오히려 축소되고, 없었던 문제들이 생기고, 있었던 좋은 제도들이 무너지게 된다면 그런 사람과 빨리 헤어지는 것이 좋다.

때로는 혼자 놓고 보면 무척 괜찮은 사람으로 보이는데 다른 사람과 함께 있으면 문제가 생기는 사람이 있다. 따라서 금방 앞에서 언급한 그런 경우 요즈음 표현으로 '케미'가 맞지 않아 발생할 수도 있다는 말이다.

중요한 것은 함께 앞을 향해 도전해 나가는 과정에서 '일의 확장'이라는 결과를 지속적으로 얻어내야 한다는 것이다. 본문에 소개된 이 사람은 계속해서 이곳저곳을 다니면서 '밭'을 찾았다. 포도원을 확장하기 위해 그랬던 것으로 추측된다. 그는 꾸준하게 일감을 찾아 확장하는 길을 선택해 나갔던 사람으로 소개된다. "장사가 잘 되는 줄"을 알았던 사람이다. 수입과 지출의 내역을 파악하면서 이익이 파생되는 것을 알게 되면 그는 밤에 등불을 끄지 않고 더 확장하는 일에 매진하였다. 계속해서 시장을 개척하고, 상인들과 교류하면서 자신이 만든 생산품들을 넘겨주고 공급하는 일을 쉬지 않았다.

이러한 사람과 함께 어떤 일이든 함께 도모할 수 있다면 그것은 곧 큰 축복이 아닐 수 없다. 물론 끊임없이 앞을 향해 달려 나가니 바쁘기는 하겠지만 계속해서 주어지는 일의 열매가 있기 때문에 바쁘고 피곤함은 열매 속에 감추어져 녹아버릴 것이다.

어느 날 아브라함이 자기 집 모든 소유를 맡은 늙은 종에게 중요한 임무를 맡긴다. 중요한 임무였기 때문에 적지 않은 규모의 전 재산을 맡을 만했던 나이 많은 사람에게 위탁할 수 있었을 것이다. 아브라함 역시 가볍게 "네가 알아서 잘해 보거라" 정도의 모습으로 중요한 일을 맡기지 않았다. 그는 그의 중요한 일을 맡을 자에게 "내 허벅지 밑에 네 손을 넣으라. 내가 너에게 하늘의 하나님, 땅의 하나님이신 여호와를 가리켜 맹세하게 하노니"(창 24:2, 3)와 같은 무거운 마음으로 그가 신뢰하는 사람에게 중차대한 일을 위탁했다.

여기에서 일을 맡기는 사람의 태도를 살펴볼 필요가 있다. 까불거나, 가벼운 표정이나 태도로 중요한 일을 위탁하는 모습을 보이지 않았다. 추상적인 화법으로 일을 맡을 사람에게 혼동을 주지도 않았다. "너는 내가 거주하는 이 지방 가나안 족속의 딸 중에서 내 아들을 위하여 아내를 택하지 말고 내 고향 내 족속에게로 가서 내 아들 이삭을 위하여 아내를 택하라"는 구체적인 지시를 내린다.

그때 임무를 부여받는 종은 확실하게 이해하기 위해 질문을 한다. "여자가 나를 따라 이 땅으로 오려고 하지 아니하거든 내가 주인의 아들을 주인이 나오신 땅으로 인도하여 돌아가리이까?" 아주 상세한 질문이다. 이 질문은 그냥 나온 것이 아니라 할 일을 상세하게 점검해 보니 그럴 가능성도 있을 것이라는 생각으로 질문한 것이다. 이에 아브라함은 다시 한번 확실하게 지시한다. "하늘의 하나님 여호와께서 나를 내 아버지의 집과 내 고향 땅에서 떠나게 하시고 내게 말씀하시며 내게 맹세하여 이르시기를 이 땅을 네 씨에게 주리라 하셨으니 그가 그 사자를 너보다 앞서 보내실지라 네가 거기서 내 아들을 위하여 아내를 택할지니라. 만일 여자가 너를 따라오려고 하지 아니하면 나의 이 맹세가 너와 상관이 없나니 오직 내 아들을 데리고 그리로 가지 말지니라." 얼마나 명확한 작업 지시(Job Description)인가?

이 종은 책임을 완수하기 위해 준비를 하고 떠난다. 그리고 그 역시 하나님에게 "우리 주인 아브라함의 하나님 여호와여! 원하건대 오늘 나에게 순조롭게 만나게 하사 내 주인 아브라함에게 은혜를 베푸시옵소서" 하고 기도를 드렸다. 그리고 아주 상세한 기도를 하나님에게 드리자마자 하나님의 응답을 체험한다. 그리고 그를 위해 준비된 음식이 나왔으나 "내가 내 일을 진술하기 전에는 먹지 아니하겠나이다"라는 임무 완수의 의지를 보인다. 결국 이 사람은 중차대한 임무를 수행하고 돌아옴으로 아브라함의 아들 이삭과 리브가가 한 가정을 이루게 하는데 성공하였다.

피동적인 마음가짐으로 주어진 일을 감당한 것이 아니라 능동적이고 적극적인 마음가짐으로 심지어는 저돌적인 자세로 주어진 일을 완수해내는 모습에서 귀한 동반자의 모습을 찾아볼 수 있다.

우리가 믿고 따르는 하나님의 아들 예수님은 어떠하셨는가? 하나님이시기에 성육신 후 그냥 말씀으로만 모든 일을 하셨던가? 그렇지 않다. 그는 성부 하나님에게 순종하여 사람의 몸을 입기 위하여 성육신하기도 하셨을 뿐만 아니라 맡겨진 일의 어려움을 알기에 "아버지여! 만일 아버지의 뜻이거든 이 잔을 내게서 옮기시옵소서. 그러나 내 원대로 마시옵고 아버지의 원대로 되기를 원하나이다!"라고 몸부림치며 주어진 책임의 어려움을 미리 아시고 고통을 감해달라는 기도를 하셨다. 얼마나 간절히 기도하셨던지 "땀이 땅에 떨어지는 핏방울 같이 되더라"는 표현이 기록되었을까?

하나님으로부터 맡겨진 일을 책임지고, 도전적으로 확실하게 완수함으로 하나님의 나라를 확장해 놓으시고 앞으로도 확장해 나가실 예수 그리스도의 모범은 설명할 필요도 없는 확실한 모범이다.

우리 모두 이미 너무나도 잘 알고 있는 사도 바울 역시 예수님의 모범을 따르는 책임 완수의 대명사임인 사실에 관해서는 부연 설명도 할 필요가 없다.

이와 같이 주어진 사명에 대한 책임감과 책임을 완수하기 위해 지속적으로 도전하고 확장해 나가는 사람들의 노고와 희생이 있었기에 하나님의 나라는 지금까지 확장되어 왔고, 앞으로도 끊임없이 이러한 사람들을 통해 확장되어 나갈 것이다.

7

의지력이 있는 사람

"힘 있게 허리를 묶으며"의 내용과 함께 "자기의 팔을 강하게 하며"

(잠 31:17)

제대로 박사 학위를 받은 사람들이 함께 만나면 우스갯소리로 하는 말이 있다. "당신 그 학위를 받아내기 위해 넘은 산과 건넌 강의 인내와 의지는 내 인정합니다." 박사 학위가 있으니 실력 있을 것이라는 말이 아니라 그 제대로 된 학위를 받기까지의 과정을 넘어온 '인내'와 '의지'를 인정한다는 말이다.

실제로 '똥파리 눈'에 대해 논문을 쓰고 박사 학위를 받는 사람도 있다. 얼마나 많은 똥파리를 잡아 현미경으로 그 눈을 들여다보면서 논문을 썼을까? 똥파리가 귀찮기만 한 우리에게 똥파리 눈에 대한 논문 자체가 얼마나 가치가 있겠는가? 하지만 박사 과정에 어렵게 들어가고, 필요한 과목들 하나하나 이수하고, 논문을 쓰기 위해 수없이 많은 책을 읽고 정리하고 평가하고 비평하며 그 가운데서 자신의 입장을 찾아내어 작성하며 넘어야 했던 다양한 높이의 산들이 있었을 것이다. 또 학비 내느라 애를 쓰고, 결혼한 사람들은 가정도 챙기면서 수년간 인내하고 견디며 집중하여 논문을 완성한 그 수고를 아는 사람들은 그 사람의 인내와 의지에 대한 가치를 인정한다. 그래서 대충대충 공부해서 쉽게 학위를 돈 주고 사듯 받는 행위에 어떠한 가치도 부여할 수 없을 것이다. 학문에 대한 양심, 진실함, 성실함, 정직함, 높은 산을 넘어갈 수 있는 의지력 등 어느 하나 갖추지 못한 행위이기 때문이다.

모순된 논리 같지만 인내와 의지를 갖고 가치를 부여하기 어려운 박사 학위를 받을 수 있는 많은 기회와 유혹들을 멀리하면서 현재 갖고 있는 수준의 학위에 머물러 있는 고집스러운 사람들 역시 인정받을 필요가 있다. 적어도 엉터리와의 타협은 하지 않았기 때문이다.

학자로 부름받은 것이 아니라는 확신을 가진 사람이 굳이 높은 학위를 받기 위해 적지 않은 돈을 지출하며 함께 하는 가족들을 힘들게 할 필요는 없다. "내가 사역자로 부름받았고, 내가 하는 일에 공부는 계속할 필요가 있지만, 굳이 지금보다 더 높다고 여겨지는 학위를 추구할 필요는 없다"라는 분명한 생각을 갖고 교회를 섬기고, 선교지를 섬기는 자들도 박사 학위 소지자에 못지않게 충분히 존중받을 자격이 있는 사람들이다.

들어보지도 못한 이상한 학교에서 쉽게 제공하는 박사 학위 하나 받아내고, 어쩌다 있는 졸업식장에서 한 번 박사 가운 입어보기 위해 대충 타협하는 식의 마음은 참으로 초라해 보인다. 이러한 자들과 미래를 향한 무슨 꿈을 논할 수 있으며, 함께 손을 잡고 무슨 일을 해 나갈 수 있을까? 큰 질문을 피할 길은 없다.

비즈니스 역시 마찬가지이다. 인내하며, 의지를 견지하며, 건강한 사업적 수단을 갖고 돈을 벌어낸 사람들은 인정받아야 한다. 물론 그렇게 사업적으로 성공하는 것이 쉬운 일은 아니다. 그럼에도 불구하고 그러한 자세를 유지하면서 성공한 사업가들은 박수를 받을 만한 자격이 있다.

동시에 분명한 사업 원리로 최선을 다해 사업에 참여했지만, 하나님과 사람 앞에서 정직함을 유지하고, 구조적 부패와의 타협을 거절하느라 큰 사업가로 서지 못한 자들에게도 우리는 힘 있게 박수를 쳐줄 필요가 있다. 적어도 저들은 1인치의 공간에도 하나님의 주권이 머무른다는 하나님의 영역 주권의 법칙을 확실히 믿고 사업의 모든 공간에 하나님의 영역이 머무를 수 있도록 최선을 다해 노력했지만 잘안 된 경우이기 때문이다. 두 부류 모두 인정받을 필요가 있다.

이 일곱 번째 원리를 말하는 공간에서 학위와 사업에 관한 내용으로 운은 떼었지만 사실 '의지'에 대한 말을 하기 위한 아이스 브레이크였다.

《논어》(立志: 뜻을 세우다)에는 다음과 같은 내용이 소개된다:

士不可以不弘毅, 任重而道远(사불가이불홍의, 임중이도원)

三军可夺帅也, 匹夫不可夺志也(삼군가탈수야, 필부불가탈지야)

岁寒, 然后知松柏之后凋也(세한, 연후지송백지후조야)

그대로 번역을 하자면 "공부에 뜻을 둔 선비(士)는 책임도 막중하고 갈 길도 멀기 때문에 강인하고 넓은 의지를 가져야 한다; 비록 전군을 지휘하는 사령관의 마음은 빼앗을 수 있지만, 일반 필부가 갖고 있는 의지는 탈취하기 어려운 것이다; 추운 겨울이 오면 대부분의 나뭇잎이 떨어지지만 소나무와 편백나무는 제일 추울 때까지 떨어지지 않고 견딘다"이다.

나이를 어느 정도 먹고, 장래를 향한 계획을 갖고 있는 사람에게 있어 뜻을 세우고, 그 세운 뜻을 이루어나가는 마음가짐에 대한 내용으로 이해할 수 있다. 하루하루 대충대충 살아가는 사람들에게 해당하는 내용은 아닐 것이다. 아무리 세대가 변하고, 삶의 환경이 하루가 다르게 바뀌고, 삶을 향한 철학과 생존을 위한 방식이 죽 끓듯이 변해도 여전히 하늘로부터 주어진 삶을 향한 부르심에 뜻을 두고, 그리스도인으로서의 성경적 철학과 삶의 방식을 고집스럽게 지키면서 경쟁 대열에 참여하는 사람들은 고귀한 자들임이 틀림없다.

나는 아내 유니스에게 늘 깊은 존중의 마음을 갖는다. 유니스의 변함없이 흔들리지 않는 '의지'에 대한 존중이다. 그리스도인이라면 마땅히 지켜야 할 마음가짐에 대한 의지, 하나님으로부터 부름받아 사역에 참여하는 사람들이 인내를 갖고 지켜야만 하는 자세에 대한 견고한 의지 등을 의미한다. 이 '의지'는 어찌 보면 앞 장에서 언급했던 '책임감'과 유사하다고 할 수도 있다. 하지만 의지는 주어진 일들에 대한 완수를 위한 책임감보다는 좀 더 본질적인 성격에 속한다고 볼 수 있다.

나는 성격적으로 적응(adaptability)에 강점이 있다. 장점을 찾는 테스트(Strength Finder)에서도 네 번째 장점으로 나오기도 한 강점이다. 하지만 좋은 장점은 곧바로 단점으로 연결되기도 한다. 나는 목표를 이루기 위해 나가다가 환경의 변화가 오면 목표에 변화를 주는 것은 아니지만 목표를 이루기 위한 방법에는 쉽게 변화를 주는 편이다. 그래서 어쩌면 아내 유니스에 비해서는 갈등 요소가 비교적 적은 편이다. 하지만 아내는 신중하게 고민하며 정한 방법조차 상황에 따라 바꾸는 것에 어려움의 시간을 갖는다. 그래서 가끔 의견 대립이 발생하곤 하지만 상당히 건강한 정반합의 방향으로 나가는 의결체로 작동하는 경험을 해왔다.

사실 '의지' 속에는 '원칙'과 '철학'이 기초를 이룬다. 돈을 벌겠다는 의지만 있을 경우에는 돈을 통해 바뀌는 돈 버는 사람의 흉한 모습을 결과로 낸다. 그러나 돈을 왜 벌어야 하는가에 대한 원칙과 철학을 갖고 있는 사람은 벌게 되는 돈이 그 사람을 바꾸지 못한다. 돈을 버는 것에 대한 원칙과 앞으로 주어지는 돈의 관리와 사용에 대한 철학이 있기 때문이다.

그래서 의지는 때로는 고집스럽게 느껴짐으로 주위 사람들을 힘들게 할 수도 있겠지만, 어떤 일을 함에 있어서의 철저한 원칙과 철학이라는 바탕 위에 선 의지는 하나님의 일을 하는 데에 있어서만큼은 대단히 스중한 자격 요건에 해당한다.

본문에 소개된 현숙한 동역자의 '의지'에 대해 생각해 보자.

저자는 그가 "힘으로 허리를 동이는" 모습을 소개한다. 히브리어 'oz'는 양성 명사로 '힘' '강함' '담대함' 등으로 번역될 수 있으며, '신체의 힘' '사회와 정치적 능력' 등으로 해석되기도 한다.[12] 또한 "허리를 동이는"이란 표현은 상징적으로 다음 동작을 대비하는 자세나 마음가짐을 의미한다. 출애굽기 12장 11절에도 "너희는 그것을 이렇게 먹을지니 허리에 띠를 띠고 발에 신을 신고 손에 지팡이를 잡고 급히 먹으라"고 기록하고 있다. 허리를 풀고. 신발도 벗고, 여유로운 마음으로 음식을 먹으라는 따뜻한 요청을 하신 것이 아니라, 다급하게 그리고 허리도 단단히 동이고, 신발도 제대로 눌러 신그 먹으라는 군대적 요청을 하셨던 것이다. 밥 먹다 털래털래 화장실 가기 위허 허리를 동이지는 않는다. 밥을 먹다가도, 잠을 자다가도, 쉼을 갖다가도 중요한 행위를 하기 위해서는 허리띠를 질끈 동이는 것이 일반적 마음 가짐의 표현이다.

본문에서 소개된 이 현숙한 동역자는 자신이 갖고 있는 일에 대한 원칙과 철학을 유지하기 위해 매일 같이 반복되는 일상생활 속에서 습관적 반복으로 쉽게 들어가는 것을 막기 위해서 늘 힘으로 자신의 허리띠를 힘 있게 묶

---

12) TWOT 1596b

는 마음가짐을 유지하였다.

축구 경기를 보아도 생각 없이 본능적으로 공만 따라다니는 사람도 있다. 공 하나를 놓고 이리저리 몰려다니는 축구를 보통 '동네 축구'라고 한다. 하지만 조금 정신을 차리면 내가 맡은 자리를 잘 지키면서, 나에게 맡겨진 임무를 완수하면서도 공을 찰 수 있다. 똑같이 공을 차는 축구를 하거나, 공을 튀기면서 하는 농구를 하거나 자신의 위치와 임무를 늘 염두에 두고 하는 사람과 아무 생각 없이 공만 따라다니는 사람과는 매우 큰 차이가 있을 수밖에 없다.

반복적으로, 습관적으로 자신에게 주어진 일을 하는 사람들과, 왜 내가 이 일을 해야 하며, 어떻게 하는 것이 가장 효율적인 결과를 얻어낼 수 있는가를 고민하며, 연구하며, 행동으로 옮기며 일하는 사람이 같을 수 없다. 자세에서 시작하여 만들어 내는 결과에 이르기까지 많은 차이가 있을 수밖에 없는 것이다.

잠언 31장 17절에는 "힘 있게 허리를 묶으며"와 함께 "자기의 팔을 강하게 하며"라는 내용도 함께 기록되어 있다. 아마도 같은 의미를 두 개의 다른 표현으로 기록한 것 같다. 잠언 31장에 소개된 현숙한 동반자는 여성이다. 여성으로서 '허리'를 단단히 묶고, 팔을 강하게 한다는 의미는 상당히 큰 표현이라 아니할 수 없다. 그렇지만 당시의 상황을 충분히 이해한 기초 위에 살펴보면, 이 내용을 단순하게 육체적 노동을 위한 표현으로만 해석하면 곤란할 듯싶다. 물론 본인의 부지런함도 표현된 것이겠지만 일의 목표와 방향과 철학에 대한 의지의 표현이 좀 더 클 것으로 본다.

18, 19절에는 "자기의 무역하는 것이 이로운 줄을 깨닫고 등불을 끄지 아니하고 손으로 솜뭉치를 들고 손가락으로 가락을 잡으며"라고 했다. 필요하다고 생각하고 동시에 하나님이 기회를 주었다고 생각할 때 등불을 끄지 않

고 하나하나 손가락을 움직이며 목표를 이루어나가는 강력한 의지로 비추어진다.

함께하기로 한 동역자의 의지력 정도(level)는 측정하기 어려운 부분이다. 물론 지금까지 살아온 과정, 해온 일들과 시간을 보면서 어느 정도의 추측은 가능하다. 그래서 **이력서**가 중요할 수 있다. 학력 분야에서는 보기 어렵지만 일한 시간의 길이를 보면 조금 짐작할 수 있는 근거는 된다. 어떤 사람은 일 년에 한 번씩 직장을 옮긴 흔적을 보이고, 어떤 사람은 한 직장에서 인정할 만한 기간 동안 일을 해 온 의지를 엿볼 수 있기도 하다. 물론 그 자체만으로 그 사람의 의지력을 결정할 수 있는 것은 아니지만 적어도 내가 들어가 일한 곳에서 얼마를 견디지 못하고 옮기고를 반복해 왔다면 앞으로도 그러할 가능성은 좀 더 높다고 추측할 수 있을 것이다.

객관적 이력서 외에는 함께 일하면서 평가하는 길 외에는 없을듯하다. 함께 계획하여 세운 목표를 집중도 하며, 의지력을 동원하여 인내 있게 끝까지 일을 이루어내는 모습을 잘 관찰하고 평가할 필요가 있다.

이러한 관점에서 보면 이력서 다음으로 재계약(renewal contract)이라는 제도의 활용이 있다. 또는 3개월 실습 기간(probation)을 사용할 수도 있다.

필자는 1986년에 미국에서 직장 생활을 했었다. 시 공무원이었다. 당시 나의 경험에 비추어 당황스러웠던 일이 있는데, 6개월간의 실습 기간(probation) 동안 매월 나에 대한 다양한 평가를 기록하고 동의하는가를 확인 후 서명을 요구하는 것이었다. 나의 헤어스타일을 비롯하여 일에 참여하는 모습과 태도와 끝까지 일을 끝내는가 등에 대한 전반적인 평가였다.

당시에는 무척 당혹스럽다는 느낌을 지울 수 없었지만, 시간이 어느 정도 흐른 후에는 내가 적지 않은 사람들과 더불어 일을 시작하여 다양한 일들을 진행해 오다 보니, 첫 수개월간의 평가 기간은 꼭 필요한 것이라고 본다. 그래서 함께 일할 내용에 대해 계약하더라도 첫 조건에 평가 기간을 정하여 1개월 또는 3개월 또는 6개월의 시간을 명시하고, 평가할 내용에 대해서도 미리 언급하여 동의하고 서명하는 과정을 포함하는 것은 어쩌면 대단히 중요한 동역의 출발점이 될 수 있을 것이라 여겨진다.

사람마다 나름대로 일에 대한 습관이 조금씩은 다르다. 일에 대한 생각이나 일을 처리하는 방식은 다른 것이 당연할 수 있고, 함께 일하는 사람들끼리도 방식에 있어서만의 차이 정도이니 피차간 조정도 가능하고 다름에 대한 이해 정도로 받아들이는 것은 크게 어렵지 않을 수 있다.

하지만 일을 하다가 마무리 단계에 와서 흐지부지 끝낸다거나, 소위 2%, 5% 부족하게 일을 끝냄으로 함께 하는 전체의 진행에 영향을 초래한다든지 하는 일은 당혹스럽다 아니할 수 없다. 그리고 이러한 일을 습관적으로 하는 사람이 있다.

나와 함께 학교 일을 하던 선생 중 한 명에게 내가 붙여준 별명이 있다. '2% 부족'이었다. 그 선생은 참 똑똑하고, 일을 무척 빠르게 처리하지만, 일을 다 끝내고 나면 꼭 몇 %가 부족함으로 곤란한 상황을 초래하곤 했다. 처음에는 충고도 하고 격려도 해 보았는데 싱글싱글 웃으면서 반복적으로 마무리를 부족하게 했다. 내가 볼 때는 습관적인 요소도 있고, 마무리 부분에서 의지력의 결여로 힘을 주어 끝내지 못하는 측면도 있어 보였다.

함께 동역하는 자들이 큰일이든 작은 일이든, 장기적인 일이든 단기적인 일이든, 의지의 박약(薄弱)함으로 인해 잠시 노력하다 주저앉는 모습을 보면 안타까운 마음이 든다. 목표가 분명하게 보이는데 잠시 달리다가 지쳐 포기하려는 모습을 바라보는 것 역시 쉽지는 않다.

모두에게 유사한 목표는 주어져 있지만 그 목표를 이루어내는 사람은 다

수가 아니다. 게으를 수도 있고, 체력이 약할 수도 있고, 능력이 미치지 못하는 경우도 있겠지만, 나는 의지의 박약함으로 해석한다. 동역자의 자리에 오른 사람 중에는 체력이 아주 약하거나, 능력이 아주 미치지 못하는 사람은 드물기 때문이다. 게으름도 의지의 박약함의 특징 중 하나이다.

'쓸데없이 다가오는 공명심을 물리쳐 낼 수 있는 의지, 하나님이 주신 기회라 생각될 때 꽉 물고 끝까지 이루어내는 의지 그리고 인내.' 이것이 나 스스로부터 그리고 함께하는 동역자들에게 필요한 조건이다.

동역자의 여덟 번째 원리 COWORKER MANUAL

주어진 기회를 귀한 줄 알고 활용하는 사람

"자기의 무역하는 것이 이로운 줄을 깨닫고 밤에 등불을 끄지 아니하고"(잠 31:18)

공평하신 하나님께서 같은 하늘을 이고 사는 사람들에게 동일한 시간대에 같은 비를 내려주시고, 같은 날씨를 허락해 주시듯이, 생명을 허락하신 하나님께서 모든 사람에게 여러 차례의 기회 역시 동일하게 주신다. 이러한 사실을 인정하는 자는 "자기의 무역하는 것이 이로운 줄을 깨닫고 밤에 등불을 끄지 아니하고" "힘으로 허리를 묶으며" 목표를 향한 긴장을 풀지 않았다. 어떤 일을 맞이하든지 "그 팔을 강하게"(17절) 유지한다.

잠언에서 소개하고 있는 동역자는 기회가 주어질 때 놓치지 않고 부여잡는 모습을 보여준다. "자기의 무역하는 것이 이로운 줄을 깨닫고 밤에 등불을 끄지 아니하고"라고 18절에서 묘사했다.

평소에는 점잖은 캐릭터를 갖고 있으면서도, 자기가 하는 일의 흐름을 유심히 지켜보는 집중력을 유지하고 있다가 무엇인가 일이 진행되는 것이 보이고, 세워 놓은 목표를 이루어낼 가능성이 보이면 주저함 없이 그 일에 집중하여 목표를 이루어나가는 모습을 보여준다.

그는 여러 일들을 진행하면서도 "힘으로 허리를 묶으며" 목표를 향한 긴장을 풀지 않았다. 어떤 일을 맞이하든지 "그 팔을 강하게"(17절) 유지하고 있었다.

사람이 살아가는 일생 중에 하나님께서 이 땅에 우리를 보내주신 목적과 목표를 성취하기 위한 기회는 여러 번 주어진다. 하지만 때로는 본인이 이것이 기회인지 아닌지 인지하지 못한 상태에서 안타깝게도 그냥 흘려보내는 경우가 있다. 어쩌면 이러한 기회의 놓침을 전혀 깨닫지 못하고 평생을 '나에게는 왜 다른 사람들에게 오는 기회 한 번 주어지지 않는 것이지?'라는 불평만 하다 떠날 수도 있을 것이다.

때로는 자신에게 분명하게 주어진 기회인지 알면서도 머뭇거리다 허무하게 놓쳐버리는 경우도 있을 수 있다. 아쉬움은 있으나 기회가 왔던 것에 대한 인지를 하였고 자신의 머뭇거림으로 기회를 잃은 것이니 크게 억울하다는 하소연을 하기도 어렵다.

반면에 어떤 이는 기회를 위해 끊임없이 기도하며 지켜보며 기다리다가 주어진 기회를 확실하게 붙잡아 목표를 이루어내기도 한다. 가장 바람직한 모습이다.

공평하신 하나님께서 같은 하늘을 이고 사는 사람들에게 동일한 시간대에 같은 비를 내려주시고, 같은 날씨를 허락해 주시듯이, 생명을 허락하신 하나님께서 모든 사람에게 여러 차례의 기회 역시 동일하게 주시리라는 생각을 하는 편이다.

지식 습득의 기회

어린 시절에는 적어도 한국에 사는 어린이들에게는 '공부'할 기회가 다 주어진다. 어려운 여건에서 사는 아이들에게도, 일반적인 환경에서 사는 아이들에게도, 부유층에 사는 아이들에게도 거의 동일한 조건으로 공부할 기회는 주어진다. 물론 아무 걱정 없이 공부에만 집중할 수 있도록 환경이 주어진 아이들이 좀 더 수월하게 공부할 수 있을 것이고, 경제적으로나 가정적으로 어려운 가정에서 사는 아이들은 그만큼 의지와 인내를 수반하는 환경 속에서 공부할 수 있을 것이다. 어쩌면 이러한 어려운 환경에서 공부하는 아이들이 아무 생각 없이 좋은 조건에서 동기 부여 없이 공부하는 학생들보다 좀 더 좋은 환경일 수도 있다. 어쨌든 대부분의 아이들에게 공부할 기회는 주어진다. 결과적으로 볼 때 환경 탓을 하면서 공부를 제대로 하지 않는 학생들도 있을 것이고, 환경과 상관없이 공부를 열심히 하는 학생들도 있을 것이다. 이러한 공부는 단순히 초등학교에서 고등학교 대학교 때까지만이 아니다. 그 이상으로 연결될 수도 있다.

나는 나 스스로 부자라고 생각해 보지 않은 그렇다고 심각하게 가난하다고도 생각해 보지 않은 일반 중류층 수준의 가정에서 자랐다. 하지만 공부에 관한 한 나는 소위 '한국적 공부'라는 카테고리에서는 똑똑한 학생이 아니었던 것만은 분명했다. 부모님에게는 공부한다고 하고 농땡이를 치기도 많이 했지만 어쩌면 열심히 공부한다고 했었더라도 아마 뛰어난 학생은 아니었을 것임이 틀림없다. 그렇다고 머리가 나쁜 것도 아니었다. IQ 테스트를 하면 머리가 좋다는 말을 듣곤 했었기 때문이다. 만약 내가 태어나서 지금까지 한국에서 계속해서 살았더라면 어쩌면 나는 나의 학문적 능력에 대해 포기했을 가능성이 꽤 높은 사람이다. 그런데 너무 감사하게도 미국에서 대학원 과정을 공부하면서 다른 분야에서의 학문적 능력을 발견하게 되었다.

대학교 3학년부터 한국에서 영어 설교 통역을 했었으니 어학 분야에는 어느 정도 탤런트가 있는 것 아닌가 하는 정도의 생각은 갖고 있었다. 군대를 마치고 난 후에는 유학을 위해 TOEFL을 열심히 준비하여 미국 시카고 지역에 있는 나름 유명 신학교에서 신학을 공부하게 되었다. 3년간 하루 서너 시간 잠을 자면서 공부하는 중에 나의 학문적 머리가 인문학 분야에 우월함을 인지하게 되었다. 신학과 철학적 논리에 기초한 내용들은 한 번 훑어보기만 해도 머리에 자연스럽게 입력이 되었다. 암기보다는 논리적 이해를 요구하는 학문에 맞는 머리를 갖고 있었던 것이다. 이러한 관점에서 미국에서의 신학 공부는 내게 매우 유익한 시간이었다고 자평할 수밖에 없다. 3년간의 M. Div 과정을 끝낸 후에 약 3년이 지난 어느 날, 지금보다 조금 앞선 공부를 더 해야겠다는 결심하에 세인트루이스에 소재한 또 다른 유명 신학교에서 Th. M과정을 공부하였다. 너무 공부가 재미있었고, 쉽게 공부할 수 있었다. 특히 성서 신학 분야는 재미있었고 재능도 보일 수 있었다. 신약 신학 교수가 나에게 Ph. D과정으로 계속 연구할 것을 추천할 정도였다. 최고의 성적으로 졸업하였다. 다시 한번 나의 학문적 능력에 자신감을 실어준 시간이었음은 말할 필요도 없다.

후에 중국에서 공부할 기회가 주어져 천진중의학원(天津中醫學院)이라는 의대에서 공부하게 되었다. 그렇게 공부도 하고 임상도 하면서 다시 한번 나의 학업 능력에 대한 평가는 서의(西醫)적인 과학적 이론과 논리보다는 경험과 동양 철학에 바탕을 둔 중의(中醫)적 논리와 해석을 훨씬 더 쉽게 즐기며 이해하는 논리를 갖고 있다는 것이었다. 지금도 절제하지 않고 이 분야의 책을 붙잡고 있으면 시간 가는 줄 모를 정도로 쏙 빠져들어 중의의 이론을 즐기곤 한다.

함께 하는 동역자가 지속적인 학습에 나태하다면 계속해서 주어지는 변화하는 사역적 도전에 있어 함께 머리를 마주하여 의논하고, 전략적으로 계획하고, 실행해 나가는 데에 한계를 느끼게 될 것이다.

지금처럼 마음만 먹으면 어떠한 정보든지 손쉽게 얻을 수 있었던 시대는 없었다. 오히려 정보의 홍수 속에서 진위 여부를 확인하는 것이 더 어려운 시대이다. 이처럼 모두가 함께 누리는 정보의 다양함을 우리가 함께 참여하는 일에 유익한 도구로 탈바꿈하는 능력을 필요로 하는 시대에 우리는 살고 있다.

이러한 시기에도 손을 내려놓고 돈을 벌기 위해 온갖 수단과 방법을 동원하여 만들어 내는 유튜버의 잡다한 내용들에 비판적 시각 없이 빠져들어 시간을 낭비하는 동역자가 나의 동역자로 머물러 있다는 것은 상상도 하기 싫다. 올바른 판단과 객관적 입장을 포기해 버리고 자기의 세계에 들어가 한없이 아까운 시간을 흘려보내며 정작 공부하면서 자기를 발전시키고 업그레이드하는 일에는 시간을 사용하지 못하는 자들과는 멀리할수록 유익하다.

내가 현재 참여하고 있는 사역의 분야에 대한 지속적인 공부와 연구, 의견 나눔과 토론, 사역의 참여와 시행착오에 대한 문제 분석과 새로운 도전 등은 하나님께서 그만 되었으니 이리 와서 쉬자고 부르실 때까지는 멈출 수 없는 것들이다.

글로써 정리하는 기회

'일기'와 개인이 갖는 경건의 시간 '노트'와 같은 것은 성인이 된 모든 그리스도인에게는 평생 주어지는 귀중한 자기 평가의 '기회'이다.

단순하게 의무적으로 기록하는 것이 아니라 자신에게 주어진 하루의 생활을 성찰하고, 반성하고, 문제들을 분석하고, 평가하는 시간은 하루를 마무리하는 시간이나 또 다른 하루를 시작하기 전에 하면 좋을 것이다. 꼭 매일 해야만 하는 의무 사항은 아니지만 머릿속에 머물러 있는 여러 생각을 글로 정리하는 습관은 백익무해(百益無害)한 것이다.

이것은 글을 잘 쓰고 못 쓰고의 문제가 아니다. 잘 쓴다는 것이 다른 사람들이 읽어 도움이 될 수 있다는 조건이라면, 이러한 자기 자신을 돌아보는 글들은 굳이 남에게 보이지 않고 나 자신만 간직하면 되는 것이기 때문이다.

나는 함께 동역하는 사역자들에게 습관처럼 부탁한다. "지금 당신이 하고 있는 모든 경험은 중요한 것들이니 가능한 서술적으로 기록하지 말고 정리된 글로 분석하고 평가하면서 남기도록 하십시오."라고 요청한다. 그런데 지난 수년간 지속적으로 이렇게 부탁해도 꾸준하게 잘 지키는 사람은 많아 보이지 않는다. 어쨌든 나는 저들에게 지속적으로 기회를 제공한다. 선택하고 안 하고는 결국 본인들의 선택이지만 이러한 요청을 지키기 귀찮은 정도의 부탁으로 받아들여 글로 남기지 않는다면 자신들의 어렵게 걸어가는 선교사로서의 발자취를 혼자서만 경험하고 끝내버리는 아쉬움을 남기게 될 것이다.

나는 이삼일에 한 번은 일종의 에세이를 쓴다. 약 2페이지 정도의 글이다. 그 글 속에는 그날 중에 마음속에서 계속 오가는 여러 생각들이 담긴다. 때로는 신학적인 내용이 담기기도 하고, 때로는 나 자신의 갈등이 담기기도 한다. 관계적 문제, 내 눈으로 관찰되어 분석된 문화적 현상 등등이 모두 그 글 속에 담긴다. 그리고 공개적으로 올리기도 하고, 나 혼자만의 글로 간직하기도 한다.

계속해서 자신이 보낸 시간을 돌아보고, 자신이 한 일을 반성하고, 자신이 관찰한 여러 모습을 분석하는 자가 나와 함께 하는 동역자라면 함께 고민하며, 함께 계획하며, 반성하며, 새롭게 시정하면서 해 나갈 수 있는 일들은 무궁무진할 수 있으리라 생각한다. 하지만 그저 주어지는 시간에만 최선을 다하면 된다고 생각하면서 하루하루를 보내는 사람과 함께 일한다면 나 혼자만 많은 생각을 하는 사람으로 여겨질 가능성이 높아 아주 재미없는 동역을 지속하게 될 것이다.

주어진 기회를 활용하는 동역자

하나님 앞에 앉아 기도하는 시간은 나 혼자의 생각만을 읊어대는 시간이 아니다. 기도는 하나님과 대화하는 것이다. 유한한 인간이 무한하고 전능하신 하나님과 주고받는 대화를 하는 시간이 기도하는 시간이다. 그래서 제대로 하나님과 대화하는 사람은 하고 싶은 말만 뱉어내고 일어나는 것이 아니기 때문에 하나님이 우리에게 하시고자 하는 음성도 들을 수 있게 된다. 비록 우리의 귀에 들리는 육성은 아니지만 어떠한 형태로든 하나님이 나에게 말씀하시는 소리를 들을 수 있게 된다. 신비주의에서 주장하는 그러한 큰 소리가 아닐지라도 우리는 하나님이 말씀하시는 소리를 듣든지, 손을 잡아 끌고 당기시는 인도하심을 느끼든지, 손짓하며 이끌어내시는 손길을 보든지 양자의 교제가 진행되는 시간이 바로 기도의 시간이다.

요나 선지자가 하나님께서 요청하신 길을 가지 않았을 때 가는 길을 요동치게 하셨고, 주위의 사람들을 동원하여 바다에 던져지게 하셨고, 큰 물고기 뱃속에 들어가게 하셨다. 매우 특별한 방법이긴 하셨지만, 이처럼 하나님의 대화법은 다양하시다.

하나님의 선민이라는 이상야릇한 잘못된 선민의식에 사로잡혀 있던 요나의 관념은 전 우주를 통치하시는 하나님의 계획에 반대하는 입장이었다. 결국 그는 하나님의 여러 커뮤니케이션 방식을 통해 이방인도 하나님의 사랑을 받는 자들이 될 수 있고, 저들도 회개할 수 있다는 것을 배우게 된다. 요나서 후편이 우리에게 전달되지는 않았지만 그 후의 요나는 분명 새로운 시각에서 이방인들을 바라보며 살았을 가능성이 높다.

하나님과 계속해서 대화하는 사람에게 하나님은 여러 방식으로 하나님의 계획을 말씀하신다. 사업하는 사람에게 사업에 대해서, 사역하는 사람에게 사역에 대해서, 인간관계로 갈등하고 어려워하는 사람에게 관계의 재설정에 대해 끊임없이 말씀하신다.

그러한 인도하심과 주어지는 음성을 받을 때 즉시 행동으로 옮겨 나갈 수 있는 사람이 기회를 잡는 사람이 된다. 그리고 그것을 혼자만 간직하는 비밀로 유지하는 것이 아니라 함께 하는 자들과 나누면서 함께 방향을 그리고 방식을 조금씩 그 뜻에 맞추어 재조정하거나 재정비하면서 나가는 것이 바람직한 동역의 길이다.

잠언에서 소개된 이 현숙한 동반자는 "자기의 장사가 잘 되는 줄을 깨닫고 밤에 등불을 끄지 아니하며"라고 31장 18절에서 묘사되고 있다.

그는 자기가 하는 일이 잘 진행되고 있음에 만족하고 일감을 손에서 멀리한 것이 아니라 오히려 밤잠을 줄이면서 더 가속을 시도하고 있는 것이다. 그는 자기에게 이 일이 기회로 주어지고 있음을 인식하고 있다. 아마도 하나님과의 교제 중에 하나님께서 지금의 만족스러운 상황에 멈추지 말고 페달을 좀 더 세게 밟으라는 음성을 들었을 수도 있다고 본다. 왜냐하면 그는 단순히 일벌레 정도의 사람이 아니었기 때문이다. 그는 돈을 어떻게 벌어야 하고, 사람들과의 관계를 어떻게 유지해야 하며, 번 돈을 어디에 잘 써야 하는가를 잘 알고 있었으므로 단순한 숫자에 매여 몸을 망가뜨리거나 관계를 희생하면서 무작위로 앞을 향해 달려 나가는 사람이 아니었기 때문이다.

동역자 한 사람에게 보인 기회의 포착이 전체 동역자의 발걸음을 풍요롭게 할 수 있다

모두가 매너리즘의 늪에 빠져 동력과 방향을 상실한 배와 같이 바다 한가운데에서 둥둥 떠서 표류하고 있을 때의 분위기는 어떠할까? 충분히 상상할 수 있는 답답한 모습이 그려진다.

같은 방향으로, 같은 모습으로, 반복적으로 진행하며 나가는 도중 여러 이유로 인해 도출되어 나오는 일의 결과가 조금씩 비효율화 되어가는 상황의 연속은 쉽게 매너리즘의 깊은 구덩이로 몰아넣는다. 모두가 깊은 늪에서 헤어 나오기 어려운 때에 하나님께서는 이 상황을 고민하며 헤쳐나오려고 애를 쓰는 어느 한 사람에게 길을 보여주시곤 한다.

여기에 동역자의 필요성과 묘미가 있다.

원래 주어진 목표를 향해 나아가는 자동차의 핸들을 돌리는 일은 쉬운 일이 아니다. 머릿속에 이미 입력된 사고의 틀을 뜯어 새로운 방향을 입력하는 일은 결코 호락호락한 성질의 것이 아니다. 그럼에도 불구하고 때로는 하나님께서 매너리즘에 허덕이는 전체의 동력을 하나님 나라의 활성화를 위해 사용하시고자 어느 한 또는 둘에게 새로운 기회를 제공하시곤 하신다.

예를 들어보자.

중국에서 나름 열심히 주님의 나라를 섬기던 한 팀이 있었다. 여러 분야에 걸쳐 나름대로 많은 열매를 맺으며 최선의 경주를 오랜 시간에 걸쳐 일을 해 왔다. 그리고 어느 때부터인가 매년 반복되는 일들을 유지하면서 한 해 한 해를 보내기 시작했다. 인지하기 어려운 매너리즘이 이 단체의 중심부부터 파고들어 오기 시작했다.

그러는 중 하늘로부터 주어지는 질문이 몇몇 리더들에게 주어지기 시작했다. '어느 때까지 중국 교회가 받기만 할 것인가?'

이것은 영감으로 다가오기 시작했다. 그리고 단체의 동역자들과 나누기 시작했으며, 설득하는 시간을 갖게 되었다.

우선 중심되는 동역자들과 2주간의 선교를 위한 비전 여행을 가졌다. 육로로 베트남 북부에서 최남단까지 여행을 하면서 단체를 향한 하나님의 새로운 방향 제시에 대한 비전을 나누었다. 그러나 반응은 생각보다 싸늘했다. 아직도 10억이 넘는 중국인들이 복음을 받아들이지 않고 있는데 해외 선교를 생각하는 것은 시기상조라는 것이었다.

선교 후보생들을 훈련시키고, 파송하고, 정착하고, 사역을 새로 시작하는 일들은 넘어야만 할 큰 산들이었다. 그럼에도 불구하고 하나님이 보여주신 새로운 길을 향한 새로운 사역의 기회는 놓칠 수 없었다. 결국 10명의 선교 후보생들을 오랜 시간 동안 훈련시켜 그 중 8명을 선교사로 안수하여 인근 불교 국가에 파송하게 되었다.

10여 년이 지난 지금 과거의 그 시절을 돌이켜 보면 놀라운 하나님의 경륜을 볼 수 있다. 해외 선교라는 새로운 도전의 국면을 기회로 받아 행동으로 옮김으로 인해 이 단체는 오히려 여러 면에서 풍요로운 사역의 기회들을 경험하게 되었다.

사역에 있어서만 이러한 예가 있는 것은 아니다.

하나님께서 주시는 기회가 늘 있는 것은 아니지만 기회가 주어질 때마다

"힘으로 허리를 묶으며" 목표를 향한 긴장을 풀지 않고 어떤 일을 맞이하든지 "그 팔을 강하게"(17절) 함으로 일을 이루어내는 동역자의 존재는 함께 하는 모든 자들에게 보물과 같은 힘이다.

9

긍휼한 마음을
소유한 사람

"그는 곤고한 자에게 손을 펴며 궁핍한 자를 위하여 손을 내밀며"

(잠 31:20)

나와 함께 같은 길을 걷는 사람이 궁핍한 자에게 베풀 줄 아는 넉넉한 마음을 가진 사람이라면 그것은 나의 큰 복이라 아니할 수 없다. 긍휼의 마음을 소유하고 있다는 의미이니 어찌 복이라 하지 않을 수 있겠는가? 일을 하면서 사람을 볼 줄 알고, 사람을 보면서 내적 가치를 볼 줄 알고, 연약함과 부족함과 궁핍함을 바라보며 compassion을 갖고 도움의 손길을 펼 줄 아는 동역자는 귀한 존재이다.

함께 일을 하는 자가 '성취 지향적 사람'일 경우 진행되고 있는 일만을 놓고 볼 때에는 분명 유익함이 있다. 어떻게 하든 처음 세운 목표를 완수하기 위해 계속 무엇인가를 하는 사람이므로 어떤 형태로든 목표에 다가갈 수 있기 때문이다.

반대로 함께 일을 하는 자가 '사람' 또는 '관계' 중심적인 사람일 경우에는 처음 세운 목표에 다다르기가 쉽지 않을 때가 있다. 목표를 향해 가다가 사람이 다칠 것 같으면 목표를 수정하려고 시도하거나, 사람이 다치지 않도록 안전장치를 한 후에 다시 목표를 향해 나아가게 되니 아무래도 목표 달성에는 영향이 있을 수밖에 없을 것이다. 양쪽 모두 장점이 있고 단점이 있다.

그럼에도 불구하고 일의 목표 속에는 언제나 '사람'이 함께 하기 때문에 어떠한 경우에도 '사람'을 배제하거나 희생시킬 수 없다. 더구나 그리스도인들이 함께 어떤 일을 추진함에 있어서는 더욱 그러하다.

본서의 주인공으로 소개되는 현숙한 동역자는 모든 일에 최선의 결과를 지향하는 목표 지향적인 사람이다. 매사에 성실한 사람이다. 기회라 여겨지는 일이 눈에 들어오면 하늘에서 먹잇감을 찾으며 빙빙 돌던 독수리가 일단 먹잇감이 눈에 들어오면 지체함 없이 날아내려와 사정없이 낚아채 올라가듯이, 이 동역자 역시 눈에 들어온 기회를 확 부여잡아 버리는 사람이다.

이런 관점에서 그를 보면 매우 냉정하고, 완벽한 성취 지향적인 사람이라 힘들고 어려운 사람이 눈에 들어오기 어려울지 모른다. 그러나 9절과 20절에서 소개된 그의 모습은 일반적 성취 지향적인 사람으로 여겨지지 않는다. 그는 곤고한 자와 궁핍한 자에게 손을 펼 줄 알고, 궁핍한 자를 위하여 손을 내밀 줄 아는 사람이었다. 다시 말해 일만 눈에 들어오는 사람이 아니라, 일과 더불어 연약하고 힘들어하는 사람들 역시 그의 눈에 들어왔던 것이다.

필자 역시 함께 동역할 사람에 대한 매뉴얼 속에 굳이 이러한 내용까지 포함할 필요가 있을까 고민했었다. 하지만 왜 동역이 필요하고, 동역을 해야만 하는 일의 종류와 성질을 생각해 보며, 잠언에서 소개한 현숙한 동역자가 고민해 보았을 만한 정도의 고민은 해 볼 필요가 있지 않을까 하는 생각이

들어 고집스럽게 이 부분을 다루기로 했다.

막연한 동정이나 도움에 사로잡히지 않기 위해서라도 잠시 이에 대한 단어를 살펴보고자 한다.

'곤고한'이라는 단어

'곤고한'의 원어는 'ani'이고, 영어로는 'poor', 'afflicted(괴로워하는, 고통받는, 피해를 당하는)', 'humble(겸손한, 변변치 않은, 초라한)'로 번역되었다.

필자는 이 'ani'라는 원어가 사용된 성경 구절 하나하나를 읽으면서 하나님 앞에 두려운 마음이 들었다. 심지어는 깊은 탄식까지 토해냈다. 특히 신명기 15장 11절을 읽으면서 그러했다. "땅에는 언제든지 가난한 자가 그치지 아니하겠으므로 내가 네게 명령하여 이르노니 너는 반드시 네 땅 안에 네 형제 중 **곤란한 자**와 **궁핍한 자**에게 네 손을 펼지니라!" 나는 이 말씀을 읽으면서 하나님 앞에 주저앉아 "주님, 용서해 주옵소서!"라고 탄식하며 외쳤다. 하나님 말씀에 '이렇게 많이 가난한 자들을 언급하시며 우리에게 구체적으로 말씀하셨던가' 새삼 생각하며 마음의 무거운 부담을 갖게 되었다. 특히 "네 땅 안에(in your land)"라는 범위까지 정해서 말씀하신 것을 보며, 나의 '땅 안'의 범위를 고민하게 되었다.

'곤고한'으로 번역된 'ani'는 가난함과 빈곤함이라는 의미만 갖고 있는 것이 아니다. 하지만 '괴로워하고' '고통받고' '피해를 당하는' 의미의 근원이 '빈곤함'에 기인하고 있음은 의심할 여지가 없다. 따라서 우선은 '빈곤함(poverty)'에 초점을 맞추어 좀 더 생각해 볼까 한다.

'빈곤'은 다양한 분야의 결핍

브라이언트 마이어스(Bryant Myers)는 그의 글 〈도대체 빈곤이 무엇인가?(What is Poverty Anyway?)〉에서 빈곤의 가장 큰 원인으로 '결핍(deficit)'을 제시하였다.

결핍은 '부족함'을 의미한다. 마이어스는 먹을 것의 부족, 잠잘 곳의 부족, 깨끗한 물의 부족, 좋은 도로의 부족, 학교 시설의 부족, 지식의 부족, 기술의 부족 등 '부족함'의 범위에 대해 설명했으며, 마지막으로 '복음의 부족'을 그의 부족 목록에 첨가했다.[13]

언젠가 막노동하는 캄보디아 여성과 대화를 나눈 적이 있다. 얼굴이 어두워 보여 무슨 근심이 있는가를 물어보았다. 마음이 편치 못하다는 답을 들었다. 나는 계속해서 대화를 하였다. "왜 마음이 불편한가?" 그 자매는 매달 조금씩 돈을 벌지만 그 돈은 두고 온 자녀들에게 거의 다 지출되고, 자신이 먹고 자면 한 푼도 남지 않게 되는 삶에서 벗어나고 싶은데, 도무지 방법이 없다고 말했다. 내가 물어보았다. "글을 보고, 쓸 줄 아는가?" 그동안 생각보다 문맹자가 많다는 사실을 인지하고 난 후부터 묻곤 하는 질문이었다. 그녀는 "읽을 줄도, 쓸 줄도 모른다"고 대답했다. 갑자기 궁금해졌다. "혹시 내가 전화기를 좀 봐도 되겠는가?" 요청했다. 전화기 안에 있는 SNS를 어떻게 사용하는지 알고 싶었기 때문이다. 나는 그런 SNS의 모습을 처음 보았다. 이모티콘 메시지가 많았고, 음성의 교신이 대부분이었다. 글을 읽고 쓸 줄 모르니 그 방법 외에 다른 길이 없었을 것이다.

'지식의 결핍'이구나!

그녀에게 혹시 은행 계좌는 갖고 있는지 물어보았다. 역시 없다는 대답을

---

13) Mission Perspective Chapter 97, What is Poverty Anyway? pp. 216–217.

들었다. 캄보디아 사람이지만 캄보디아 내에 구축되어 있는 기본적 인프라조차도 접근하지 못하고 활용하지 못하는 모습이었다. 무엇인가 그리고 어디에서인가 자신이 갖고 있는 문제를 해결해야만 될 것 같은데 그 문제의 해결점 자체조차도 분석이 안 되는 지식의 결핍 가운데 마음의 답답함만 간직하고 있는 모습이 그 빈곤의 실체였다.

그럼에도 불구하고 이런 부류의 빈곤한 자들은 그나마 대도시에 살고 있는 '도시 빈민'에 해당한다. 이들은 적어도 시골에서 도시로 일자리를 찾아왔고, 일자리를 이미 찾아 일하고 있는 도시 거주 빈곤자들이다. 그리고 주변에는 자기와 비슷한 지역에서 온 사람들과 같은 지역 말을 사용하면서 공동체를 형성하여 살고 있으며, 현재 앞에 놓여있는 장벽들을 넘어설 가능성이 주위에 넘쳐나는 환경 속에서 살고 있다. 어쩌면 의식주가 절대적으로 결핍된 정도의 절대 빈곤층이라기보다는 상대 빈곤층으로 분류될 수 있는 사람들이라고 할 수 있다. 즉 의식주는 해결할 수 있는 능력은 되는데 남들이 갖고 있는 집이나 여러 좋아 보이는 상품들을 마음껏 살 수 없다고 느껴지는 일종의 이차적 빈곤을 느끼는 부류의 사람들이다.

절대 빈곤에 대한 경험과 부름에 대한 다양함

필자는 지금도 잊히지 않는, 아니 잊힐 수 없는 절대 빈곤이라 여겨지는 자들과의 경험이 있다. 캄보디아에 오기 전 나와 아내의 젊은 시간을 들여 섬겼던 땅에서의 일이다.

우리 사역 팀이 활동하던 대도시 주변에는 인근 여러 지방에서 몰려온 이주 노동자들의 거주지가 있었다. 자신들이 살던 곳에서 희망을 보지 못해서 대도시로 가면 어떻게든 살 수 있을 것이라는 희망을 갖고 무조건 올라온 사람들이었다.

하지만 이들이 대도시로 들어가서 살 수 있는 여건은 지극히 제한적이었다. 비싼 렌트비와 생활비, 그리고 거주할 수 있는 법률적 신분 등의 제한으로 인해 대도시로는 정작 들어가지 못하고 대도시 입구 언저리에 머물면서 빈곤한 삶의 터전들을 형성하여 살고 있었다.

우리들은 그러한 상황을 충분히 이해하지 못한 상태에서 그 지역에 전도팀을 보냈고, 뒤이어 목양팀을 보내어 그 지역 사람들을 목양하는 일에 집중하였다. 대도시로부터 차로 약 1시간 정도 떨어진 거리였다.

목양 사역을 진행하고 어느 정도 시간이 흐른 어느 날, 목양 책임자로 파송받아 사역에 참여하고 있던 목양 사역자로부터 SOS가 지속적으로 들어오기 시작했다. 의료와 관계된 일이었다. 나는 당시 우리 팀 내의 책임자이면서 가정주치의 역할을 감당하고 있었기 때문에 의료와 관계된 일은 언제나 나에게 먼저 연락하곤 했다.

그 중 기억에 남는 사람이 있다. 10여 살 된 어린 남자아이였다. 시간이 꽤 오래 흘렀지만 지금도 그 아이의 얼굴이 기억난다. 숨 쉬는 것조차 힘들어하던 그 얼굴! 그리고 진찰하는 중에 머리와 몸에서 그리고 내 주위에 벼룩들로 가득했던 거주 환경은 너무 심각하게 보였다. 목양 사역자에게 속히 아이를 데리고 시내 큰 병원으로 가라고 지시하였다. 그날 밤 그 아이는 하늘나라로 갔다.

그 마을을 돌아보았다. 상하수도의 인프라를 살펴보았다. 높은 지역에 사람들이 많이 거주하다 보니 대부분 화장실은 높은 곳에 만들어져 있었고, 빨래하기 위한 물이나 식음료로 사용하는 물이 거의 그 아래 있는 연못에 형성되어 있었다. 상하수도의 관념조차 없었다.

어느날 중풍 환자가 힘들어하고 있다 하여 찾아갔다. 역시 온몸에서 벼룩들이 뛰고 있었다. 머리에 손을 얹고 기도하는데 온몸이 간지럽게 느껴질 정도였다. 식구들이 모여있는 대부분의 집에 환자들이 있었고, 그대로 방치되고 있었다.

절대 빈곤! 의식주는 겨우 해결하고 있으나 자신들이 소유한 집도 아니고, 한두 벌 걸친 정도의 다 떨어진 옷들과 겨우겨우 입에 풀칠하는 수준의 식사 해결, 거기에 병이 나도 아무 대책을 마련할 수 없는 환경! 절대 빈곤에 해당하는 삶이었다.

가장 먼저 상하수도 정리부터 해야 근본적 위생이 해결될 수 있었다.

사무실에 돌아와 멍하니 하늘을 쳐다보며 이러한 상황을 어찌 도와야 하나 한숨만 푹푹 내쉬며 몇 날을 고민하며 끙끙거렸다. 이런저런 방법들이 꼬리에 꼬리를 물고 떠 올랐지만 당장 내가 할 수 있는 일들이 아님에 한숨만 내쉬게 되었다. 매우 고통스러웠던 고민의 시간을 통해 내가 내린 결론은 다른 분야의 전문인들과의 동역과 협력이었다. 이것은 지금 이 시간까지도 내가 중시하는 원리로 작용하고 있다.

우물을 파주는 사역에 부름받아 그 일에 매진하는 사역팀이 있다. 또 각종 의료 사역에 부름받아 전문적으로 의료 사역에 집중하는 사역팀들이 분야별로 다 있다. 고아, 과부, 10대 임신부, 마약 중독자, 자폐증 어린이, 문맹자 등등 사회 속에 존재하는 각종 문제를 돕기 위해 부름받아 적극적으로 그런 일에 전문인으로서 참여하는 헌신된 십자군들이 여전히 곳곳에서 최선의 노력을 경주하고 있다. 이들과의 네트워크와 협력 사역이 바로 해결의 답이다.

우리 사역 단체는 모든 것을 다할 수 있는 팀이기도 하지만, 모든 일에 절제 없이, 그리고 부름의 전문성 없이 욕심을 내서 다 하려다 보면 오히려 어떠한 선한 결과도 도출해 낼 수 없는 제한적인 팀이라는 사실을 알게 된다. 이것 역시 우리 모두가 주지하고 있는 사실이었다. 우리 팀의 주된 부름은 복음 전도와 교회 개척 그리고 목양 사역과 교육 훈련 분야이기 때문이다.

절대 빈곤이 존재하는 어느 곳이든 위에서 언급한 각 방면에서 결핍이 없는 곳은 없다. 이 결핍이 눈에 들어오는 동역자의 존재는 실로 귀하다. 이는 그러한 동역자를 주님께서는 의롭다 여기시기 때문이다. 주님이 귀하다 여겨주시고, 의롭다 여겨주실 때 우리는 함께 일하면서 보람을 느낄 수 있고 그를 통해 주어지는 생각지 못했던 축복도 더불어 경험하는 경우가 종종 있다. 다시 말해 축복의 큰불 옆에서 곁불을 쬐게 되는 복 나눔의 기회도 얻을 수 있다. 그러니 이러한 동역자와의 동행이 어찌 귀하다 하지 않을 수 있겠는가?

지극히 작은 자 하나에게 관심을 갖고 도움의 손길을 내미는 자를 의인이라 하셨다

예수님이 하나님 아버지로부터 복 받을 자들에 대해 '의인'이라는 단어를 사용하시면서 소개했던 자들이 있다. 이들은 율법에 통달했던 바리새인들도 아니었고, 방언하고, 예언하고, 신유의 역사를 목소리 높여 자랑하던 부류의 사람들도 아니었다. 이들은 장차 예수님께서 재림하신 후 "목자가 양과 염소를 구분하는 것 같이 하여 양은 그 오른편에 염소는 왼편"에 두실 때, 오른편에 서게 될 자들이라고 하셨다. 그 조건은 "내가 주릴 때에 너희가 먹을 것을 주었고, 목마를 때에 마시게 하였고, 나그네 되었을 때에 영접하였고, 헐벗었을 때에 옷을 입혔고, 병들었을 때에 돌보았고, 옥에 갇혔을 때에 와서 보았느니라"(마 25:35-36)라는 것이었다.

그런데 여기서 재미있는 것은 이들이 자신들이 한 행위를 잘 알지도 못했다는 것이다. 그래서 저들이 질문한다. "이에 의인들이 대답하여 이르되 주여 우리가 어느 때에 주께서 주리신 것을 보고 음식을 대접하였으며, 목마르신 것을 보고 마시게 하였나이까? 어느 때에 나그네 되신 것을 보고 영접하였으며, 헐벗으신 것을 보고 옷 입혔나이까? 어느 때에 병드신 것이나 옥에 갇히신 것을 보고 가서 뵈었나이까?" 이에 "임금이 대답하여 이르시되 내가 진실로 너희에게 이르노니 너희가 여기 내 형제 중에 지극히 작은 자 하나에게 한 것이 곧 내게 한 것이니라"(마 25:37-40)고 하셨다.

율법에 능하다고 스스로 여기던 한 율법사가 예수님에게 질문하였다. "선생님, 내가 무엇을 하여야 영생을 얻으리이까?" 이때 예수님은 저에게 신비한 체험을 많이 하거라 또는 율법을 다 외우고 율법에 따라 살아라고 말씀하시지 않으셨다. 오히려 예수님은 '사랑'에 대해 말씀하시면서, 먼저는 '하나님'을 그 사랑의 대상으로 말씀하셨고, 다음으로는 '이웃'에 대한 사랑을 말씀하셨다. 그리고 '이웃'이 누구냐는 질문을 들으셨을 때, '선한 사마리아인'의 비유를 답으로 주셨다. 어떤 한 사람이 '다쳤고' '헐벗고' '목마르고' '주리며' 고통당하고 있을 때 제사장도 피하고, 레위인도 피하며 그냥 지나쳤는데, 한 사마리아인은 그를 "불쌍히" 여겨 돌보아주었다. 예수님께서는 바로 이러한 자가 선한 '이웃'이라고 말씀하셨다.

지극히 작은 자 하나에게 관심을 갖고 도움의 손길을 내미는 자를 의인이라고 말씀하셨는데, 우리와 함께 동역하는 자가 그리고 그와 더불어 동역하는 우리의 모습이 이러해야 하지 않을까?

궁핍한 자를 돕고자 하는 마음을 가진 동반자

나와 함께 같은 길을 걷는 사람이 궁핍한 자에게 베풀 줄 아는 넉넉한 마음을 가진 사람이라면 그것은 나의 홍복(洪福)[14]이다. 하나님이 우리 인간과 공유하여 주신 '하나님의 형상' 중 하나인 긍휼의 마음을 소유하고 있는 자가 나와 함께 일을 하고 있다는 의미이니, 어찌 큰 복이라 하지 않을 수 있겠는가?

그렇다고 잠언에서 언급하고 있는 이 동역자가 그냥 막 조건도 이유도 없이 아무에게나 퍼주기만 하던 사람인가? 그렇지 않았다.

그는 "동이 트기 전에 일어나" 일을 하였고, "밤에 등불을 끄지 않으며" 일을 했던 사람이다. 밤늦게까지 일하다, 잠시 눈을 붙이고는 동이 트기도 전에 다시 일어나 일을 했던 억척스러운 사람이었다. 어쩌면 이 사람에게 있어서 한 푼 한 푼은 땀과 눈물로 얼룩진 귀한 자산이었을 것이다. 손이 부르트도록 힘들게 일하면서 만들어 낸 물질이었기 때문이다.

하지만 이 사람의 눈에는 가난하여 궁핍한 사람들이 들어왔다. 그래서 그는 그러한 자들에게 손을 펴서 도움을 주었다. "그는 곤고한 자에게 손을 펴며 궁핍한 자를 위하여 손을 내밀며" 살던 사람이었다. 그의 마음 깊은 곳에는 'compassion' 즉 '연민의 마음' '불쌍히 여기는 마음'이 있었다. 돈을 벌기 위한 목적으로만 돈을 번 것이 아니라 왜 벌어야 하는가를 알면서 돈을 벌었던 사람이었다.

무엇보다 먼저 이러한 사람들의 삶 끝자락에는 소위 '여유'라는 자리가 머물러 있다. 마치 내가 힘들여 심은 곡식이지만, 내가 힘들여 가꾼 포도나무지만, 곡식을 수확하고, 포도나무에 열린 포도를 딸 때에는 하나도 남김없

---

14) 크나큰 복을 의미하는 말, being supremely fortunate, great blessing.

이 다 따서 나의 곡간에 채우는 것이 아니라 굶주리고 있는 누군가를 위해 조금씩은 남겨두라는 하나님의 '여유'에 참여할 줄 아는 사람이다.

"너희가 너희의 땅에서 곡식을 거둘 때에 너는 밭 모퉁이까지 다 거두지 말고 네 떨어진 이삭도 줍지 말며, 네 포도원의 열매를 다 따지 말며 네 포도원에 떨어진 열매도 줍지 말고 가난한 사람과 거류민을 위하여 버려두라"(레 19:9, 10)는 레위기의 말씀을 통해 궁핍한 자들을 향한 여유로운 베풂을 원하시는 하나님의 마음을 볼 수 있다.

하나님은 하나님에게 불순종한 대가로 알몸으로 에덴동산에서 쫓겨 나가야 할 아담과 하와에게 가죽옷을 입게 해 주셨다. 자격이 있음에 가죽옷이 제공된 것이 아니었다. 인내와 긍휼의 마음 가운데에 만들어진 가죽옷이었다. 하나님의 마음이다.

불평과 원망으로 가득한 이스라엘 백성에게 하나님은 불뱀을 보내어 물려 죽는 형벌을 내리셨다. 하지만 모세는 저들을 긍휼히 여기며 하나님에게 요청하였다. 이때 하나님은 모세에게 놋뱀을 만들어 장대 위에 매달라고 하셨고, 그 놋뱀을 본 자들은 죽음을 피할 수 있었다. 마땅히 죽어야 할 자들에게 베푸신 하나님의 은혜였고 자비였다(민 21:4-9). 하나님의 마음이 그러했다.

야고보는 정결하고 더러움이 없는 경건의 조건으로 "고아와 과부를 그 환난 중에 돌봄"을 제시하였다(약 1:27). 성경을 읽고, 묵상하고, 기도하는 것으로만 '경건'을 이해해 온 우리에게는 놀랍기도 하고 이해하기도 어려운 경건의 조건이다. 실제로 적지 않은 그리스도인들이 경건을 하나님과의 관계 속에서만 이해하고 있는 것 역시 사실이다. 마치 수도원 안에 살면서 수련하는 수도사들처럼 하나님의 말씀을 읽고, 묵상하며, 조용히 기도하는 일에 전념하는 것을 매우 경건하게 사는 것처럼 이해하는 사람들이 내 주위에만도 적지 않다. 세상이 배제된 경건은 경건이 아니라 속된 표현으로 산속에서 홀로 '도(道)'를 닦기 위해 애쓰는 불자(佛者)의 모습일 뿐이다. 혼자서 성경 보고, 혼자서 기도하고, 혼자서 하나님과 대화하며 이런저런 말씀을 듣는다 하고, 이런저런 신비한 경험을 하는 모습은 산속에서 홀로 도를 연마하면서 이런저런 것을 경험하는 불자의 모습이나 도교에서 소개되는 긴 수염을 가진 도사의 모습과 차이가 없다.

불행하게도 기독교 안에 이러한 이해를 갖고 사는 자들이 적지 않다. 나 스스로 먹고사는 것도 쉽지 않은 중에 부모 없이 홀로 사는 고아가 눈에 들어와 그러한 고아를 품에 안고 다독이며 인내하며 사는 그리스도인을 가끔 어쩌다 보기는 하지만 자주 눈에 띄는 모습은 아니다. '고아'라 칭함을 받는 어린아이들은 함께 하기에 쉬운 상대는 아니다. 비록 어린아이라 할지라도 결코 단순한 존재만은 아니다. 젖 먹이 나이의 고아라면 오히려 쉬울 수도 있겠지만 어느 정도 성장한 고아는 이런저런 상처로 가득한 어린이다. 다 설명할 수 없지만 각종 이유로 소위 '고아'로 불릴 때에는 마음 깊은 곳에 내재하고 있는 많은 아픔과 상처를 갖고 있을 것이고, 그러한 상처가 이미 말과 행동 속에서 표출되기 시작한 아이들도 있을 것이고, 언젠가는 폭발되어 나올 여러 가능성을 안고 있는 아이들도 있을 것이다. 이러한 고아들을 인내하며, 주님의 사랑을 갖고 진정성 있게 돌보는 삶을 성경에서는 '경건'한 삶이라 표현하고 있는 것이다.

선한 일은 쉽게 시작할 수 있지만 지속해 나가는 일은 대단히 어려운 일이다. 필자 역시 이러한 사실을 인지하기에 아무리 선한 일이라도 지속적으로 해나갈 자신이 있는가 없는가부터 확인하고 조심스럽고 염려스러운 마음으로 선한 일이라 여겨지는 일에 손을 대곤 한다.

다시 한번 혼자서만 하나님과의 관계에 몰두하는 득도(得道)형의 크리스천들에게 하고 싶은 말은 "조금만 더 깊이 생각해 보시라"는 것이다. 왜 하나님께서 야고보를 통하여 이러한 말씀을 하셨는가를 이해할 수 있어야만 한다. 즉 하나님 앞에서 경건한 사람이라면 타인과 더불어 사는 이 세상의 삶 속에서 어떠한 모습을 유지하는 것이 마땅할까? 저들의 눈에 하나님 말씀만 들어오고, 하나님과의 관계만 들어오는 것이라면 굳이 이 땅 위에 살 이유가 무엇일까? 결코 간과할 수 없는 소중한 원칙이라 아니할 수 없다.

하나님으로부터 긍휼함을 얻고, 하나님으로부터 은혜를 얻고자 하는 마음은 모든 사람에게 있겠지만 너무나도 당연하게 요구되는 하나님의 조건은 너무 쉬워서 그런지 쉽게 잊게 되는 것 같다. 즉 "여호와께서 이르시되 내가 내 모든 선한 것을 네 앞으로 지나가게 하고 여호와의 이름을 네 앞에 선포하리라. 나는 은혜 베풀 자에게 은혜를 베풀고, 긍휼히 여길 자에게 긍휼을 베푸느니라"는 출애굽기 33장 19절의 말씀은 하나님을 믿는 자들에게 당연하게 요청되는 것이고, 그 결과 역시 당연히 따르는 자들에게 자연스럽게 주어지는 것이다.

일을 하면서 사람을 볼 줄 알고, 사람을 보면서 내적 가치를 볼 줄 알고, 연약함과 부족함과 궁핍함을 바라보며 compassion을 갖고 도움의 손길을 펼 줄 아는 동역자는 참으로 귀한 동역자이다.

10

함께 하는 자를
세워주는 사람

"그의 남편은 그 땅의 장로들과 함께 성문에 앉으며 사람들의
인정을 받으며"(잠 31:23)

이 세상에 인정받고 싶어 하지 않는 사람은 없다. 사람들로부터 세움을 받는 일은 언제나 뿌듯한 마음을 갖게 한다. 심지어는 삶의 큰 동력이 되기도 한다. 그래서 진심 어린 인정을 터득한 사람은 사람을 얻는다.

눈동자의 초점이 상대방의 눈동자에 정확하게 맞춰지지 않은 상태에서 입술로만 칭찬하고 인정하는 사람의 얕은 화술은 금방 드러나 버리지만, 깊은 마음으로 함께 하는 자의 모든 면을 바라보며 선한 의도로 하는 인정과 세움의 말은 사람들의 마음을 움직인다.

필자는 잠언 31장 23절에 소개된 주인공의 모습을 처음 읽으며 가슴에 뜨거운 열기를 느꼈다. 감동에 기인한 열기라기보다는 의아함의 열기였다.

“그의 동역자(남편)는 그 땅의 장로들과 함께 성문에 앉으며, 사람들의 인정을 받으며”라는 내용을 보면서 느꼈던 기이한 감정에서 흘러나오는 열기였다. 아니, 본인은 여자의 몸으로 뼈가 부서질 정도로 열심히 일하면서, 밤에 등불을 끄지 않고 졸린 눈을 비비며 일하고, 동이 트기 전에 기지개를 켜며 일어나 함께 하는 직원들의 할 일을 다 정해주고, 손이 부르틀 정도로 일하면서도 자신과 함께하는 동반자에게는 그 땅의 정치를 하는 지도자들과 함께 앉아 차를 마시며 대화하는 여유로운 시간을 만들어 허용해주는 모습이라니!

하지만 가만히 생각해 보면 그렇게 열만 받을 일은 아닌 것 같다. 여기에서 “누가 주인공일까?”를 질문해 보면 답이 나온다. 온갖 궂은 일을 다 하면서도 모든 생활의 주된 흐름을 이끌고 나가는 'Khayil(excellent; 탁월한)'한 이 사람이다.

먼저 나를 알고 인정하는 동역자

아마도 이 탁월한 주인공은 자기 자신을 매우 잘 알고 있었을 것이다. 자신의 장점이 무엇이고, 단점이 무엇인가를 잘 알고 있었을 것이다. 어디까지가 한계이고, 어디에 다다르면 한계를 넘어선다는 것도 알고 있었을 것이다.

함께 일하는 사람이 자신의 장점과 단점에 대한 파악이 되어 있지 않으면 답답한 일에 쉽게 직면할 수 있다. 무슨 말을 해도 논리적이지 못해서 귀를 쫑긋 세우고 들어야 무슨 말인지 알아듣는 사람이 고도의 논리적 설명이 필요한 일을 맡겠다고 나서면 말릴 수도, 맡길 수도 없는 곤란한 상황에 처하게 된다. 주위 사람들이 자신에 대해 어떻게 생각하는 것과는 상관없이 자신의 논리적 설명에 자신이 있다고 생각하는 자와 논리적 설명을 강력하게 요구하는 일을 함께 도모한다는 것은 참 애처로운 일이 아닐 수 없다.

이러한 류(類)의 사람들은 우리 주변에서 심심치 않게 목격되곤 한다. 참으로 말로 표현하기 곤란한 일들이 이러한 자들 때문에 일어난다. 그러니 이러한 사람을 늘 대하면서 함께 일을 한다는 것이 쉬운 일이겠는가?

나는 축구를 좋아한다. 잘 하지는 못해도 즐기면서 정기적으로 공을 찬다. 그런데 축구를 할 때마다 위와 같은 상황을 자주 경험한다. 내가 볼 때에 저 사람은 수비 위치에서 공을 찰 때 최선의 결과를 내는데 자꾸 최종 공격수 자리를 고집한다. 물론 놀면서 공을 차는 것이니 이러거나 저러거나 말할 필요는 없겠지만 자신의 장점을 이해하지 못하고 자신이 원하는 자리만 고집하는 사람과는 함께 공 차는 것조차 쉽지 않다.

자신이 왜 미드 필드에 서 있는지 모르고 공만 따라다니며 분주한 사람들이 제법 많다. 왼쪽 미드 필드에 서 있어야 할 사람이 오른쪽 윙의 자리까지 공을 따라갔다 헉헉거리면서 상대방이 공격해 올 때 자기의 자리에서 공격수를 막아야 하는 임무를 감당하지 못하는 무책임한 사람들도 본다. 요즈음과 같이 전방위 축구를 감당해 내는 젊은이들이라도 최소한 자기의 자리는 책임을 지면서 갈 수 있는 데까지 가는 것이 기본이거늘 적지 않은 나이에 축구를 하겠다고 나선 사람들이 자기의 자리도 지키지 못하견서 공만 따라다니는 사람들을 보면 결코 함께 하기 어려운 팀 멤버라는 생각을 지울 수 없다.

비단 축구만이겠는가? 모든 팀 운동이나 일들에 해당하는 원칙이 아닐까?

내가 하고 싶은 것을 하는 것이 아니라 내가 할 수 있는 일을 하는 것이 맞는 말이다. 비록 그것이 드러나는 일이 아니고, 사람들의 눈에 보이는 일이 아니라 할지라도 그것이 내가 할 일이고, 할 수 있는 일이고, 해야만 하는 일이라면 그 일은 내가 하면 되는 것이다.

동역자는 자기 자신을 먼저 잘 알아야 한다.

함께 하는 동역자의 장점을 인정해 주는 동역자

나는 소위 말하는 '비져너리(visionary)'이다. 눈 앞에 펼쳐진 상황을 보면 이 상황을 어떻게 다음 상황으로 이끌어 가야 하는가에 대한 고민을 아주 자연스럽게 하는 사람이다. 그래서 한곳에 머무르는 것보다는 다음으로 넘어가려는 시도를 늘 한다. 한국에서 태어나 20대의 젊은 나이에 미국에 갔다. 미국에서도 캘리포니아에서 정착하여 살다가 신학 공부를 위해 주저함 없이 시카고로 가서 공부를 했다. 또 시카고에서 M. Div과정을 끝낸 후 북버지니아에 가서 목회를 하였다. 아주 즐겁게 아무 문제 없이 목양 사역을 하다가 공부를 좀 더 해야겠다는 생각에 주저함 없이 세인트루이스에 소재한 신학교에 가서 좀 더 필요한 공부(Th. M과정)를 하였다. 공부를 끝낸 후에 더 공부를 하기 위해 다음 과정을 신청하였고, 다 받아들여진 상황에서 중국으로의 부름이 있어 주저하지 않고 중국으로 건너갔다. 중국에서도 한 곳에만 있었던 것이 아니다. 처음 천진에서 있다가 북경으로, 그리고 북경에서 곤명으로 움직였다. 북경에서 곤명으로 갈 때는 2001년도였는데, 당시의 여러 환경과 여건상 차를 운전하여 가게 되었다. 차로 가기에는 무척 어려운 5,000km나 되는 그 길을 주저함 없이 떠났다. 그리고 지금은 캄보디아에 와 있다.

지금 지나온 발자취를 돌이켜 보면 나와 함께 했던 온 식구들에게 미안한 마음을 감출 길 없다. 사랑하는 아내에게 미안한 마음과 더불어 크게 고마운 마음뿐이다. 언제나 묵묵히 함께해 준 그 인내가 곁들여진 사랑에 감사할 뿐이다. 어린 세 자녀 역시 모두 미국에서 태어났지만, 함께 선교지의 이곳저곳을 함께 다니며 친구들과 떨어지고 다시 친구를 사귀는 번거로움에 너무 미안한 마음과 고마운 마음을 감출 길이 없다. 비져너리 아빠 덕분에 참 고생이 많았다!

일에 있어서도 마찬가지이다. 하나의 일이 온전하게 정착된 후에 다음의 일로 진행해 나가는 것이 아니라, 그냥 다음의 일이 보이면 일단 나가고 보는 쪽이다. 그러다 보니 다듬는 작업, 추스르는 작업은 늘 다른 사람의 몫으로 남는다.

나의 아내는 나와는 정반대의 성향을 갖고 있다. 내가 멀티 플레이어라고 한다면, 나의 아내는 '한 번에 하나(one at a time)'를 성향적으로 선호한다. 아니 멀티 플레이 자체가 어려운 사람이다. 그러니 이러한 성향의 아내가 비져너리인 남편을 따라다니며 늘 뒷감당하느라 바쁠 수밖에 없었을 것이다. 늘 미안한 마음을 갖고 있다.

하지만 그것이 아내에게는 큰 장점이다. 하나를 시작하면 완성해야만 하는 사람이니 나에게는 매우 느려 보이고 답답하게까지 느껴지곤 하지만 하나씩 끝을 내니 나의 동반자로서는 최고의 사람이다.

나의 비져너리 성향을 옆에서 커버하며 받쳐주느라 애써온 또 한 사람을 언급하지 않을 수 없다. 김창규 선교사이다. 처음 1995년에 만난 이후 지금까지 함께하고 있는 귀한 동역자이다. 이분 역시 꼼꼼하게 하나하나씩 일을 다지며 마무리하는 성향을 갖고 있다. 이 선교사가 없었다면 지금까지 함께해 온 사역의 완성도에 많은 흠집이 있었을 것이다. 나의 부족함을 늘 메꾸어주는 귀한 동역자임이 틀림없다.

그래서 팀플레이가 중요한 것이다. 수비가 받쳐주지 않는 공격수는 아무리 골을 많이 넣어도 그 이상의 골을 먹을 수 있기 때문에 승리의 기쁨을 누릴 수 없다. 반대로 아무리 수비수가 잘해 주어도 공격수가 골을 넣어주지 않으면 역시 승리의 기쁨을 맛볼 수 없다. 경기에서 골키퍼의 역할부터 중요하지 않은 포지션은 하나도 없다.

뿐만 아니라 함께 축구를 하는 각 포지션의 사람들은 다른 포지션에 있는 사람들의 장점을 잘 알고 있어야만 한다. 공을 차올려야 하는 상황에서 누군가에게 공을 패스해 주어야 하는데 공을 차올릴 줄 모르는 사람에게 공을 준다면 실수하는 것이다. 골을 넣어야 할 중요한 시점에서 아무에게나 패스해 주는 것 역시 팀 운동을 할 줄 모르는 사람이다.

함께 동역을 하려면 나와 함께 동역하는 사람의 장점과 성향 정도는 충분히 파악한 상태에서 일에 참여하는 것이 맞는 말이다.

함께 하는 동역자를 높이 세우는 동역자가 최상의 동역자이다

나는 사도 바울이 함께 하고 있는 동역자를 후방에 있는 교회들에 소개하는 내용을 볼 때마다 사도 바울의 새로운 면을 느끼곤 한다. 골로새서 4장에 소개된 그의 동역자를 인정하는 표현들을 되새겨 보자:

"두기고가 내 사정을 다 너희에게 알려 주리니 그는 사랑받는 형제요, 신실한 일꾼이요, 주 안에서 함께 종이 된 자니라"(7)

"신실하고 사랑을 받는 형제 오네시모를 함께 보내노니"(9)

"나와 함께 갇힌 아리스다고와 바나바의 생질 마가와 유스도라 하는 예수도 너희에게 문안하느니라 … 이들만은 하나님의 나라를 위

참 귀하다!

함께 하는 자를 다른 사람들에게 소개하면서 "신실한 일꾼"이라는 칭찬을 아끼지 않았다. "하나님의 나라를 위하여 함께 역사하는 자들"이라는 긍정적 평가를 분명하게 해 주고 있다. 사도 바울 자신만 그들을 위해 기도하는 하나님의 종이라고 하면서 자신을 충분히 더 높일 수 있는 상황에서도 "그가 항상 너희를 위하여 애써 기도하여 너희로 하나님의 모든 뜻 가운데서 완전하고 확신 있게 서기를 구하는 자"라고 에바브라를 높이 치켜세워주고 있다.

우리는 주위에서 함께 하는 동역자들을 뒤에서 흉보거나, 낮게 평가 절하를 하거나, 심지어 없는 사실을 사실인 양 모함까지 하는 사역자 같지 않은 사역자들을 가끔 접한다.

'구밀복검(口蜜腹劍)'이라는 사자성어가 적합한 표현일 것이다. 입에서는 꿀과 같은 말을 하면서 뱃속에는 칼을 들고 있다는 의미이다. 분명히 내 앞에서는 칭찬과 인정의 말로 도배했는데, 뒤에서 들리는 이야기는 비난과 절하된 평가와 있지도 않았던 일을 있었던 일로 만들어 뒤통수 치는 사람들이 있다. 나는 개인적으로 이런 일을 별로 경험해 보지는 않았지만 주위 분들을 통해 전해 듣는 경험담 중에는 이러한 일들이 제법 있다.

이러한 자들은 사실 측은하고 불쌍히 여김을 받아야 할 대상들이다. 그럼에도 불구하고 이러한 자들은 마치 독이 가득한 버섯과도 같은 존재들이다. 그래서 가능한 이러한 자들과는 거리를 두어야만 한다. 문제는 이러한 자들의 특징이 표리부동(表裏不同) 즉 겉과 속이 같지 않은 특징을 갖고 있기 때문에 한 번의 만남으로는 구별하기가 어렵다는 것이다.

2023년 현재 세계 최고령자인 '마리아 브라냐스 모레라' 할머니는 115세이다. 그의 장수 비결 중 하나로 "독 같은 사람과 멀리하라(staying away from toxic individuals)"[15)]는 내용이 소개되었다. 함께 같은 일을 도모하는 동역자가 앞에서는 달콤한 말을 하면서 뒤에서는 품에 숨겨진 칼을 꺼내어 같은 동역자를 흉보고, 비평하고, 심지어 모함하는 사람이라면 그 사람이 바로 '독'을 갖고 있는 사람이다. 장수 할머니의 권고가 아니더라도 이러한 독스러운 사람(toxic individual)으로부터는 멀리 떨어지는 것이 상책이다.

만일 동역하는 팀에 이러한 사람이 영입되어서는 결코 안 되겠지만 혹이라도 그러한 일이 발생하면 그 팀은 얼마 못 가서 큰 시련에 휘말릴 수 있는 상황으로 진입하게 될 것이다. 일을 잘하고 못하고의 문제가 아니라 사람과 사람 사이의 관계를 무너뜨리는 일이 쉼 없이 발생할 것이기 때문이다.

함께 하는 동역자들을 세워주고 인정한다고 해서 잘못된 부분까지 무조건 덮어주며 가야 하는 것은 아니다. 사도 바울이 함께 하는 동역자들을 인정하고, 칭찬하고, 격려하는 모습을 보여주었지만 "바나바의 생질 마가"만 보더라도 그의 잘못에 대해서는 선교 초기에 바나바와 갈라설 정도로 엄하게 대처하는 모습을 보여주기도 했다.

---

15) The Economic Times, Jan.21, 2023

처음 안디옥 교회에서 파송받아 떠날 때부터 아마 바나바의 조카인 마가라 하는 요한은 동행했던 것으로 추측된다. 하지만 어떠한 이유였는지 알 수는 없지만 사도행전 13장 13절에서 "바울과 및 동행하는 사람들이 바보에서 배 타고 밤빌리아에 있는 버가에 이르니 요한(마가)은 그들에게서 떠나 예루살렘으로 돌아가고"라는 기록을 통해 중간 그것도 아주 초기 단계에서 그들을 떠나 예루살렘으로 돌아간 것으로 소개하고 있다. 이에 대해 사도 바울은 이 중간 이탈을 아주 심각하게 잘못된 행동으로 여기고 있었던 것으로 보인다. 그래서 자기와 매우 가까운 관계를 유지하던 바나바와 심하게 다투면서까지 마가를 질책했던 것이다.

사도로서 대선배인 베드로에 대해서는 어떠했는가? 독자들은 이미 알고 있는 내용이라 상세하게 설명하지는 않겠다. 유대인의 전통에서 벗어나 이방 그리스도인들과 자유롭게 음식을 먹던 베드로였지만, 어느 날 율법을 중시하는 유대인들이 방문하였을 때 그는 다시 유대인의 전통에 따라 식사하는 위선적 행동을 보였다. 이에 대해 사도 바울은 베드로에게 "당신이 유대인으로서 이방인을 따르고 유대인답게 살지 아니하면서 어찌하여 억지로 이방인을 유대인답게 살게 하려느냐!"(갈 2:9-14)라는 책망을 주저하지 않고 하였다. 실제로 사도 바울의 표현을 빌자면 당시 야고보와 베드로와 요한은 "기둥같이 여기는" 교회의 지도자들이었다. 그는 실제로 그들을 '기둥'처럼 인정하였다. 하지만 그들이 복음의 본질에서 벗어난 행동을 할 때에는 주저 없이 질책도 불사하는 모습을 보였다.

그럼에도 불구하고 인정할 것은 분명하게 인정했고, 자기 자신에게 피해가 올 수 있을 정도로 함께 하는 성실한 동역자들을 높이 올려주고 세워주는 일에 결코 인색하지 않았던 모습을 볼 수 있다.

함께 한 자를 인정하고 세워주고 높여 주었다고 해서 이렇게 시간이 오래 흐른 지금 사도 바울의 이름이 퇴색되었는가? 결코 아니다. 본문인 잠언에서도 동역자로부터 높이 들림을 받아 성의 장로들과 함께 차를 마시던 그의 동역자는 칭찬하기를 "덕행 있는 동역자(여자)가 많으나 그대는 모든 동반자(여자)보다 뛰어나다 하느니라! 고운 것도 거짓되고 아름다운 것도 헛되나 오직 여호와를 경외하는 동반자(여자)는 칭찬을 받을 것이라. 그 손의 열매가 그에게로 돌아갈 것이요 그 행한 일로 말미암아 성문에서 칭찬을 받으리라"(잠 31:29-31)라고 했다.

함께 하는 동역자를 세워주고, 칭찬하고, 장점을 인정해 주는 것이 바로 자신을 세워주고, 칭찬하고, 인정받는 것임을 기억해야 할 것이다.

자기 관리를
할 줄 아는 사람

"자기 집 사람들은 다 홍색 옷을 입었으므로 눈이 와도 그는 자기 집 사람들을 위하여 염려하지 아니하며 그는 자기를 위하여 아름다운 이불을 지으며 세마포와 자색 옷을 입으며 그의 남편은 그 땅의 장로들과 함께 성문에 앉으며 사람들의 인정을 받으며 그는 베로 옷을 지어 팔며 띠를 만들어 상인들에게 맡기며 능력과 존귀로 옷을 삼고 후일을 웃으며 입을 열어 지혜를 베풀며 그의 혀로 인애의 법을 말하며 자기의 집안 일을 보살피고 게을리 얻은 양식을 먹지 아니하나니"(잠 31:21-27)

잠언에서 소개하는 주인공 동역자는 에너지가 넘치는 사람으로 소개된다. 옳다 여겨지는 일이 보이고, 자신이 해 낼 수 있겠다는 확신이 서면 뒤로 물러남이 없이 일을 진행해 나가는 도전적인 정신으로 무장된 사람이다.

함께 하는 자들에게 어떠한 해도 끼치지 않으려는 자세 역시 견지한다. 그가 사는 날 동안 함께 하는 자에게 선을 행할지언정 어떠한 악도 행하지 않았다는 평을 들었던 사람이다. 그렇다고 해서 맡겨진 일을 성취해 내기 위해 돈키호테처럼 막무가내로 달려 나가기만 했던 사람 역시 아니었다. 원리에 근거하여 계획을 세우며 빈틈없이 일을 진행했던 사람이다. 또 억척스럽게 돈을 벌면서도 주위의 가난하고 궁핍한 자들을 지나치지 않고 그들에게 나누어 주는 삶 역시 잊지 않았던 마음이 넉넉하고 여유로웠던 사람이다.

이렇게 바쁘고 분주하게 앞을 향해 달려 나가는 중에도 그는 자기 자신을 위해 "아름다운 이불을 지으며 세마포와 자색 옷을" 입었다. 세마포 옷에 대해서는 여러 가지 해석이 있다. 어떤 이는 모시보다 더 고급스러운 비단이라고 설명하기도 한다. 하지만 세마포라는 한자어를 보면, 세심하거나 섬세한 의미를 갖는 세(細)와 '아마'라는 식물의 뒷글자인 마(麻)와 펴서 입는 의미를 가진 포(布)라는 글자가 합쳐진 단어이다. 즉 세마포는 가는 삼실로 짠 매우 고운 베 옷을 의미한다. 예수님의 시신도 세마포로 쌌었고, 고대 이집트 왕인 바로의 시신 역시 미라 처리를 한 후에 많은 양의 세마포 천으로 싸서 장례를 치렀다고 한다.

자주색은 고대에 최상위 3퍼센트의 상류층을 위한 색깔로 소개된다. 비싼 가격과 복잡한 공정 때문에 자주색은 왕족이나 귀족을 의미하는 색깔로까지 소개된다. 심지어는 성서 시대에 전체를 자주색으로 염색한 겉옷은 오늘날의 화폐 단위로도 매우 높은 가격이었다고 한다.[16] 누가복음 16장 19절에 소개된 부자 역시 "자색 옷과 고운 베옷을 입고 날마다 호화롭게 즐기더라"는 모습으로 묘사되었다.

필자는 오늘 잠언의 이 주인공이 누가복음에서 소개하고 있는 흥청망청

---

16) https://pmj3025.tistory.com/10072256, 성서시대–옷에 대한 이야기.

하는 부자와 같이 돈이 넘치게 있어서 이러한 옷을 입었다고 생각하지 않는다. 오히려 '자기 관리'라는 철학으로 이해한다. 억지로가 아니라 그에 대해 설명된 전반적 내용에 근거하여 볼 때, 그렇게 해석하는 것이 타당하다고 보기 때문이다.

그는 부지런히 일하며, 남을 챙기며, 함께 하는 자를 높은 곳에 세우며 자신은 철저히 희생만 하는 사람인 줄 알았는데, 이 주인공은 자기와 자기 가정 역시 철저하게 관리할 줄도 알았던 사람이다.

동역자: 자기 관리가 되는 사람

'자기 관리'가 동역의 관계에 주는 의미 역시 가볍게 볼 성질이 아니다. 함께 일을 한다고 해서 '일'로만 연결된 것이 아니기 때문이다. 아침 첫 시간에 일하는 일터에서 마주쳐야만 하는 동역자의 표정, 옷이나 머리 상태, 인사하는 모습, 코로 들어오는 냄새, 다른 사람을 대하는 표정과 말투와 일의 처리 방식 등등 피할 수 없는 소위 '모습'이라는 것들이 있다.

이러한 외적 모습들이 별것 아니라고 여겨 다른 사람들이 자신을 어떻게 보든, 자신에 대해 어떻게 느끼고 무엇이라 말을 하든 별로 상관하지 않고 자신만 편하면 되는 것인 양 사는 사람들도 있기는 하다. 하지만 엄밀히 말하면 이러한 태도는 그리 이상적이지는 않다. 왜냐하면 함께 일을 하고 있는 동역의 관계가 이미 형성되어 있기 때문이다.

함께 일하는 자들의 수가 중요한 것이 아니다. 단 한 명이라도 함께 일하는 자가 있다면 마땅히 자신의 전 분야에 걸친 관리를 해야만 하는 것이 도리이자 예의이다.

외모 관리

'뭐 이런 것까지?' 이런 질문이 나올 만하다. 머리 스타일에 대한 말을 하고자 함은 아니다. 요즈음 머리의 다양한 스타일은 남녀노소를 떠나 이전에 볼 수 없었던 다양함이 존재한다. 나는 개인적으로 다양한 스타일은 문제가 되지 않는다고 받아들이는 편이다. 다만 최소한 함께 일하는 사람들에게 만큼은 인상을 찌푸려지게 만드는 모습은 자제되어야 한다고 생각한다. 기름을 바르든, 왁스를 잔뜩 묻혀 모양새를 만들건 자신의 헤어 스타일이므로 존중되는 것이 마땅하겠지만 적어도 본인이 참여하고 있는 직업의 종류와 함께 일하는 사람 전체를 고려하는 것이 마땅하다고 본다.

복장, 옷차림, 옷 모양새 등 역시 관리된 모습은 유지되어야 한다. 집에서 나오기 전 거울 한 번 정도는 바라보는 마음가짐은 있어야 한다고 본다. 요즈음 영어 표현으로 'who cares?'라는 식의 마음 자세는 누군가와 더불어 일하는 사람에게는 맞는 표현이 아니다. 함께 하는 자들이 쳐다보고, 일을 하는 대상이 바라보니 'who cares'라는 말은 적당하지 않은 자세이다.

필자인 나의 나이가 만만치 않게 많아지다 보니 이런 외적 모습에 대한 언급이 조심스럽다. 소위 '꼰대'라는 개념 때문이다. 개개인의 표현에 대한 자유가 대세인지라 개인의 표현에 대한 언급을 조금만 해도 싫어할 수 있다. 그럼에도 불구하고 회사마다, 일터마다 나름대로 소위 'dress code'라는 것이 있다. 내가 섬기고 있는 학교 역시 학생과 교사 모두에 대한 복장 규정(dress code)이 있다. 내가 입는 복장을 통해 내가 지금 나를 관리하고 있는지 아닌지를 타인의 관찰을 통해 알 수 있음을 명심할 필요가 있다.

언젠가 한 번 아내가 나에게 입에서 냄새가 난다고 했다. 무슨 냄새가 나는지 되물었지만 아내는 그냥 뭔 냄새가 난다는 것이었다. 그런 말을 처음

들었기 때문에 마음이 좀 불편했다. 칫솔질을 매 식사 후에 해 보았다. 집에서 나가기 전에 아침이든 오후든 가능하면 이를 닦으며 구강에서 나는 냄새를 최소화하고자 노력했다. 어쨌든 30년 이상을 함께 살고 있는 부부의 관계라 할지라도 싫은 것은 싫은 것이니 피차 존중하고 조심할 필요는 언제나 있다. 하물며 일터에서 만나는 남과의 관계에서는 더욱더 조심하는 것이 존중의 표현이 아닐까 생각한다.

인사, greeting, 관리

나의 장인이셨던 고 장기순 장로님은 자녀들이 어릴 때 "하루에 같은 사람 몇 번을 만나도 인사를 잘해야 한다"고 가르치셨다고 들었다. 그래서 그랬는지 나의 처남은 대학생 시절에 얼마나 인사를 요란스럽게 잘하였던지 지금까지도 그 표정과 모습이 떠오른다. 180이 넘는 키에 체구도 적지 않지만 함께 다니던 교회에서 하루에 몇 번을 마주쳐도 "안녕하세요!"라고 큰 소리로 내 눈을 바라보며 인사하던 그 모습이 내 기억에 남아있다.

웃으며 인사하는 사람을 마다하고 싫어할 사람은 없다. 웃는 얼굴에 침 뱉는 사람은 없다는 속담이 있듯이, 인사는 사람과의 관계에 있어 매우 중요한 부분을 차지한다. 말 한마디로 천냥 빚을 갚는다는 말이 있듯이, 마주치지 않아도 찾아와서 인사하는 사람에게 마음의 문이 열리는 것은 어쩌면 당연하다. 반대로 예의도 바르고, 일도 잘하는 사람인데 만날 때 눈을 마주치지 않고 피한다거나, 마주쳐도 어설프게 인사하고 서둘러 자리를 피한다거나, 아예 모른척하고 눈을 돌려버리는 사람은 매번 마주침이 편치 않다. 아무 잘못이 없어도 불편해지고 심지어는 관계에 있어 어려워지기도 한다. '일터에서 일만 잘하면 되는 것이지'라고 생각하면 오산이다. 함께 일하는 일터에서 함께 일하는 사람과의 관계가 어찌 중요하지 않다고 할 수 있겠는가?

그 관계 중에 가장 기초가 '인사'이다. 눈을 똑바로 바라보며, 적당한 미소와 함께 긍정적인 표정을 유지하며 greeting하는 것은 매우 중요한 자기 관리에 해당한다.

물론 문화에 따라 '인사'하는 외적 모양과 내적 마음가짐은 다를 수 있다. 어떤 문화는 적극적으로 '인사'를 표현하기도 하고, 다른 어떤 문화는 매우 소극적으로 '인사'를 하기도 한다. 동일 문화권 안에서도 어느 지방이냐에 따라 그 표현이 다를 수 있고, 개개인의 성향에 따라 조금씩의 차이는 있을 수 있다. 심지어는 자기 자신에 자신이 있는 사람과 자신에 대해 열등한 사고를 갖고 있는 사람들 간에도 인사의 표현은 다를 수 있다.

이에 대해 나를 약간 당황스럽게 했던 이전의 기억이 떠오른다. 제법 오래전 내가 섬겼던 우리 단체의 젊은 중국인 동역자들 대부분은 농촌 출신이었다. 그리고 그곳 농촌 사람의 식구들에 대한 인사 문화는 부모와 자식 간이든 같은 형제들 간이든 다정다감한 편은 아니었다. 수개월을 외지에서 일하다 돌아와도 서로를 껴안고 인사를 하거나 문안하는 모습은 찾아보기 힘들었다. 마음으로는 관심을 갖고, 떨어져 있을 때는 자주 전화로 문안도 하고, 문제가 있으면 피차 고민도 하곤 하였지만 막상 얼굴을 대하고 만나게 되면 그러한 관심과 사랑의 감정을 드러내지 않는 편이었다.

한 번은 나와 한 젊은 형제 동역자와 사역지를 방문하러 가는 길에 그 형제 집을 경유해서 가자고 제안하였다. 그 형제는 나의 제안을 들은 후 집에 전화를 걸어 집에 들릴 것이라고 소식을 전해주었다. 그곳에 가는 몇 시간 내내 형제도 집으로 전화하여 어느 지역까지 왔으니 몇 시간 후에 도착할 수 있다고 연락하고, 어머니 역시 그 형제에게 어디까지 왔느냐 등의 질문을 하는 통화를 하였었다. 그렇게 그 형제의 집에 도착했다. 나는 당연히 아들과 어머니가 손도 잡고 포옹도 하면서 반가운 만남의 격식을 가질 줄 알았다. 그런데 집에 도착한 형제가 집 문을 열고 들어가는데, 그 어머니는 음식을 준비하면서 흘깃 아들을 쳐다보며 "왔냐?"라고 말하고 아들은 "응!"이라고 대답하면서 곧장 자기 방으로 들어가는 것이 아닌가. 나는 의아해서 그에게 "엄마 맞나?"라고 물어보기까지 했던 기억이 난다.

한 번은 구정 휴가를 마치고 귀임한 젊은 동역자들을 대하면서 당황스러웠던 적이 있다. 중국은 큰 나라이고 당시만 해도 집에 가려면 비행기보다는 기차를 이용했기 때문에 일터였던 운남성에서 고향인 하남성에 가려면 적어도 이틀은 잡고 가야만 했고, 그래서 자연스럽게 구정 휴가 기간은 길어질 수밖에 없었다. 거의 한 달간 떨어져 있다가 다시 만나는 동역자들이니 나로서는 반가울 수밖에 없었다. 그래서 그들이 돌아온 날 아침 사무실에 들어가 반기며 손을 잡고 악수하리라는 기대를 당연히 하면서 사무실 문을 열었다. 그런데 너무 뜻밖에도 그들은 나를 쳐다보고는 별로 반기는 표정 없이 매일 만나온 사람처럼 멀뚱멀뚱 대충 바라보며 지극히 간단한 인사로 끝을 맺는 것이 아닌가. 나는 당황스러워 내 사무실에 들어가 앉으며 '이 상황은 뭐지?' 하는 생각에 사로잡혔다. 한편으로는 당황스러웠지만 다른 한편으로는 화가 나기까지 했다. '돌아오기 싫은 것을 억지로 돌아왔나?' 등등의 생각을 하며 분석까지 하였다.

결국 나중에 이들을 좀 더 이해하게 되면서, 이것을 일종의 '둔화'로 받아들이게 되었다. 동등한 수준의 지도자끼리 만났을 때는 서로 악수를 하며 피차간에 반가운 인사의 표현이 어렵지 않은 문화다. 한국의 문화나 미국의 문화나 다를 바가 없다. 하지만 상급자라 여겨지는 사람과 많은 차이가 나는 아래 사람이면서도 나이까지 어린 사람의 경우에는 오히려 매우 피동적인 상황으로 들어간다. 피동적인 상황에 있다 보니 어른이 좀 더 적극적으로 나오지 않을 경우에는 아래 사람이 적극적으로 다가가려는 시도를 마음대로 하는 편이 아님을 한참 후에 조금씩 이해하게 되었다. 그래서 중국 젊은이들과 함께 일을 할 때는 상급자이거나 리더인 사람이 좀 더 적극적으로 다가가 인사를 하고 대화하는 것이 필요할 수 있을 것이라 여겨진다.

어쨌든 적극적인 인사와 문안은 '나'를 지키면서 동시에 동역자들과의 관계를 부드럽게 해주는 매우 중요한 '자산'임이 틀림없다.

이 글을 읽고 있는 독자는 한 번 자신을 돌아보며 나는 어떠한가를 생각해 볼 필요가 있다. 그리고 가능하다면 현재 나의 기분과 상관없이 만나는 사람들과 적극적인 인사 관리를 하기를 바란다. 결코 손해 보지 않을 것이다. 나이나 직분 고하를 막론하고 '인사'는 중요하다.

표정 관리

우리는 가끔가다 어쩌다 만나는 사람의 별로 중요하지 않은 시선을 위해, 함께 어떤 일도 도모하지 않는 누군가를 의식하며, 크게 중요하다고 여겨지지 않는 예절과 겉치레를 위해 시간을 꽤 많이 보내기도 한다. 그런데 매일 만나 함께 중요한 일을 도모하는 중요한 사람에게는 간혹 무례한 표정이나 말투나 행동을 해 버리는 오류를 범하곤 한다.

표정은 원래 한자어이다. '표'는 표시한다는 의미의 '표(表)'자이고, '정'은 감정의 '정(情)'자이다. 뜻을 알고 사용하건 모르고 사용하건 원래의 뜻은 "얼굴에다 마음의 감정을 표현한다"이다.

화가 난 사람의 얼굴에는 화가 난 감정이 표출된다. 웃으려고 노력해도 웃음 언저리에 묻어 있는 '화'의 기운은 감추기가 어렵다. 반대로 너무 기쁜 일을 마주하고 있는 사람은 그 기쁜 감정을 숨기기가 쉽지 않다.

그럼에도 불구하고 우리가 마음속에 있는 감정을 우리의 표정에 일일이 표출해 낸다면 얼마나 변화무쌍한 얼굴 표정이 되겠는가? 그렇게 감정에 따라 변화무쌍한 얼굴 표정의 동역자와 일하는 것이 얼마나 어렵겠는가?

얼굴은 마음의 거울이라고까지 표현한다. 함께 동역하는 사람들 간에는 얼굴에 나타나는 감성의 표현까지도 신경을 쓰는 예절이 필요하다.

말투 관리

말투, 즉 어투는 '말을 하는 버릇이나 본새'이다. 말투나 어투는 사실 어려서 정착되는 경우가 많다. 늘 싸움하듯이 말하는 것을 자연스럽게 보고 들으며 자란 사람들은 커서도 자연스럽게 싸우듯이 말하곤 한다. 안타깝지만 사실이다.

늘 빈정대며 남의 말을 부정적으로 내리깔고 대하는 부모 밑에서 자란 아이들은 커서 다른 사람들의 말을 긍정적으로 이해하여 부드럽게 그리고 긍정적으로 자연스럽게 표현해 내기는 쉽지 않다. 판단받고 정죄받으면서 자란 아이들이 커서 남을 보듬고 포용하는 말투로 살아내기란 매우 어려운 일이다.

그러므로 말투와 어투에 대한 자신의 관리는 많은 시간을 요한다.

동역자들 간에 어투는 가능한 한 공격적이거나 비판적이거나 정죄적인 어투가 아닌 온화하면서도 건설적이고 서로를 세워주는 것이어야 한다. "내가 자랄 때 그렇게 자랐기 때문에 그렇게밖에 말을 할 수 없으니 당신들이 알아서 이해하든지 말든지" 하는 자세를 갖고 누군가와 동역하는 결과는 불협화음일 뿐이다.

물질 관리

본서의 4장 신뢰의 분야에서 물질 분야에 관한 신뢰가 동역에 있어 얼마나 중요한가에 대해 이미 상세하게 다루었기 때문에 여기에서는 다시 다루지는 않겠다. 다시 한번 강조하지만, 함께 일하는 동역자가 물질 관리를 잘하지 못해서 힘들어하거나 다른 동역자들에게 부담을 주는 일이 생길 경우 전체의 어려움으로 이어질 수 있기 때문에 이 부분은 특히 유의해야 할 것이다.

지식과 실력 관리, 일의 능률과 업적 관리

그리스도인들은 천국에 가기 전까지는 하나님이 불러주신 일에 집중하며 열심히 살아야 한다. "때가 아직 낮이매 나를 보내신 이의 일을 우리가 하여야 하리라. 밤이 오리니 그 때는 아무도 일할 수 없느니라"(요 9:4)는 말씀과 같이 우리들은 이 땅 위에서 호흡하는 동안 열심히 살아야 한다.

세상의 흐름은 잘 놀기 위해 열심히 일하는 쪽으로 가는 것 같이 보이기도 하지만, 세상이 어떠한 방향으로 가든지 우리 그리스도인은 하나님의 말씀이 제시하는 방향으로 가면 된다. 하나님의 나라를 위해 힘이 다할 때까지 열심히 사는 것이다.

그중 하나가 맡겨진 일에 대한 지식과 실력을 관리하는 것이다. 행정과 관계되는 일이면 행정에 관한 지식과 실력을 늘려 나가야 한다. 기술에 관한 것이면 그 기술 분야에 있어 으뜸이 되는 것을 목표로 나가야 한다. 복음을 전하는 것이 남을 설득하는 커뮤니케이션 분야라면 하나님의 말씀을 사람의 말로 사람들에게 전하는 커뮤니케이션 분야의 수준에 있어서도 적지 않은 노력을 기울임으로 높여나가는 자세가 마땅하다.

함께 동역하는 사람이 1년 전이나 5년 전이나 10년 전이나 늘 동일한 지식과 실력과 일의 능률을 유지하고 있다면 심각하게 자신을 돌아볼 필요가 있다. 함께 하는 동역자가 자기 관리를 제대로 하지 않음으로 함께 하는 다른 동역자들이 자신에게 맡겨진 일들을 해야 할 시간에 자기 관리가 잘되지 않는 사람을 돌보아주어야 하는 시간의 낭비와 같은 피곤한 일은 언제든지 일어날 수 있기 때문이다.

잠언 31장 22절의 내용을 다시 한번 보자. 여기에 나오는 주인공은 "자기를 위하여 아름다운 이불을 지으며 세마포와 자색 옷을 입으며"라고 했다. 부지런히 일하며, 남을 챙기며, 함께 하는 자를 높은 곳에 세우며 자신은 철저히 희생만 하는 사람인 줄 알았는데 이 동역자는 자기를 관리할 줄도 알았던 사람이다. 그에 대한 평가의 클라이맥스는 25절에 나오는 "능력(strength)과 존귀(dignity)로 옷"을 입었다는 것이다.

이 사람은 무엇인가 잘 되는 일이 보이면 해뜨기 전에 일어나 일을 이루어 나가다 밤이 되어도 등불을 끄지 않고 일을 진행해 나가는 사람이었다. 일만 열심히 한 것이 아니라 그의 말 한마디 한마디에 힘과 신뢰가 있었다. 그래서 주위에 있던 다른 사람들이 그를 존귀하게 여겼고 확실하게 인정했던 것이다.

또 27절에 보면 그는 게을리 얻은 양식을 먹지 않는다는 자존감(dignity)을 유지하는 원칙도 갖고 살았다. 이러한 자들 아니면 'dignity'라는 단어가 부여되기 어렵다. 그러면서도 그는 "후일을 웃으며"(25절) 현재를 준비한 철저한 자기 관리자였다. 이 글을 읽는 독자 중에 과연 몇 사람이나 "후일을 웃으며" 현재를 보내고 있을까? 꼭 물질만을 말하는 것은 아니다. 후일에 함께 할 사람들, 후일에 할 일들 등등 모두 포함되어 있다.

자기 관리가 가능한 동역자! 내가 그러한 동역자가 되어야 할 것이고, 나는 그러한 동역자와 함께 일하며 하나님 나라를 함께 세워 나가야 할 것이다.

12

주위 사람들로부터 존중받는 사람

"그의 자식들은 일어나 감사하며 그의 남편은 칭찬하기를 덕행 있는 여자가 많으나 그대는 모든 여자보다 뛰어나다 하느니라. 고운 것도 거짓되고 아름다운 것도 헛되나 오직 여호와를 경외하는 여자는 칭찬을 받을 것이라"(잠 31:28-30)

잠언에 나오는 이 여성이 칭찬받을 시점이 언제일까 궁금하다. 그의 남편이 그 지역의 어른들인 장로들과 높은 성문에 앉아 차를 마시며 대화할 정도라면 이 여성 역시 제법 나이가 무르익은 시점이 아닐까 생각한다.

나이가 어느 정도 무르익은 시점에서 주위로부터 받는 인격과 인품과 살아온 길에 대한 평가는 심각하게 받아들여야 한다. 하지만 주위의 적지 않은 사람들은 "나는 하나님의 일을 하는 사람이니 하나님께서 내 중심을 이해하고 계시면 나는 다른 사람 신경 쓰지 않는다. 나를 비평하는 소리 하도

들어와서 이제 누가 뭐라 해도 나는 신경쓰지 않는다. 그냥 나는 지금까지 살아온 그 방식대로 내 길 내 방식으로 가련다!"라고 말하곤 한다.

잠언에 나오는 이 여성은 최선의 노력을 기울여 인생을 살아왔다고 본문은 기록하고 있다. 자신에 대한 관리도 나름 철저하게 한 것으로 보인다. "그는 자기를 위하여 아름다운 이불을 지으며 세마포와 자색 옷을 입으며"(22절) 관리하였다. 눈에 보이는 외적인 관리만 있었던 것이 아니다. 25-26절에 나오는 "능력과 존귀로 옷을 삼고 후일을 웃으며 입을 열어 지혜를 베풀며 그의 혀로 인애의 법"을 말하던 사람이었다. 비록 억척스럽게 일을 하며 삶을 꾸려온 사람이었지만 어렵게 살아내는 삶의 여정 중에도 자신을 최대한 관리해 내는 모습을 유지했을 뿐만 아니라 입을 열어 지혜를 베풀며 인애의 법을 말하였다는 평가는 대충 넘겨들을 만한 평가가 아니다.

이 말은 이 여성 주변에는 이미 이 사람을 존중하는 사람들로 가득하다는 표현으로 이해할 수도 있다. 어려운 일이 있으면 찾아가 자문을 구하는 대상이 되었을 것이고, 애통한 일이 생겼을 때 찾아가 위로받을 수 있는 대상으로 '어른'으로 인정받았던 사람으로 짐작하는 데 무리가 없다.

자기 자신의 관리에 철저하고, 자신의 말 한마디 한마디의 영향력이 큼으로 인하여 어른 대접을 받게 되면 소홀하게 되는 것이 가정인 경우가 많다. 그런데 이 여성은 자신에게 허락된 가정 식구들을 위해서도 "자기 집 사람들은 다 홍색 옷을 입었으므로 눈이 와도 그는 자기 집 사람들을 위하여 염려하지 아니하며"(21절)라고 하였다. 자신의 평생 동반자인 남편에게는 지역 유지들과 함께 중요한 대화를 하는 자리에 앉을 수 있도록 도왔을 것으로 추측할 수 있다.

그는 하나님 앞에 무릎꿇고 기도만 하던 여성이 아니었다. 그는 자신에게 주어진 은사를 십분 활용하여 영향력 있는 비즈니스인으로, 기업인으로 자리를 잡았다. 기회가 주어지면 놓치지 않았고, 그것을 키워 더욱 힘 있는 기업으로 키워내기 위해 "밤에 등불을 끄지 아니하며" "밤이 새기 전에 일어나서" 일을 열심히 하였다.

뿐만 아니다. 그는 "곤고한 자에게 손을 펴며 궁핍한 자를 위하여 손을" 내밀었다(20절). 가난한 자들을 위해 물질의 도움을 베풀었다. 정신적으로 힘들어하는 자들에게는 상담을 해주며 지혜를 나누어주었고, 도움을 필요로 하는 자들에게는 인애를 베풀었다.

이 여인은 삶의 강력한 철학도 가지고 있었다. "게을리 얻은 양식을 먹지 아니하나니"(27절)와 같은 철학이다. 오늘날과 같이 남이 열심히 일하여 벌어 놓은 것을 수단과 방법을 가리지 않고 뜯어내어 먹고 사는 것을 생활의 한 방편으로 여기며 사는 사람들이 수두룩하게 널려있는 이 세상에도 꼭 필요한 철학이 아닐까? 또 손이 수고한 대로 먹고사는 철학을 터득하고 있었을 뿐만 아니라 그것을 실행에 옮기며 살았던 사람이었다.

이러한 엄마를 향해, 아내를 향해 자식들과 남편이 "그의 자식들은 일어나 감사하며, 그의 남편은 칭찬하기를 덕행 있는 여자가 많으나 그대는 모든 여자보다 뛰어나다 하느니라! 고운 것도 거짓되고 아름다운 것도 헛되나 오직 여호와를 경외하는 여자는 칭찬을 받을 것이라! 그 손의 열매가 그에게로 돌아갈 것이요 그 행한 일로 말미암아 성문에서 칭찬을 받으리라!"(28-31절)며 존중하고 감사하고 인정하였다.

필자는 이 칭찬의 내용을 볼 때마다 마음에 감동이 된다. 어떻게 한 사람의 역할이 이렇게 모든 분야에 걸쳐 완벽할 수 있을까? 나와 내 가정과 나에게 주어진 일들과 주위의 힘없는 자들 등 모든 사람에게 최선의 노력을 기울인 그 모습이 너무나도 귀하게 보인다.

이러한 자들에게 마땅히 주어지는 것은 **'존중'**이다.

존중은 어느날 갑자기 주어지는 것이 아니다. 잠언 31장의 주인공과 같이 삶 속에서 우러나올 때 시간의 흐름 가운데에서 그 모습을 본 사람들이 평가하는 성질의 것이다.

함께 일하고자 하는 사람이 젊은 사람일 수도 있고, 어느 정도 연륜이 있는 사람일 수도 있다. 하지만 젊은 사람이라고 더 지켜봐야 할 필요는 없을 수도 있다. 그냥 그 시점까지 어떠한 모습으로 살아왔는가를 살펴볼 수 있는 길은 다양한 방식으로 찾아낼 수 있기 때문이다.

어떤 사람은 주위에서 강력한 네가티브로 평가를 내리기도 한다. 어떤 사람은 그저 그런 사람으로 평가를 받기도 한다. 어떤 사람은 매우 긍정적인 평가를 받는다. 그런데 그러한 평가들을 결코 간과하면 안 된다는 것이다.

아주 오래 전의 일이다. 내가 안식년을 갖고 있을 때였다. 그 기간 중에 어느 한 지인이 와서 안식년 후에 자신과 함께 동역하자는 요청을 강력하게 해왔다. 나는 사실 잘 모르는 사람이라 그리 마음을 두지 않았다. 하지만 이 지인은 끈질기게 나와의 동역을 요청하였다. 너무 강력하다 보니 나도 모르게 마음이 좀 끌렸다. 그런 와중에 주위에서 만류하는 소리를 듣기 시작했다. 이 사람도, 저 사람도 그와의 동역을 부정적으로 말하면서 만류하였다. 그런데 그때 나의 마음과 귀는 그러한 부정적인 소리가 잘 들리지 않았고 마음에 들어오지도 않았다. 결국은 안식년을 끝낸 후 그 지인의 요청에 따라 일을 함께 시작하게 되었다.

개인적인 상황이라 지명과 인명을 쓸 수 없다. 어쨌든 내가 그와 함께 일을 시작한 지 몇 달이 못 되어 주위에서 우려했던 일들을 내가 경험하기 시작했다. 때로는 진솔하고 솔직한 모습이 보이기도 했지만, 일을 처리하는 방식에 있어서 겉의 모습을 거두어내고 안으로 들어갈수록 복잡한 모습을 많이 보게 되었다. 결국 1년 후에 헤어지기로 결정했다. 물론 그 1년이라는 세월을 통해 인생의 또 다른 한 토막을 공부할 수 있는 기회가 되기는 했지만 쓸쓸한 기억이 좀 더 많이 남는 기간으로 기억된다.

한 나라의 대통령도 내가 좋아하건 싫어하건 다른 나라의 사람들로부터 존중을 받지 못한다는 평가를 받게 되면 같은 국민으로서 좋을 수 없다. 내가 출석하는 교회의 담임 목사님의 설교를 내가 좋아하건 그렇지 못하건 다른 교회의 사람들로부터 부정적인 평가를 받게 되면 그 교회의 교인으로서 마음이 좋을 수는 없다. 내가 아무리 부모님을 싫어한다고 해서 다른 집의 자녀가 나의 부모님에 대해 함부로 부정적 평가 내리는 말을 듣게 되면 주먹질로까지 번질 수 있는 불쾌감을 느끼게 마련이다.

나와 함께 일할 사람에 대한 주위의 평가는 이런 차원에서도 대단히 소중하다.

그래서 신약 시대에 제시하는 지도자에 대한 조건 속에는 사람들의 평가도 늘 포함되었다. 사도들을 향하여 구제 정책에 불만을 품은 사람들의 목소리가 높아지자 그들은 이러한 행정을 담당할 집사들을 선택할 필요성을 느끼게 되었다. 그래서 사도들은 일곱 명의 집사들을 선정하게 되는데, 그 조건의 하나가 '칭찬 듣는 사람'이었다. 물론 앞의 조건은 '성령과 지혜가 충만한'이지만, 성령과 지혜가 충만한 것 같이 말과 행동을 하면서도 주위로부터 전혀 칭찬받지 못하는 사람들도 많았기 때문에 주위 사람들로부터 인정도 받고 칭찬도 받는 사람을 조건으로 내세웠을 것이다.

디모데전서 3장에서 소개되는 지도자의 조건 속에도 "책망할 것이 없으며"라는 내용이 명시되어 있고, 또한 "외인에게서도 선한 증거"를 얻어야 할 것에 대한 조건 역시 추가되어 있다.

교회를 아무리 크게 성장을 시켜 놓아도 주위로부터 선한 증거를 얻지 못하는 지도자도 적지 않다. 일은 많이 하고, 업적은 많이 남기는 것 같은데 주위로부터 인정과 칭찬을 얻지 못하는 경우 역시 자주 접한다.

함께 하는 자가 주위로부터 늘 손가락질당하고, 책망받고, 성실함과 신실함에 의심을 받게 되면 함께 일 하기가 얼마나 어려울까? 이러한 이유로 이미 이 책의 앞 부분에서 언급하였듯이 동역을 결정하기 전에 꼭 시간을 충분히 갖고, 평가하고, 최종 결정으로 천천히 들어가는 것이 안전할 것이다.

인정받는 자! 존중받는 자! 잊지 마시라!

동역자의 열세 번째 원리 COWORKER MANUAL

동반자를 이해하고 품으며 걷는 사람

"능력과 존귀로 옷을 삼고 후일을 웃으며 입을 열어 지혜를 베풀며 그의 혀로 인애의 법을 말하며 자기의 집안 일을 보살피고 게을리 얻은 양식을 먹지 아니하나니"(잠 31:25-27)

어떤 일을 이루기 위해 나와는 다른 누구와 마음을 맞추어 일을 해내는 사람은 훌륭하고 귀한 사람이다. 나의 경험에 근거한 결론이다. 지금까지 결코 짧다고 할 수 없는 사역 참여 시간의 흐름 속에서, 나 자신에게 주어진 다양한 종류의 사역들을 감당해 온 복잡한 과정을 가만히 생각해 보면, 어떤 일도 나 혼자서만 해 낼 수 있던 일은 없었다. 조그마한 일이든, 규모가 어느 정도 있는 일이든, 언제나 누군가와 더불어 모든 일을 감당해 왔다. 내가 주체가 되기도 했고, 때로는 남이 주체가 되기도 했었지만, 늘 더불어 일을 해 왔다. 어떤 사람과는 짧은 시간 중에 단회적으로 함께 하기도 했고,

또 어떤 사람과는 긴 시간에 걸쳐 지속적으로 함께 일을 하기도 했다.

이러한 시간의 반복 속에 어느덧 함께 일에 참여하는 누군가를 의식하며 그 누군가와 더불어 일을 해 온 세월이 거의 40년에 다다른 것 같다. 이러한 경험에 근거하여 말할 수 있는 결론은 함께 하는 동역자와 같은 목표를 이루기 위해 마음을 맞추어가며 일을 이루어 낸다는 것은 참으로 쉽지 않은 것이며, 그렇게 더불어 일을 이루어 내는 사람들은 모두 귀한 사람들이라는 것이다.

이유는 간단하다. 누군가와 어떤 종류의 일이든 함께 더불어, 목적이 주어진 그리고 의미가 부여된 일을 이루어 낸다는 것은 매우 어려운 일이기 때문이다. 그 대상이 아내이건, 자식이건, 형제이건, 친구이건, 같은 공동의 이익을 추구하는 동업자이건, 동역자이건, 대상 여하를 막론하고 함께 일을 한다는 것은 어려운 일이다.

'함께'라는 단어는 듣기만 해도 좋은 단어인데, 왜 '함께' 일하는 것은 어렵다는 것일까? 당연한 질문이다. 아마 여러 가지 이유가 있을 것이다. 그 이유를 생각해 보자.

먼저는 하나님이 창조하신 그 많은 사람 중에 동일한 지문(finger print)을 갖고 있는 사람은 단 한 명도 없다는 사실이다. 다시 말해, 한 사람 한 사람 모두가 다를 수밖에 없다는 것이 첫 번째 이유라 할 수 있다.

동일 문화권, 동일 언어권 안에서조차도 같은 문화와 같은 언어를 공유할 뿐이지 태어날 때 주어진 가정 환경, 부모의 성격과 성향, 교육 환경, 주변 사람들과의 인간관계 여건 등등 많은 부분이 공유되지 않는다. 그래서 나와 다른 누군가와 '함께' 어떤 일을 하는 자체를 어렵다고 하는 것이다.

다음으로 생각할 수 있는 것은 서로 다른 사람들이 공동의 목표를 위해 한 사무실에 앉아, 또는 한 단체 안에서 일을 하는 것이지만 공동의 목표에 대한 '인식'의 차이와 그 목표를 이루어나가고자 하는 '방법'의 차이 등이다. 한 가지 더 추가하자면 '인식'과 '방법'을 매우 유사하게 공유하고 있더라도 함께 하고 있는 자들 간의 조금씩 다른 '관념' 즉 시간에 대한 관념, 물질에 대한 관념, 관계에 대한 관념, 세상에서 발생하는 일들을 바라보는 다른 '시각'과 '사고' 등이다.

사소하게는 같은 사무실에서 누군가와 더불어 책상의 배열을 결정한다든지, 방 안의 온도를 통일한다든지, 소음과 잡음에 대한 개념을 함께 결정한다든지 등등의 일조차도 독자적으로 결정하여 처리할 수 있는 것은 거의 없다고 볼 수 있다. 이러한 이유로 함께하는 다른 누군가의 의견을 청취하면서 더불어 할 때는 의견의 다름으로, 또는 진행 방식의 다름으로, 또는 다름에 대한 표현 방식의 다름으로 인해 어려운 상황을 경험하게 되는 일이 부지기수(不知其數)다.

나의 딸이 미시간 그랜드래피드라는 지역에서 대학 생활을 할 때의 일이다. 어느 날부터 딸이 함께하고 있는 룸메이트에 대해 말하기 시작했다. 물론 아빠보다는 엄마가 더 편한 대화의 대상이기 때문에 엄마에게 자주 말을 하기 시작했고, 엄마인 아내는 딸의 불편한 상황을 나에게 전해주었다. 간단하지만 심각한 내용이었다. 기숙사에서 함께 살고 있는 백인 학생은 추위를 덜 타는 사람이었다. 그랜드래피드의 겨울은 무척 추웠는데, 이 룸메이트는 방 안에 계속 공급되는 난방이 더웠는지 잘 때도 창문을 열고 잔다는 것이었다. 하지만 딸은 그것이 너무 힘들었던 것 같다. 몸의 체온이 서로 다르다 보니 상호간에 참을 수 있는 상황이 되지 않았던 것 같다. 결국 나는 딸에게 학교에다 룸메이트 교환 신청할 것을 권고했고, 딸은 학교에 그렇게 요청하여 룸메이트를 바꾸게 됨으로 이러한 갈등 문제를 해결하였다. 다른 모든 것이 다 맞아도 몸의 체온 하나 다름으로도 함께 하는 것에 어려움이 있을 수 있다는 조그마한 예화이다.

조그마한 이익이 전혀 개입되지 않은 사적 공간에서 진행되는 일들조차도 이러한데 어떠한 형태로의 손익이 개입된 일들, 나름대로 고민하며 계획된 일들, 성취하고자 하는 목표가 걸려있는 일들을 어느 누군가와 함께 진행해 나가는 것은 쉬울 수 없는 것이 어쩌면 당연하다.

이 내용을 논함에 있어 '수직적 사회 구조 속에서 주어진 고용주와 고용인의 관계'는 예외로 두어 논하지 않겠다. 동일한 목표를 놓고, 서로 의견의 교환이 가능한 구조 안에서의 함께 그리고 더불어 일하는 내용에 대해서만 이야기하고자 한다.

물론 사회의 구조와 그 사회가 갖고 있는 일 문화(working culture), 상하 관계에 대한 기본적 기대 등을 일일이 열거하고 일일이 대응하면서 글을 써 나갈 필요가 전혀 없는 것은 아니지만 그러기에는 이 책의 공간이 너무 부족하다.

하나님이 창조하신 개개인의 독특함을 인정하기에 모든 상황마다 주어지는 일의 환경은 너무나 다양하고 각양각색일 수밖에 없음을 인정한다. 그럼에도 불구하고 다름을 극복하며 함께 일을 잘해 나갈 수 있는 처방전은 문화를 초월하여 가능하다고 본다.

미국에서 두통과 발열을 위해 먹는 '타이레놀'이 아프리카에서는 설사약으로 사용되지 않는다. 아시아에서 설사에 처방되는 약이 남미에서는 근육통 약으로 처방되지 않는다. 언어가 다르고, 생각이 다르고, 문화가 다르고, 기대치가 다르고, 가치관이 다른 서로 다른 민족이라 할지라도, 같은 하나님을 믿는 하나님의 자녀들은 유일하신 한 창조주를 믿고, 변치 않는 진리와 삶의 본질과 가치와 윤리의 근거가 되는 하나님의 말씀인 성경을 믿는 믿음을 공유할 수 있으므로 다름을 극복하면서 함께 일을 해 나갈 가능성이 더 크다.

이러한 큰 전제 조건 하에서 함께 그리고 더불어 일하는 것이 얼마나 귀하면서도 어려운 것인가를 좀 더 심도 있게 생각해 보고자 한다. 더구나 '함께 인생의 어느 한 길을 걸어가는 동반자'를 논하는 책이고, 함께 길을 걷는 자를 이해하고 품으며 가는 동반자의 원리에 관한 내용을 다루는 장(章)이기에 마땅히 다루어야만 하는 주제라 생각되어 이 부분을 나누고자 한다.

다수 속에서 1:1의 관계

함께 일하는 사람이 한 명이든 두 명이든 10명이든 상관없다. 나와 관계된 모든 사람 한 사람 한 사람과의 관계는 모두가 1:1의 관계이다. 부서로 나누어져 운영되는 단체라도 다를 것은 없다. 내가 최고 책임자라면 나와 각 부서장이 1:1의 관계가 되는 것이고, 부서장이면 부서의 직원 한 명 한 명과의 관계가 1:1이 되는 것이다. 그리고 내가 부서원 중의 한 명이라면 더더욱 모든 자와의 관계는 1:1의 관계로 형성되게 마련이다.

남편의 뒤에 남편이 태어나 자란 가정이라는 배경과 가정의 구성원들이 서 있고, 아내의 뒤에 역시 동일하게 많은 사람들이 서 있다 할지라도 부부의 관계는 1:1에서 시작하고, 1:1 즉 양자 사이에 다른 어떠한 것들이 들어와 영향을 주는 것을 최소화할 필요가 있다. 그 틈새에 이 사람 저 사람이 끼어들어 무슨 역할을 하려 해도 1:1의 관계를 명확히 유지하는 한, 다른 사람들의 영향으로 인하여 발생할 수 있는 문제를 최소화할 수 있기 때문이다.

부모와 자식의 관계 역시 크게 다르지 않다. 부모 대(對) 자식 하나하나의 관계를 유지하는 것이 중요하다. 한 배에서 나온 자녀라도 성격과 성향과 삶의 자세와 방식은 다 각기 다를 수 있다. 따라서 부모와 자식 전체의 1:1이 있을 수 있고, 부모와 자식 한 명 한 명의 1:1이 있을 수 있고, 엄마와 한 명의 자녀로서의 1:1, 또는 아빠와 한 명의 자녀로서의 1:1이 있을 수 있다. 1:1의 개념을 이해하는 만큼 오해를 줄이고, 하나님이 주신 특수한 성격, 성질, 능력 등을 이해하는 관계, 서로를 품으며 갈 가능성의 문은 넓게 열릴 수 있다.

프레임(Frame)을 무시하고 사용하지 마라

프레임을 자주 사용하는 사람은 크게 둘로 나눌 수 있다. 하나는 자신의 이득을 위해 정치적 목적으로 사용하는 특성을 갖는다. 일종의 그룹핑(grouping)이다. 한 그룹 안에도 다양한 사람들이 있음에도 불구하고 정치적으로 한 그룹 내의 다양한 개인들을 무시하고 그냥 하나로 몰아가는 것이다. 한국에서 가장 잘 사용되는 프레임은 지연, 학연, 혈연, 이데올로기, 젠더 등이다. 한 사람 한 사람의 특성 대신 '저 사람은 전라도야, 경상도 사람이야.' '좌파야, 우파야.' '진보야, 보수야.' '남자야, 여자야.' '예수쟁이야.' '딴따라 출신이야.' … 일일이 다 열거할 수 없을 정도로 많은 프레임으로 사람을 묶어버리는 경향이 가득하다.

정치적 목적 없이 프레임을 사용하는 사람들은 비교적 단순하거나, 분석에 약하거나, 게으르거나, 개인에 대한 존중이 없는 자들이다. 이러한 지적이 듣기 싫을 수도 있을 것이다. 하지만 적어도 하나님의 나라에 관심을 갖고, 하나님의 나라 사업에 참여하고자 하는 사람들이라면 피해야만 하는 태도이고, 함께 동역하는 데에 있어서 극복해야만 할 일이라 언급하고자 한다.

한 사람 한 사람이 얼마나 독특하고, 귀한가? 각 사람마다 나름대로 과거의 배경이 있기 마련이다. 그래서 각자의 생각은 독특한 것이고, 각자의 판단은 개별적이기 마련이다. 그러한 각자의 개성과 특성을 유사한 끈으로 그냥 묶어버리는 행위는 함께 동역하는 현장에서는 절제되어야 할 사고이며 판단 방식이다.

'유유상종(類類相從)'이라는 속어는 어느 정도는 인정할 수 있는 유사 그룹의 형태이다. 하지만 이 속어 역시 사용되는 상황을 들여다보면 긍정적 분위기에서 사용되기보다는 약간의 네가티브적인 뉘앙스를 품고 표현할 때 사용되는 것으로 보인다. 따라서 함께하는 동역을 생각할 때, 그리고 품고 나가는 동역을 고려할 때 사람에 대해 한마디로 묶어 표현하는 프레임의 표현은 절제되기를 바란다. 적어도 나와 함께 일을 하며, 공동의 목표를 향해 함께 걷는 관계에 있어서만큼은 철저하게 '1:1' 하나님이 창조하셨고 하나님 나라를 위해 여전히 쓰임을 받는 일인(一人) 대(對) 일인(一人)의 관계로 정신을 차리고 유지하는 것이 매우 중요한 원리임을 잊어서는 안 된다.

'다름'의 파악과 포용적 이해

바로 아래 그림을 보면, 규모가 있는 그룹이나 사회나 국가의 지도자가 1:1의 관계 속에서 한 부서 전체를 이해하고 파악하기 위해 어떤 사람을 세워서 그 상대방이 대변하는 분야의 전체 상황을 실제 상황 그대로 이해할 수 있는가 없는가가 결정되기 때문에 이 구도를 충분하게 이해하지 않으면 올바른 지도자로 서기란 쉽지 않다. 많은 경우 지도자의 의중을 제대로 전달할 사람을 골라 잘 전달해 내려갈 수 있는 하향성(downward communication)만 고려되곤 한다. 그래서 지도자의 의중이 전달되는 부분은 지도자의 뜻을 따르고자 하는 충성심에 근거하여 진행되기 때문에 지도자에게 문제가 없어 보이지만, 전달된 내용들이 얼마만큼 제대로 전달되고, 어떠한 반응이 있고, 어떠한 건의를 통해 좀 더 효율적인 진행이 될 수 있는가에 대한 전달이 거꾸로 상향될 때 이 함께 하는 1의 실제적 역량이 고려될 수 있다. 그럼에도 불구하고 많은 경우 하향적 구조에만 치중할 경우에는 시간이 흐르면서 다스리기 어려운 문제로 누적되어 지도자의 자리까지 흔들리게 되는 결과를 가져오게 된다.

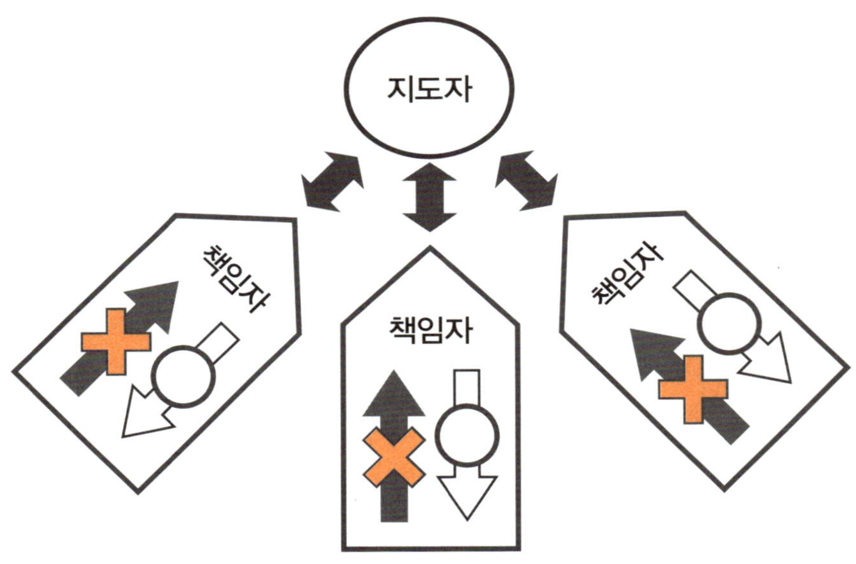

하향으로만 진행되는 지도자와 책임자와의 1:1

위의 도표에서 잘 보여주듯이 규모가 큰 그룹일수록 지도자가 직접 상대할 수 있도록 선정된 책임자의 자리는 중요한 의미를 부여한다. 지도자의 의중을 이해하고 그 입장에 서는 만큼 자신이 책임진 부서 내의 인력들에게 지도자의 입장을 잘 전달할 수 있는 하향적 리더십에 강력함을 유지할 수 있는 반면, 지도자가 꼭 들어야 하는 내부적 어려움에 대한 실제 상황이나 건의 등이 위로 올라가 전달되는 상향적 의사 소통에는 소홀해질 가능성이 늘 있게 된다.

아주 오래전에 필자가 어느 한 지역에 단체를 세워 직접 리더십을 유지하던 때의 일이다. 지금도 그 단체는 유지되고 있고, 단체 내의 각 개인들이 성장하고 발전하여 각각의 단체를 세우거나 키워서 더 발전된 모습을 유지하고 있다. 당시에 나와 매일 만나 자신이 속한 한 분야의 사람들에 대해 늘 보고해 주던 사람이 있었다. 한동안은 그 사람의 보고 내용에 근거하여 그 분야의 사람들과 상황에 대해 판단하곤 했었다. 그러던 어느 날 그곳의 상황을 직접 가서 보고 듣고 경험하면서 내가 지도자로서 너무 1:1의 관계를 통해 그 '1'이 전달해주는 분야의 사람들에 대해 편견을 갖게 되었다는 사실을 새롭게 인지하게 되었다. 그 이후로 책임을 맡긴 그 '1'의 의견을 당연히 청취하면서도 가능한 객관적인 눈과 귀를 유지하고자 애를 썼던 기억이 난다.

순전한 1:1의 관계는 일반적으로 어떤 이익이나 조건이 배제된 순수한 남편과 아내와의 관계, 친구와 친구와의 관계다. 물론 때로는 나의 아내나 남편이 어느 그룹의 이익을 대변하는 대변자의 입장에 설 수도 있고, 때로는 다른 이유로 어느 자녀의 입장을 대변하는 자리에 설 수도 있겠지만, 일반적으로 부부의 관계나 단둘만의 우정을 고려하는 친구의 관계는 순전한 1:1의 관계이다. 하지만 이러한 관계를 떠나 사회 속에 발을 내딛는 순간부터는 이러한 순전함을 순수하게 유지하게 만드는 1:1의 관계는 좀처럼 찾아보기 어려워진다. 따라서 지도자의 자리에 서서히 진입해 들어가는 대부분의 독자층은 가능한 나이브(naive)한 입장에서 탈피하여 넓은 가슴과 더불어 매서운 독수리의 눈을 함께 발휘하여 나와 함께 하는 이 1:1로 서 있는 상대방을 잘 분석하고 이해하며, 어디에서 어디까지 함께 갈 수 있으며, 어디에서 어디까지 마음을 열고 속마음을 말할 수 있으며, 얼마만큼의 신뢰를 갖고 대하여야 하는가 등에 대해 고민할 필요가 있다. 우리 주님이 우리 모두에게 하셨던 "뱀 같이 지혜롭고 비둘기 같이 순결"(마 10:16) 해야 하는 한 칼에 두 날을 잘 유지해야 함은 이 땅 위에서 하늘로부터 맡겨진 직분을 받은 모든 자에게 주어진 의무임을 명심해야 할 것이다.

함께 일할 자에 대한 분석 없이 더불어 시작하는 일의 관계 – 위험천만한 시작

나 자신과 1:1의 관계를 유지하는 사람마다 각자의 성격과 성향과 습관과 삶의 자세가 다르다. 일과만 연관시켜 생각해 보아도 참으로 다양한 모습을 사람마다 갖고 있다. 사람과 사람 간의 일이므로 대인 관계의 자세와 태도, 성향, 반응 등도 소홀히 다루지 말고, 할 수 있는 한 모든 것을 다 살펴볼 필요가 있다. 더구나 하나님의 일이라 칭해지는 각양각색의 사역에 더불어 참여하는 사람들에게 있어서는 단순하게 일의 능력이나 효율이라는 잣대만을 갖다 대기에는 너무 복잡한 것들이 함께 존재한다.

아무리 선후배 간의 관계로 시작하였어도 이러한 다름에 대한 충분한 이해가 없다거나, 다름을 수용할 수 있는 나 자신의 수용 능력을 고려하지 않고 그냥 함께 일을 시작했다가는 일의 효율은 고사하고 좋았던 관계마저 무너지는 경우가 너무 많다. 단순한 일의 관계는 조금 잘못되어도 다시 바로잡는 것이 아주 어렵지만은 않다. 하지만 중요한 책임을 지는 자리에, 좋은 관계 또는 믿을만한 사람이라는 생각 하나만 갖고 덥석 손을 잡고 일을 시작했다가는 낭패를 경험하게 된다. 책임의 막중함에도 경중이 있겠지만, 철저한 검증 없는 시작은 종종 생각지 못한 대가를 감수해야만 할 때도 있다. 더구나 정치와 관계된 사람과의 관계는 분야와 관계없이 복잡하게 얽혀있음을 미리 알고 복선(複線)의 복선에 이르기까지 살펴보고 또 살펴본 후에 함께 손잡는 것을 계획해야만 한다.

먼저 일과 관계해서 생각해 보자. 독자 자신 역시 이 범위 안에 들어있음을 생각하며 좀 자세하게 살펴볼 필요가 있다. 다음의 몇 가지를 놓고 함께 일할 그리고 현재 일하는 동역자에 대한 분석이 필요하다.

우선 함께 일에 참여하는 사람의 〈일에 참여할 때의 **자세와 태도**〉를 생각해 보자. 자세와 태도는 첫인상을 포함해서 함께 일을 함에 있어 대단히 소중한 자산이다.

1. **일을 대함에 있어 '신실함과 성실함'을 유지하는가?** '신실'이라는 단어에는 믿을 신(信)자가 있다. 사람 인(人)과 말 언(言)자가 합쳐진 글이다. 영어로는 'trustworthiness'라고 표현한다. 이 단어를 설명할 때 사용되는 단어들은 'reliable, dependable, honest, full of integrity, worthy of trust'와 같은 것들이다. 믿을 수 있고, 맡길 수 있고, 정직하고, 전반적인 성실함 등등으로 해석되는 단어들이다. 믿음이 가는 눈빛, 신뢰할 수 있는 표정, 마음가짐, 일의 참여도, 일의 결과 등등 모든 것이 포함될 것이다. 아무리 말을 잘하고, 표정이 밝고, 실력이 있어도, 신실함에 의심이 가면 함께 일하는 내내 좋은 동반자의 관계를 유지하기가 쉽지 않다. 표현의 자유가 보장된 사회이고, 겉으로 드러난 표출된 모습으로 함부로 평가하는 것을 통제하는 사회라 할지라도, 일터에서 보이는 신실함의 모습은 개인에게 있어서는 큰 자산으로 작용될 수밖에 없는 것이 만고의 진리이다. 신실함은 앞과 뒤, 겉과 속의 동일함 역시 내

포한다. 겉으로는 말을 듣는 것 같지만 뒤로 돌아서면 들은 말과 전혀 상관없는 모습으로 일하는 사람들이 적지 않다. 앞에서는 이렇게 말하고 뒤로 가서는 다른 말을 하는 것 역시 신실함과 거리가 멀다. 느헤미야의 눈물, 신중함, 분노, 그리고 필요에 따른 희생의 선택 등의 모습을 통해 우리는 그의 신실함을 볼 수 있다. 어쩌면 누군가와 함께함에 있어 가장 기본적인 모습이 바로 신실함이 아닐까. 신실함과 늘 함께 가는 것이 성실이다. 성실의 성(誠)자 역시 말을 의미하는 언(言)자와 그 말을 이루어 낸다는 성(成)자가 합쳐진 단어이다. 즉 자신이 한 말을 이루어 내는 모습에 대한 단어라고 볼 수 있다. 영어에서는 'faithfulness'이라는 단어로 성실을 표현한다. '믿음직스럽다'고 직역할 수 있겠다. 어쩌면 영어의 표기가 믿을 신(信)자를 사용하여 표기된 신실함에 더 가까울 수도 있다. 함께 일하는 조건의 제일 윗자리에 놓을 수밖에 없는 것이 바로 신실과 성실이 아닐까 생각한다.

2. 일에 참여할 때의 태도와 자세에 있어 **빼놓을** 수 없는 것이 **'정직'**이다. 물론 신실함과 성실함이 있는데 정직하지 못하다는 모순을 고려해 보면 정직 역시 신실이나 성실과 함께 하는 것이라고 생각할 수밖에 없다. 앞과 뒤가 같으며, 속과 겉이 같은 것을 정직이라고 한다. 그래서 조금은 구별해서 사용할 수 있다고 본다. 일에 임하는 자세가 성실하고 신실하지만 때로는 오픈해서 정직하게, 사실을 사실 그대로 다루지 못함으로 인해 발생하는 여러 문제가 생길 수 있다. 이것은 사기를 치거나, 남을 속이거나 하는 수준의 문제를 말함이 아니라 '정직한 판단' 또는 '판단의 정직함' 등을 언급하는 것이다. 우리 그리스도인들이 가끔 겪는 어려움 중의 하나가 '정직'과 관계가 있다. 사람은 신실하고 성실한

데 정직에 의문을 던지게 될 때 어려운 상황에 직면할 수 있게 된다.

3. 정직하고 신실하며 이타적인데, 일을 진행하는 **'능력'**이 떨어지는 사람이 있다. 다른 말로 실력이 좀 뒤쳐지는 경우를 말한다. 안타까운 케이스이다. 어떤 일을 함께하느냐에 따라 다를 수 있겠지만 정직과 신실함이 뒤를 받쳐주지만 실력의 부족으로 인해 일의 성취에 어려움이 있는 경우 전체의 목적 달성하는 데에 어려움이 있을 수 있으므로 문제가 된다. 이러한 경우에는 정직과 신실을 바탕으로 100% 능력을 발휘할 수 있는 일의 내용에 배속되어 참여하도록 지혜로운 배치(arrangement 또는 assignment)가 요구된다.

4. 정직하고 신실하며 이타적이고 능력도 있는데 **'지혜로운 판단'**에 있어 지나치게 주관적인 사람이 있다. 정직과 신실과 이타적인 마음과 실력을 갖추고 있으면 일을 같이하는 데에 거의 100점의 점수를 즐 수 있다고 생각할 수도 있지만, 지나치게 주관적인 성향의 눈을 갖고 있을 경우에 간혹 당황스러운 일을 경험하게 된다. 자기만의 상상과 비현실적인 이상에 가끔 사로잡히는 경우가 있을 수 있다는 말이다. 4차원적인 사람처럼 구는 경우가 발생하곤 한다는 의미이다. 이러한 경우 역시 지혜로운 자리 배정이 필요하다.

5. 정직하고 신실하며 이타적이고 능력도 있고 판단에 있어 객관적인데, **'고집과 아집'**이 센 사람이 있다. 고집과 아집 대신에 '들을 수 있는 귀'를 넣으면 참 좋을 것 같은데, 그렇지 못할 때가 종종 있다. 참 아쉽다. 그럼에도 불구하고 '정직'과 '신실'과 '이타적인 성품'과 '실력'과 '객관적

판단력'을 갖춘 정도에 무슨 욕심을 더 낼 수 있을까? 더구나 '고집도 없는 사람이 무슨 일을 할 수 있겠는가'라는 질문까지 한다면 거의 완벽에 가깝다고 생각할 수 있다. 하지만 진지하게 경청할 수 있는 '귀'까지 갖추고 있다면 금상첨화가 아닐까? 물론 긴 변화의 시간을 요하는 것이겠지만.

6. 다 좋은데 **'교만'**한 사람이 있다. 어쩌면 이런 경우는 가장 좋지 못한 (worst) 결과를 불러올 수도 있다. "교만은 패망의 선봉"(잠 16:18)이라는 하나님의 말씀을 진리로 받아들인다면, 모든 것이 다 있는데 교만하다면, 아마도 가장 좋지 못한 경우라고 볼 수 있겠다. 지금의 내가 나의 힘으로 된 것이라고 생각하면서 교만으로 접어들 경우 하나님의 존재는 사라지게 되는 것이고, 나보다 못한 사람에 대해서는 아래로 깔고 대하는 눈을 갖게 될 것이고, 나와 비슷하거나 괜찮은 사람을 만나면 경쟁자로 대하고 시기하고 질투하게 되는 것을 당연하게 여기기 때문에 함께 일하기에는 가장 좋지 못한 자의 자리에 앉게 된다. 실제로 실력이 있어 교만하든, 아무것도 모르면서 교만하든 어쨌든 교만만큼은 취해서는 안 될 것이다.

7. 다 좋고 겸손한데 **'말에 문제가 있는 사람'**이 있다. 성실하고, 남의 이익을 우선적으로 생각하고, 실력도 있고, 객관적 판단력도 있고, 겸손하다면 진짜 대단한 사람인데, 이런 사람 중에 말의 실수가 치명적으로 작용하는 사람이 있다. 말이 너무 직선적인 경우도 있고, 허물을 들추어 공격적 성향을 갖고 있는 경우도 있고, 때로는 사람들 모인 자리에서 남의 말을 쉽게 꺼내는 사람도 있다.

8. **'귀가 얇은 사람'**이 있다. 참으로 감당하기 어려운 사람 중의 한 부류이다. 분명히 잘 알아들은 것 같은데 사람 하나를 거치고 오면 생각이 바뀌는 사람의 유형이다. 귀가 너무 두꺼워 남의 말을 들을 줄 모르는 것도 심각한 문제이지만 귀가 얇아 옆에서 누가 속삭이기만 해도 흔들리는 사람, 마치 시편 1편에서 묘사한 것과 같이 "바람에 나는 겨"처럼 이리 흔들 저리 흔들 하는 신뢰할 수 없는 사람이다. 특히 아내나 남편의 말 한마디에 중요한 인간관계를 확인도 없이 절단해 들어가는 어리석은 경우는 성실과 신실과 실력과 겸손과 상관없이 함께 일하기 어려운 부류이다. 말을 듣고 참조할 수 있는 경청자는 매우 큰 이익을 얻을 수 있지만, 말을 듣고 뿌리가 흔들리는 얇은 귀는 어떠한 중요한 일도 함께 하기 어려운 부류로 전락함을 늘 기억해야 할 것이다.

9. 감사할 줄 모르고 늘 **'부정적인 시각'**을 갖는 사람이 있다. 세상에 100% 만족은 있을 수 없다. 남을 바라보면 그렇게 보일 수 있지만 막상 자신이 그 100%처럼 보이는 자리에 서게 되면 결코 100%의 만족으로 다가올 수 없는 것이 인생이다. 더구나 감사할 줄 모르는 자에게는 하나님의 복이 머무르기 어렵다. 가인 역시 감사할 줄 몰라 살인까지 하게 된 것이 아닌가. 부모에게 감사할 줄 모르고, 형제에게 감사할 줄 모르고, 아내와 남편에게 감사할 줄 모르고, 함께 일하는 사람에게 감사할 줄 모르고, 지금 이렇게 살고 일하고 하는 것에 감사할 줄 모르는 사람에게 머무를 하나님의 복이 과연 있는 것일까? 늘 무엇인가 문제를 끄집어내어 문제로 삼는 부정적인 사람 옆에 있다 보면 "원망함으로 범죄"하는 자리에 함께 서게 되어 이스라엘 백성들과 같이 광야 같은 인생길에서 불뱀에 물려 죽게 되는 것과 유사한 어려움을 겪게 될 것이

다. 내가 이런 자가 되면 당연히 안 되겠지만 이러한 자들의 옆에 서 있
는 것조차 삼가야 할 것이다.

다 연고가 있갔디!

평안도 출신의 장인 어른께서 종종 사용하셨던 삶의 철학 한마디다. 삶의
동반자와 하나님 나라를 위해 더불어 섬기는 동역자를 품고 나가기에는 적
절한 철학적인 한마디라고 생각된다.

함께 더불어 일을 할 수 있는 사람에 관해 글을 쓰면서 다양한 사역자들
의 모습을 떠올려 보았다. 참으로 다양한 일을 다양한 모습의 사람들과 함
께 하기도 했지만 주변에서 열심히 애써 사역하는 여러 부류의 사역자들 역
시 지켜보며 때로는 들어주면서 때로는 나의 의견도 반영하면서 경험했던
모습들이 떠올랐다. 한 사람 한 사람의 이름을 적어 보면서 그들의 얼굴과
그들의 특성도 함께 떠 올려 보았다. 어쩌면 모두 한결같이 다르고 다양한
지! 그리고 그렇게도 다른 사람들끼리 그래도 함께 하나님의 나라를 조금이
라도 세워 나가려고 애쓴 모습들이 참 기특하다고 생각하며 그 다양한 모
습을 정리해 보았다. 나와 함께 했던 자들이 아래의 내용을 보면 '혹시 나?'
라고 생각할지도 모른다. 오해는 없기를 바라는 마음으로 이 책의 목적을
위해 나열해보고자 한다.

어떤 사람은 하나를 알면 열을 아는 것처럼 말하고 행동하는 특성이 있
다. 이런 사람일수록 남을 설득하는 은사가 일반적으로 있는 것 같다. 그래
서 말이 화려하고 허풍도 제법 잘 떤다. 반면에 짧은 시간 안에서의 만남이
아니라 장시간 함께 하면서 일을 하다 보면 그 허풍스러움에 믿음이 가지 않

는 웃음을 짓게 만든다. 언젠가 이 사람들이 모 항공사가 대단하고 아주 좋다고 말하기에 일부러 그 항공사의 표를 구입하여 타 본 적이 있다. 물론 그때만 해도 이들이 말하는 것을 액면 그대로 받아들였기 때문에 제법 기대하고 타 보았다. 결과는 실망이었다. 그렇다고 그들이 거짓말하는 것은 아니다. 좀 과장이 심했을 뿐이다. 이와 유사한 일은 이들과 함께 일하는 내내 경험하기도 했다. 늘 자기가 겪은 것을 대단한 것으로 광고하는 자들!

어떤 사람은 말의 앞과 뒤가 늘 다르다. 이런 사람들이 사실 함께 일하기 가장 어려운 부류일 수 있다. 앞에서 이렇게 말한 것을 잊어버렸기 때문에 뒤에서 다른 말을 하는 것이 아니라 앞에서 한 말이 본인에게 불리하게 작용할 것을 우려해서 뒤에서 다른 말을 하는 것이므로 녹음하기 전에는 객관적 사실을 증명하기도 어렵다. 그래서 이런 사람과 함께 있으면 늘 대인 관계와 연관된 복잡한 사건들이 전개된다.

중간에서 말을 교묘하게 구사하며 여러 사람의 관계를 이상하게 끌고 가는 아주 골치 아픈 사람도 있다. 일의 능력과 관계없이 함께 하기 어려운 부류의 사람이다. 왜냐하면 일의 능력과 일에 대한 태도 여하를 떠나 사람과 사람 사이의 관계를 가르고 나눔으로 인해 정신적인 어려움을 제공하는 결과를 초래하기 때문에 이런 사람과 소중한 일을 함께하기에는 적절하지 않은 부류의 사람이다.

어떤 사람은 말이 거칠다. 생각이 정직하고 생각의 내용이 바르지만 말투가 억세고 공격적이다. 늘 그런 것은 아니다. 기분 좋을 때야 누가 그러겠는가? 하지만 자신의 마음에 들지 않는 일이 발생하기만 하면 여지없이 이러한 버릇이 나오곤 한다. 말하는 법을 배우면 참 좋을 텐데 하는 생각이 한두 번 드는 것이 아니다. 사실 말하는 법은 심지어 배울 필요도 있는 귀한 기술이다. 예를 들어 누군가가 밥을 급하게 많이 먹을 경우 "배가 많이 고프

셨군요." "많이 시장하셨나 봅니다." 등과 같이 말할 수 있고, "뭐가 그리 급해요?"라고 야단치듯이 말할 수도 있다. 어쨌든 이 사람은 말을 하면 몰아치듯 거칠게 하니 그렇게 말할 때마다 지금까지 잘해 온 여러 관계가 순간적으로 무너져 내리는 모습을 옆에서 지켜보게 된다. 말로 상대방을 배려만 해주어도 얼마나 얻을 것이 많은데 하는 안타까운 생각을 자주 하게 된다.

어떤 사람은 일 하나하나를 계획하고 처리하는 능력에 있어서는 탁월함을 느끼는데, 본인이 그렇게 하듯 남들도 그렇게 해주기를 늘 심각하게 기대하는 사람이 있다. 그래서 그에게는 일의 탁월함에 비해 실망과 비난과 조소의 말이 많다. 그래서 자꾸 불평과 불만이 많고 만족함을 못 느끼며 산다. 혼자서 불평하고 불만하고, 집에 가서 집 식구들과 불만을 토로하는 것이야 막을 길이 없지만 더불어 일을 하는 상황에서 이러한 습관을 유지할 경우 역시 탁월한 능력과 크게 상관없이 더불어 일하는 것이 무척 부담스럽게 여겨지는 부류의 사람이다.

어떤 사람은 본인의 삶에 아주 완벽할 정도로 충실하다. 맡겨진 일에 온몸을 던지듯이 일을 처리한다. 결과도 아주 좋다. 그런데 본인의 체질은 약하고, 다른 사람의 게으름이나 대충 일 처리를 수용해내지 못한다. 한편으로 보면 온전하지만 율법적 삶을 유지하기가 쉬운 성격이라고 할 수 있다. 그래도 어쩌겠나? 하나님이 그렇게 만드신 것을! 이러한 사람일수록 하나님의 은혜에 둔해져 버리는 성향이 있다. 본인 자체가 워낙 철저한 모습으로 자신의 생활을 이끌어나가고 있기 때문에 본인 자체의 분석으로 이미 본인이 꽤 괜찮은 사람이라고 생각하니 죄 중에 빛나는 하나님의 은혜가 설 자리가 적을 수밖에 없다. 그래서 이러한 사람의 표정에는 늘 긴장과 짜증과 불만의 모습이 자리를 잡고 있다. 못나고 좀 부족해도 하나님의 은혜로 그나마 나의 삶을 영위한다고 자위하는 모습 속에는 부족한 자신의 자족과 자위함이 보이지만 이러한 완벽주의의 사람은 어쩔 수 없이 바라보는 다른 모든 것들의 불완전함만이 보이기 때문에 이러한 것을 견디는 것만으로도 이미 피곤해진다. 그러니 얼굴 표정 속에 자위와 안위가 주어지기가 쉽지는 않을 것이다. 하나님의 은혜를 죽도록 사모하면서 나가야 하고, 하나님 앞에서 자신의 연약한 모습을 생각하면서 다른 사람을 지켜봐야 그나마 감사함을 유지할 수 있을 것이다.

어떤 사람은 착하면서 착해 보이는 것을 중요하게 생각하고, 예를 갖추는 것의 중요함을 알아 예절을 잘 갖추면서도 남이 나의 예절을 인정해 주기를 기대하고, 정직하면서 동시에 나의 정직함이 인정되기를 바라는 사람이 있다. 실력 면에 있어서 어느 정도의 실력은 있으나 실력보다는 외적인 것에 좀 더 비중을 두는 성향을 유지한다. 예절과 의리와 선함이 늘 그 앞에 있다 보니 때로는 일의 본질을 놓치고 이러한 부분에 자신도 모르게 집중되어 일의 본질을 흐리게 처리하는 경우가 종종 있다.

예를 들어 보자. 이 사람들은 어떤 일을 처리해야 하는 책무가 주어졌을 때, 무슨 내용으로 무엇을 위해 어떻게 준비해야 하는가보다는 일의 외적 현상 즉 어떤 모양새로 나가야 하고 준비해야 하는 것에 좀 더 많은 시간과 에너지를 사용하는 모습을 보인다. 누가 이 시점에 가장 효율적일까보다는 지금까지의 상황 속에 누구를 모시는 것이 가장 예의를 갖추는 것이고 체면을 지킬 수 있는가 하는 것에 더 많은 영향을 받곤 한다. 선배 후배 동문 친구 아내 남편 식구 등에 대한 선(先, 우선의 선)이 늘 있기 때문에 쉽게 팔이 안으로 굽는 현상을 나타냄으로 큰일을 혼자서 도모해 나가기에는 성향적으로 벅찰 수 있다. 지도자로서의 냉정함, 냉철한 객관적 안목을 기대하기에는 성격적으로 어려운 부분이 있는 사람이다. 귀가 얇고, 판단이 늘 사람의 주관적인 말과 글과 환경에 영향을 받기 때문에 사려가 깊고, 냉정하고, 엄밀한 판단을 해야 하는 중요한 상황에서는 사적인 감성과 주관적 느낌으로 일을 망칠 수도 있는 부류의 사람이다.

그러나 예절과 의와 선함을 늘 중시하기 때문에 개인적으로는 최고의 사람이라고 할 수 있다. 예절에 어긋나지 않는 한, 의리에 어긋나지 않는 한, 선함이 표방되는 한, 이런 사람과는 대체로 좋은 관계를 유지할 수 있다. 하지만 본인이 생각하고 있는 예절과 의와 선의 기준에서 벗어나는 순간 이 세상에서 가장 가치 없는 존재로 전락할 가능성은 모든 사람에게 주어질 수 있게 된다. 이러한 사람들은 기본적으로 선한 본성을 갖고 있기 때문에 악한 리더가 되기는 어렵지만, 자신이 세워놓은 선의 기준에서 벗어났을 경우 투명 인간으로 취급할 수 있으므로 상대방이 크게 상함을 입을 수 있다는 관점에서는 상처를 주는 리더가 될 수 있다. 동시에 그 상처를 받는 사람이 진행하고 있는 일의 중요한 대상일 경우에는 치명적으로 작용할 수도 있다. 그러나 악한 의도를 갖고 악한 리더십을 발휘하는 사람과 비교하면 이것은 어쩌면 아무것도 아닐 수 있을 것이다.

또 나름대로 성실하고, 나름대로 정직하고, 나름대로 의롭고, 나름대로 일에 능력이 있는데 여러 이유로 인해 사물과 사건과 사람을 바라보는 관점이 일반적으로 꼬여 있는 사람이 있다. 일과 관계없이, 특별한 일과 엮이지 않을 때에는 앞에서 묘사하였듯이 나름대로 괜찮은 편이기 때문에 이 사람이 이렇게 꼬였나 하는 관점을 경험하기 어렵다. 하지만 어떠한 상황을 통해서든 한 번 엮이기 시작하면 이러한 사람의 공격 범주에서 벗어나기 어려워진다. 이렇게 꼬인 성격은 이렇게 표현하면 우리 기독교인들에게 어울리는 것인지 잘 모르겠지만, 하나님의 말씀도, 성령의 강권하심도 먹혀들어 가지 않는다. 본인의 고집스러운 강퍅함이 하나님의 손길을 보고 음성을 들을 수 있는 눈과 귀를 다 막아버리기 때문에 돌아서기가 아주 어려운 부류의 사람이다. 객관적인 심리 진단이나 다수의 평가도 아랑곳하지 않는다. 오직 자신이 세워놓은 의와 자신의 뜻만 내세우며 어떠한 인신공격도 마다하지 않는다. 스스로 인정하고, 깨닫고, 다른 사람들과 화목의 길을 택해서 나가는 시간을 기다리는 것 외에 다른 방법이 없는 사람이다. 이렇게 표현하는 것 역시 타당할지 모르겠지만 '야당 기질' 같은 성향이 깊은 곳에 늘 자리 잡고 있다. 누구인가 앞에 있을 경우 그리고 자신이 뒤에 있을 경우 앞에 있는 사람의 문제를 삐딱한 눈으로 지켜보고 있다가 어느 날 기회가 왔다고 생각될 때면 공격의 화살을 쏘기 시작한다. 위도 아래도 옆도 없다. 그냥 지금까지의 관계는 지금까지이고 앞으로는 다를 것이라는 마음으로 무섭게 공격하는 성향을 갖고 있다. 내가 직접 경험한 것은 아니지만 옆에서 그러는 모습을 객관적으로 지켜보면서 참 어려운 사람이구나 하는 탄식을 내뱉은 경험이 있다.

무능하고 무력하면서도 끝없이 툴툴거리는 사람도 있다. 그렇다고 바보 천치라는 뜻이 아니다. 나름대로 자신이 좋아하고 원하는 분야에 있어서는 집중하고 나름대로 능력을 발휘한다. 그 분야라는 것이 사람을 상대하고, 어떤 공적인 일을 처리하는 분야는 아니다. 예를 들어 컴퓨터 게임 분야라든지, 아니면 혼자서 하는 붓글씨라든지, 시계를 고친다든지 하는 혼자서 하는 분야에서는 탁월하지만 여러 사람과 어울려 하는 공적 일을 처리하는 부분에 있어서는 무능하거나 무력한 모습을 늘 보인다. 이러한 사람은 어쩌면 엔지니어 계통으로 들어가 혼자서 연구에 집중하면서 사회에 공헌하는 길을 택하는 편이 훨씬 의미 있는 삶을 살 수 있을 것이다. 그런더 어떤 연유로 이러한 사람이 지도자의 길로 들어오게 되면 본인도 주위에 있는 사람도 모두 어려움을 겪는 일이 생기게 된다.

더 큰 문제는 이런 사람들의 툴툴거리는 성향이다. 꼼꼼한 일에 자신의 재능을 발휘하는 사람의 경우 다른 사람이 하는 일들을 꼼꼼하게 바라보는 것이 자연스러우며, 동시에 타인과의 협력하는 일에는 늘 어려움을 갖는 사람이라 눈에 보이는 문제를 문제가 아닌 것으로 넘기지도 못한다. 그래서 속에서는 늘 갈등을 유지하게 된다. 이러한 갈등이 호탕하게 풀어지기보다는 툴툴거리는 불만으로 쏟아져 나온다. 이러한 이유로 함께 있는 사람들은 답답함을 느낀다. 시원스럽게 어떤 일을 처리하는 것도 아니면서 입에서 나오는 말들은 툴툴거리는 말들이고, 그렇다고 불만을 해결해 낼 수 있는 능력이 있는 것도 아니다. 아마도 이런 사람은 많은 사람과 함께 하지 않는 행정 업무라든지, 맡겨진 일만 잘 해내면 되는 시설 관리직 같은 일들 등 복잡한 인간 관계로 얽히지 않을 일을 맡기면 잘 해낼 수 있는 사람이다.

Big mouth!(떠벌이!). 입이 크다는 의미가 아니라 말이 많고, 사실을 사실대로 말하는 것이 아니라 늘 과장되게 말하며, 여러 사람과 대화할 때 큰 목소리로 주장하며 주도해 나가는 형태의 사람을 의미한다. 말이 많아도 객관적인 사실에 근거하여 공평하게 대화를 주도해 나가는 사람도 있다. 이러한 사람에 대해서 talkative하다는 표현을 하지만 big mouth라고 표현하지는 않는다. 어떤 내용이 귀에 들어가면 자신의 생각을 덧붙여서 과장되게 또는 왜곡되게 그리고 부정적인 방향으로 말을 만들어 나가는 사람에 대해 big mouth라는 표현을 한다. 이러한 사람과는 할 수 있으면 사람과 관계된 정보를 나의 입을 통해 흘러나가지 않도록 주의하는 것이 최선의 방어이다. 어떤 사람에 관해서든 설사 그것이 긍정적으로 표현하는 것이라도 그 사람에게 가면 부정적인 내용으로 바뀌어 본인에게로 흘러 들어갈 수 있기 때문에 가능한 이러한 사람 앞에서는 사람에 관한 어떤 정보도 나의 입을 통해 나가지 않도록 주의하는 것이 최선책이다.

내가 겪어 본 사람 중에 말을 통해 문제를 일으키는 경우를 여럿 보았는데 참으로 대책이 서지 않는 경우가 허다하다. 전달된 내용이 변질되어 흘러 나가는 것을 쫓아다니며 일일이 설명하고 해설해 줄 수 있는 것이 아니기 때문에 더욱 어렵다. 이러한 사람과의 동역은 사실 아주 아주 어려운 일이다. 능력 여하를 떠나 말로 문제를 일으키는 사람이 주위에 몇 명만 있어도 전체의 물을 흐리는 일이 다반사가 되기 때문에 이러한 사람의 유입은 가능하면 철저하게 통제할 필요가 있다.

그런데 문제는 이러한 Big mouth의 대부분은 여성인 경우가 많기 때문에 남자를 동역자로 선택할 때 놓치기 쉬운 부분이다. 오죽하면 사도 바울이 디모데의 사역을 돕기 위해 기록한 디모데전서의 첫 번째 훈계에서 "어떤 사람들을 명하여 다른 교훈을 가르치지 말며 신화와 끝없는 족보에 몰두하지 말게 하려 함이라. 이런 것은 믿음 안에 있는 하나님의 경륜을 이룸보다 도리어 변론을 내는 것이라"(딤전 1:3-4)고 교훈했겠는가? 디모데의 사역을 인도하는 가이드라인의 첫 번째 말씀이 아무 도움도 되지 않는 신화나 끝없는 족보에 몰두해서 말하는 사람들을 명하여 그렇게 하지 못하게 하라는 것이다. 여기에서 다른 교훈 역시 특별한 이단 사설과 같은 것이 아닐 것이다. 자신을 내세우기 위해 한도 끝도 없는 전통적인 이야기나, 꿈 이야기나, 이상한 환상 이야기 같은 것을 들먹이며 객관적 진리에서 떠난 주제를 갖고 사람들의 마음을 흔든다든지, 쓸데없는 전통을 끄집어내어 양반과 상놈을 나누며, 지역을 나누며, 학력으로 사람을 나누면서 힘겨루기를 하는 사람들이 하나님의 이름으로 모인 공동체 속에 얼마나 악영향을 끼칠 것인가에 대해 경고하는 것이 아니겠는가? 이러한 부류와의 동역은 백해무익할 것이다.

'덕장(德將)'이라는 좋은 리더십에 대한 긍정적 호칭이 있다. 덕을 가진 장수, 즉 덕이 있는 리더를 덕장이라고 한다. 유교의 여러 경전에서나, 그리고 플라톤을 비롯한 여러 철학자의 주장에서나 성경에서나 덕과 관련된 내용을 정리하면, 사람과 사람의 관계 속에서 인(仁)을 중시하고, 옳고 그름을 분변하는 데 있어 자신의 사적 이익을 우선으로 삼는 것이 아니다. 의(義)를 기준으로 삼으며, 자신의 행동에 있어 예(禮)와 신(信)을 지키고, 맡겨진 일에 있어서는 충(忠)을 근간으로 삼으며, 혼자 있을 때나 여럿이 함께할 때나 하늘이 지켜봄을 의식하며 사는 천(天)이 중심에 있고, 주위 사람들 앞에서나 혼자 있을 때도 불평불만에 사로잡혀 사는 것이 아니라 만족할 줄 알고 마음속에 자족함을 갖는 즐거움(樂) 등을 삶 가운데 유지하는 사람들로 설명한다. 물론 나의 해석이 가미된 내용이다. 어찌 보면 너무 온전해 보이기 때문에 여기에 맞는 사람이 있을까 질문할 수도 있겠지만 주위를 둘러보면 그래도 이러한 조건들에 100%는 아니지만 그래도 80~90% 정도 충족되는 사람들이 있다.

필자와 더불어 짧지 않은 세월을 함께 걸어온 장로님이 한 분 있다. 나는 이 분과 함께 있으면 얼마나 마음이 편한지 모른다. 사역자로서 늘 많은 종류의 사람들을 대하면서 어쩌면 나도 모르게 이 사람 저 사람에 대한 여러 기준이 즉 선입관이 이미 자리를 잡고 있어서 그런지 힘들 때가 자주 있다. 나의 장인어른이 자주 하시던 말씀이 있다. 이분이 이북 분이시라 어떤 문제가 생기면, 늘 "다 무슨 연고가 있갔디!"라고 말씀하셨다. 교회에서 장로로 섬기시며 당회나 제직회나 여러 모임의 복잡한 상황에서 마주치는 여러 부류의 사람을 대할 때마다 하시던 말씀이다. 어떤 평가도 원망도 안 하시고 그저 혼자 말처럼 "다 그렇게 말하고 행동하는 연고가 있갔디!"라고 말씀하시는 것이다. 당시 나의 마음속에는 '참으로 편하게도 사신다' 하는 생각이 있었다. 하지만 시간이 흐를수록 그러한 태도나 말씀이 오랜 시간을 거쳐 잘 다듬어진 하나의 삶의 자세임을 알게 되었다.

지금 말하고자 하는 이분 역시 사람과 사람의 관계를 유지하는 데 있어 우선적으로 인애(仁愛)를 고려한다. 당장 파생될 경제적 이익이나 명예로 주어지는 대가를 우선 생각하기보다는 인과 애를 먼저 고려한다. 나는 풀타임 사역자로서 진짜 많은 사람을 대하면서 그들에게 하늘의 법도를 설명하고 하나님에 대해 가르치지만 그러면서도 동시에 인과 애를 자주 놓치며 사람들을 대할 때가 얼마나 많은지 모른다. 그래서 이런 분과 같은 사람을 만나 대화하면서 교제하다 보면 오히려 내가 재교정을 받는 경우가 많다. 짧지 않은 세월을 선교사로 살면서 참 많은 목사를 만나지만 인과 애가 결핍된 상태에서 일에만 초점을 두며 목표 지향적인 사역의 삶을 사는 사람들이 얼마나 많은지 모른다.

　피할 수 없는 것이라면 까다롭게 선택하여 포용하며 함께 걸어나가야 한다. 운명공동체는 선택할 수 없지만 공동운명체는 선택할 수 있기 때문이다.

　기분 좋은 마음으로, 그리고 믿는 마음으로 시작하는 것은 언제나 쉬운 일이다. 그러나 우리 안에 도사리고 있는 죄성의 역할을 간과(看過)하면 안 된다. 죄성의 뒤에는 사탄이 웅크리고 있다. 좋아 보이는 사람, 믿음직해 보이는 사람, 믿고 나가면 무엇이든 잘될 것 같은 사람! 이러한 사람들과 손잡고 나가면 되겠다고 단순하게 생각하고 무조건 믿으며 함께 손잡을 때 '죄성' 뒤에 숨어있던 사탄은 기쁨을 감추지 못한다. "이젠 됐다! 조금만 기다리면 서로를 향해 원망하고, 불평하고, 비판하고, 그러다 분열하고 헤어지게 되겠지. 그것이 내가 심어놓은 죄성의 힘이니까!"라고 말하며 또 다른 사냥을 위해 매복하며 때를 기다릴 것이다.

사람들은 언제나 무엇인가를 하려고 애를 쓰는 본성을 갖고 있다. 이 본성 안에는 "너는 네 평생에 수고하여야 그 소산을 먹으리라"(창 3:17)는 하나님의 징벌적 요소가 내포되어 있다. '평생'의 뜻이 무엇인가? 사람들이 태어나 숨을 쉬고 사는 내내의 시간을 의미하는 것이 아니겠는가? 즉 사람이 태어나 활동하는 기간 내내 '수고'하여야 먹고 살 수 있다는 말이다. '수고'가 무슨 뜻인가? 수고라는 한자어의 뜻은 근심과 걱정의 뜻을 갖는 '수(愁)'자와 힘들고 괴로워하다는 뜻을 가진 '고(苦)'자의 합성어이다.

사람들이 먹고 살기 위해서는 애쓰고 힘써 일을 해야 하는데, 그 배경에는 "땅은 너로 말미암아 저주"를 받았다는 섬뜩한 말씀이 있다. 우리가 일을 하는 환경의 기반에 '저주'가 이미 임한 상태라는 것이다. 참 듣기 거북한 단어이지만 그리스도인이라면 인정하고 받아들여야 하는 내용이다. 아무리 인본 위주의 최상의 조건을 갖고 있는 회사라 할지라도 이 회사라 불리는 '땅'은 이미 저주가 임한 곳이라는 의미이다.

필자가 너무 심하게 부정적으로 말하는 것 아닌가 하고 생각할 수 있겠다. 결코 듣기에 좋은 말이 아니기 때문이다. 그러나 우리가 믿는 성경에서는 사람들이 일할 기본적 터전에 이미 하나님의 저주가 임하였다고 선포하고 있는데, 우리가 이것을 덮고 나갈 하등의 이유가 없다.

무슨 저주가 임했다는 말인가? 농부에게만 해당하는 말을 일터에까지 적용하려는 무리한 해석일까? 나는 그렇게 보지 않는다. 땅을 개간하여 곡물을 심고, 채소를 심어 키우는 농부에게는 땅이 저주받았다는 말씀의 뜻이 직접적으로 적용될 수 있다. 하지만 기타 다른 모든 업종으로 적용하여 생각해도 하나님의 죄에 대한 심판의 요소는 곳곳에 숨겨져 있음을 감지하게 된다. 죄성에 기인한 갖가지 욕망들은 죄성이 가져다준 매우 인간스러운 포장으로 내면 깊은 곳에 감추어진 채 누구누구를 '위하여' 그리고 무엇 무엇을 '위하여'라는 포장으로 사람들이 일하는 터전에 은밀히 자리 잡고 있다.

아담의 아들 가인은 열심히 일해 얻은 소산을 가지고 무엇인가 해보려고 시도하다 잘되지 않자 동생 아벨을 죽였다. 외형적인 모습은 하나님에게 제물을 드린다는 멋진 동기가 있었지만 그 내면에는 죄성이 제시하는 다른 생각이 들어있었기 때문에 자신이 원하는 대로 되지 않자 그 감추어졌던 죄성이 친형제 살인이라는 무서운 행동으로 이어졌던 것이다.

바벨탑 사건은 '언제나 무엇인가를 하려고 애를 쓰는 본성'의 전형적인 모습을 담고 있다. 사람들이 함께 거류하며 먹고 살기만 하면 답답해지게 되어 있는가 보다. 창세기 11장 2절에 보면 "그들이 동방으로 옮기다가 시날 평지를 만나 거기 거류하며"라고 당시의 상황을 기록하고 있다. 영어로는 "settled there"라고 번역이 되었다. 나름 먹고 살 만큼 자리를 잡았다는 뜻이다. 그럼 그렇게 살면 되는데 그렇지 못했다. 하나님이 아담에게 주셨던 징벌 중 하나가 무엇인가 해야만 하는 '본성'이기 때문에 저들은 평안히 거류하는 것을 거부하고 무엇인가를 하려고 시도했다. 3절과 4절에 보면 "서로 말하되 자, 벽돌을 만들어 견고히 굽자 하고 이에 벽돌로 돌을 대신하며 역청으로 진흙을 대신하고 또 말하되 자, 성읍과 탑을 건설하여 그 탑 꼭대기를 하늘에 닿게 하여 우리 이름을 내고 온 지면에 흩어짐을 면하자"라는 '애씀'의 행위를 시도했다.

재미있지 않는가? 이들의 동기를 포장한 내용들이 무엇인가? '건설'이었다. 그리고 '흩어짐을 면하자'였다. 다시 말해 '함께 건설하여 흩어지지 말고 더불어 잘 살아보세'라는 구호를 외치며 노동할 것을 독려하였다. 그런데 이렇게 포장된 건설의 현장 안에 숨겨진 동기와 의도는 무엇이었는가? "탑 꼭대기를 하늘에 닿게 하자"와 "우리 이름을 내자" 이 두 가지가 저들의 실제적 동기였다. 굳이 하늘에 닿게 탑을 쌓는 목표를 가질 필요가 있었을까? 아마도 이 당시부터 사람들의 본성 속에는 하나님에 대한 도전이 있었던 것 같다. 마치 지금 시대의 '인간의 복제'라든지 인간이 따라잡을 수 없는 AI의 지속적 개발과 같은 노력들이 당시의 "탑 꼭대기를 하늘에 닿게 하자"는 모습과 유사하지 않을까 생각된다.

우리는 본능적으로 어떠한 일이든 의미를 부여하며 멋들어지게 해내고자 하는 행위를 선호한다. 그리고 거기에서 가치를 찾으려고 늘 노력한다. 진짜 가치가 있든 없든 어쨌든 무엇인가를 함(doing)에서 자신의 진가를 찾아보려고 시도한다. 그런데 우리가 일을 하려고 하는 어떤 일의 기반에는 하나님의 저주를 받은 '땅'과 같이 모든 인간의 욕망들로 가득하다. 그 일이 듣기에 좋고 보기에 좋은 하나님 나라의 일이라 할지라도 그러하다. 우리가 인정하든 인정하지 않든 사실이 그러하다.

늘 예수님과 동문서답을 해 오던 제자들은 예수님 승천하시기 바로 직전까지도 동문서답을 했다. 바리새인과 사두개인의 누룩을 말씀하셨을 때, 그것을 제자들은 두고 온 떡으로 이해하였다. 예수님이 고난당하기 전부터 언급하셨던 '성령'에 대해 재차 말씀하셨을 때도 제자들은 이스라엘의 회복으로 이해하여 "이스라엘 나라를 회복하심이 이때니이까?" 하며 질문하였다.

예수님의 의도는 간단했다. 이렇게 동문서답하는 제자들에게 하신 유일한 답은 '성령이 임하심으로 주어지는 권능'이었다. 예수님은 성령을 통해 주어지는 권능이 저들에게 임하시기 전에는 어떠한 일도 하지 않기를 원하셨던 것이다. 왜냐하면 예수님은 이미 이들을 충분히 경험하셨기 때문이다. 앞서 말씀하신 '그 조건'이 이루어지지 않은 상태에서는 무슨 일을 해도 동문서답식의 일들을 할 것이라는 것을 잘 알고 계셨던 것이다. 간단히 말해 "내가 이미 말했던 보혜사 성령의 권능이 너희에게 임하기 전에는 제발 어느 일도 시작하지 마라"는 뜻이 내포된 요청이었다.

그렇게 말씀하신 후에 예수님은 승천하셨다. 예수님의 승천하시는 모습을 본 제자들은 한동안 조용히 모여 기도하면서 시간을 보내고 있었다. 아직 성령의 강림이 있기 전이었다. 이때 아마도 몸이 근질근질했던 베드로가 침묵을 깨고 무엇인가 일을 진행하였다. 바로 가룟 유다의 자리를 채울 제자의 선택이었다. 예수님 승천 후 베드로의 관념 속에 사도는 12명이어야 한다는 생각을 갖고 있었던 것 같다. 어디에도 그러한 규칙은 없었다. 하지만 예수님과 함께 했던 3년이라는 기간 중에 벌써 사도들 사이에는 그러한 관념이 형성되었던 것 같다. 그래서 그는 용기 있게 일어나 사도들의 수는 12명이어야 하는데 한 명이 배신을 하고 떠났으니, 이제 다른 사람을 뽑아 12명의 수를 채우자고 주장하여 결국 맛디아를 사도의 수에 채워 넣게 되었다.

그렇게 아무것도 하지 말라고 했는데 결국은 일을 저지르고야 말았다. 하지만 하나님이 계획하신 것과 그들이 한 일에 어떤 차이가 있었는가? 그렇게 맛디아라는 사람을 사도 직분에 세워 넣었지만 그 이후 맛디아가 사도로서 어떤 일을 하였는지는 성경 어느 곳에도 기록이 없으니 알 수 없다. 대신에 바울이라는 자가 자칭 사도라 칭하면서 10권이 넘는 서신서를 작성하며 사도의 일을 해내었다. 하나님의 계획 중에 채워져야 할 사도는 과연 누가 되어야 했을까?

우리는 일을 하고자 하는 성향이 이미 주어져 있고, 일을 하는 환경은 이미 세속적인 것들로 가득 차 있으므로 혼자서는 어떤 일도 제대로 감당해 내기 어렵다. 내가 힘들 때 누군가 옆에서 부축해 주어야 하고, 내가 힘을 내어 일을 하려고 할 때 함께 하는 누군가가 어려워하면 내가 그를 지켜주며 힘을 실어주어야 한다.

어느 한쪽이 성령의 충만함 가운데 성령의 권능을 덧입어 지혜롭게 일을 처리하며 앞을 향해 나갈 때 연약한 지체들이 그를 통해 보완을 받을 수 있다. 또 자칫 교만해져 잘못된 길로 들어서려 할 때 지혜롭게 권면하며 방향을 수정해 주는 일들이 함께 걷는 동역자들 사이에서 일어날 수 있는 선하고 긍정적인 효과들이다.

비록 우리가 일하고자 하는 다양한 일들의 저변에 인본 위주적인 어두운 요소들이 가득하다 할지라도 함께 하는 동역자들이 마음을 맞추어 서로를 세워주고 서로를 인정하며 서로를 보완하며 나갈 수 있다면 어떤 염려가 있을 수 있겠는가?

이제 주님께서 세워주시는 동역자들을 알아보고, 함께 일하며 함께 산을 넘고 강도 건너가면서 하늘 아버지가 위탁하신 귀한 일들을 이루어나가는 독자 한 분 한 분이 되기를 진심으로 기원한다!

덤으로 한 마디

장영심

나는
하나님께 영광을 돌리기 위하여 이 땅에 태어났다.

삼 대째 기독교 집안에서 태어나 자라면서
아버지와 어머니 그리고 주일학교 선생님들로부터
귀에 못이 박히게 들어온 말이다.
감히 세뇌(?)라고 말할 수 있을 정도로…
하나님의 살아계심과 천지를 창조하심,
독생자 예수님을 이 땅에 보내주심,
예수님이 날 사랑하심,
사십 일을 금식하며 기도하심,
병든 자를 고쳐주심,

날 위해 십자가에 못 박혀 돌아가심,

구름 타고 하늘로 올라가심,

나팔 불 때 구름 타고 다시 오실 것임 등등

'영광' '구원' '대속' '회개'…

이해할 수 없는 어려운 말투성이인데

유치부, 유초등부 선생님들의 설교 말씀이

어찌나 재미있던지…

신기한 것은 이런 옛날얘기 같기도 하고,

때론 이해하기 힘든 지루한 교리들이 그냥 자연스럽게,

그리고 확실하게 믿어졌다는 것이다.

태어나서 지금까지 단 한 번의 의심도 없이…

그 시절을 돌이켜보면 완전 세뇌(?)는 아닌 것 같다.

국민학교(초등학교) 2학년짜리 꼬마가

전교인 구역합창대회에 나가

'사십 일을 금식하며 기도하시던 예수님의

그 모습이 생각납니다'를

눈물을 뚝뚝 흘리며 불렀다,

교인들을 다 울렸다.

울면서도 끝까지 다 불렀다.

저녁예배 시간에 엄마와 함께 예배에 참석했을 때,

일어나서 찬송을 부르면 난 의자 위에 올라서서

엄마 옆에서 함께 찬송을 불렀다.

"하늘 가는 밝은 길이 내 앞에 있으니"

가슴이 뭉클하고 뜨거운 눈물이 흘렀다.

그 꼬마가 '하늘 가는 밝은 길을' 뭘 안다고 ㅎㅎ

어린 시절 나는 교회에서 나름 꽤 '유명한(?)' 아이였다.

내가 한 살쯤 되었을 때

음식을 소화하지 못하고 먹기만 하면 토하고 설사했단다.

서울에서 유명한 병원과 의사를 다 찾아다녀 봤지만

소용이 없었단다.

마지막으로 목사님의 기도를 받고

하나님께 떠나보내려는 마음으로 새벽기도회에 나가

목사님의 기도를 받았는데,

아이의 입술에 핏기가 돌고 젖을 먹기 시작했단다.

그 후로 당회장 목사님의 설교시간에

가끔 예화로 등장하는 인물이 되었다.

살아계신 하나님, 전지전능하신 하나님,

병 고치시는 하나님,

기도에 응답하시는 하나님 등등.

내가 다섯 살로 기억하니까

만 나이로는 서너 살쯤 되었을 때 유아세례를 받았다.

당회장 목사님께서 이스라엘에 다녀오시면서

요단강 물을 병에 담아 오셨다.

그 물로 교인들에게 세례를 주셨는데

나도 그 물로 세례를 받았다.

'아! 향기롭다'

어렴풋한 기억으로 내 마음에 남아있다.

진짜 그 물이 향기로웠을까?

그렇게 어린 나이의 일인데 기억할 수 있을까?

잘 모르겠지만 아무튼 나에게는 생각하면

미소를 짓게 하는 행복한 순간으로 기억된다.

'나 요단강 물로 세례받은 여자야!' ㅎㅎ

나는
하나님께 영광을 돌리기 위하여 이 땅에 태어났다.
임성철과 함께!

태어나서 나 혼자 산 시간보다

이 양반(?)과 함께 산 시간이 더 길다.

20살이 꽉 차던 때 프로포즈를 받고, 결혼하고,

지금 나는 60을 넘겼으니...

어린 시절 혼자였을 때의 고백이 이렇게 바뀌었다.

"나는 하나님께 영광을 돌리기 위하여 이 땅에 태어났다.

임성철과 함께!!"로

있는 듯 없는 듯, 앞서지도 뒤쳐지지도 않는, 말 잘 듣는 아이

하나님 앞에서 손을 번쩍 들고

"아골 골짝 빈들에라도 가겠습니다!" 하진 못했지만

선교사로 소명 받은 남자에게서 청혼받았을 때

"나 혼자는 못 가지만 이 남자와 함께라면
그 길 가겠습니다!"라고 기도했다.

함께 인생의 길을 걷자고 약속한 남자가
계속해서 떨어뜨리는 손수건이 내 눈에 들어왔다.
'아! 평생 이 남자를 따라다니며
손수건을 챙겨 주어야겠구나.' 결심했다.
내가 할 일이 생겼다. 이 남자를 도울 일.
돕는 배필!
돕는 자, 그에게 적합한 자,
그에게 동등한 자, 그에게 상응하는 자,
서로의 부족함을 채워 함께 온전히 하나가 되는 자,
이때부터 나의 동반자와 함께하는 동역이 시작되었다.

나는
찐빵 속의 앙꼬(?)이자, 사리마다(?) 허리춤의 고무줄이다.

남편이라는 찐빵 속에 들어있는 앙꼬,
동반자라는 속바지의 고무줄이다.
찐빵과 앙꼬는 누가 더 중요하다고 말할 수 없이
둘 다 서로를 필요로 한다.
속바지와 고무줄도 혼자서는 제 기능을 발휘할 수 없다.
둘이 함께일 때 비로소 온전하다.
서로의 기능을 인정하고, 존중함이 필요하다.

서로 다른 각자의 기능이 조화를 이룰 때
비로소 온전한 하나가 된다.
상대방의 역할을 자신의 생각으로 제한하거나
지적하거나 강요하지 말고
자기의 역할에 충실하려고 애쓰는 노력이 필요하다.
우리 몸을 구성하는 여러 지체도 각각의 기능이 다르고
각각이 다 중요하듯이
자신의 맡은 일을 책임감 있게 잘 수행하고,
상대방의 입장과 역할, 생각 등을 존중해 주는 것은
참으로 중요하다.
혹 서로의 의견이 상충했을 때
서로에 대한 조언과 충고를 받아들이고
수렴했다면 변화하는 행동으로
양보하며 협력하는 모습을 보여줘야 하지 않을까?

두 개의 눈으로 보는 것보다
네 개의 눈으로 보는 것이 더 많은 것을 볼 수 있고,
한 사람의 아이디어보다
여러 사람의 아이디어가 훨씬 더 넓고 풍부하다.

하나님께서는 우리 모두를 다 다르게 만드셨다.
같은 사물을 바라보아도 느끼는 감정과
접근하는 방식과 반응하는 모습 등등이 다양하다.
하나님이 주신 달란트도 능력도 약점도 경험도

자라온 환경도 모두가 다르다.

그렇게 각양각색의 사람들이

하나의 목표를 이루고자 함께 일을 할 때

중요한 것은 함께 일하는 자들이 도달해야 할

공동의 큰 목표를 정확히 이해하는 것이다

어디에 공을 넣어야 하는지를.

공격수이든, 수비수이든

우리 팀의 승리를 위해서

가야 할 방향은 어느 쪽이며,

그곳에서 무엇을 해야 하는지를 확실히 파악해야 한다.

큰 목표 아래서 각자의 자율성을 인정하고 존중하며

함께 일하면 혼자 뛸 때보다 상상할 수 없이

훨씬 더 좋은 결과를 거둘 수 있다.

감사절 만찬을 위해 많은 음식을 준비할 때에

혼자서 끙끙대며 씻고 썰고 하는 것보다

여럿이 함께 하니 훨씬 더 수월하게 할 수 있었다.

새 학기에 교실을 꾸미기 위해

벽을 장식할 교재를 준비해 놓고 혼자서 꾸몄더라면

나 혼자의 아이디어로 한쪽 벽면만 붙였을 것을

교사들에게 학습 교재를 주고 맡겼더니

얼마나 훌륭하게 꾸미던지...

매년 크리스마스 프로그램을 할 때마다

서로의 지혜를 모으고 재능을 발휘해서
누구는 노래를, 누구는 댄스를,
또 누구는 무대장식을, 의상을, 음향을…
또 다른 누군가는 복음의 나눔을
각자의 자리에서 맡은 바 책임을 다하여
멋진 작품을 만들기 위해 땀 흘리며 애쓰며
함께 큰일을 이루어내는 감격이 더욱 크다.

우리 팀이 무엇을 위해 어디로 가야 하는지
그것을 이루기 위해서
나는 어느 부분에서 무엇을 할 수 있으며
어떻게 도와야 하는지를 확실히 알고
옆 사람을 위로하며 격려하면서
각자의 맡은 일을 성실하고 정확하게 하는 것이
바람직한 동역이 아닐까 생각한다.

**나는
큰 퍼즐 그림 속에 있는 단 하나의 퍼즐 조각이다.**

하나님 나라라는 큰 그림 속에 속한 작은 퍼즐 조각이다.
퍼즐은 천 조각 아니 그 이상의 조각이라도
각각 자기만의 고유한 자리가 있다.
그것이 주인공의 얼굴 부분의 한 조각이든
화려한 꽃의 한 부분이든, 푸른 하늘의 한 부분이든

심지어 귀퉁이의 표시 나지 않는 여백의 한 부분일지라도
모두 자기만의 자리가 있다.
그 조각이 아니면 안 되는 고유한 자리.

퍼즐은 자리가 바뀌면 색이 맞지 않고, 그림이 맞지 않는다.
옆의 조각과 구별이 잘 안되는 같은 색깔 조각이라도,
거의 비슷한 모양의 조각이라도,
자기 자리에 넣지 않으면 그림이 맞지 않는다.
얼핏 보면 맞은 것 같지만
어딘지 모르게 어색하고 삐뚤어진다.
퍼즐 조각을 자기 자리에 딱 맞게 넣었을 때
비로소 옆의 조각과 자연스럽게 연결된다.

999개의 조각으로 그림을 다 맞추었는데
그중 하나가 없어졌다면
그 그림은 완성되지 못한다.
한 조각 빈자리의 위력은 대단하다.
잃어버린 진주 한 알을 찾듯
온 집안을 샅샅이 살피게 한다.
그래서 한 조각 한 조각이 소중하고 특별하다.

하나님 나라에서 우리는
그렇게 소중한 자들이다. 특별한 자들이다.
나만 소중한 것이 아니라

내 옆에 있는 동역자들도 귀하다.

주인공의 얼굴이든 하늘의 구름과 같은

귀퉁이의 한 부분이든

어느 누구도 하나님 나라에서 없어서는 안 되는

소중하고 귀한 존재들이다.

내가 있어야 하는 그 자리를 잘 찾아서

맡겨주신 색깔을 퇴색시키지 않고 제대로 발휘하면 된다.

그러면 모든 조각들로 조화를 이루어

아름다운 그림을 완성하실 것이다. 그분이!

"하나님을 사랑하는 자

곧 그의 뜻대로 부르심을 입은 자들에게는

모든 것이 합력하여 선을 이루느니라"(롬 8:28)

나와 멍에를 같이 하며
나와 함께 복음에 힘을 쓰는 자(빌 4:3)

평생

같은 길을 함께 걷는 자!

둘이 함께 올려드리는 영광을 받으시려고

하나님께서 허락해 주신 동반자이며 동역자!

항상 감사해요

그냥 나의 모든 것을 믿어주는 사람.

내가 팥으로 메주를 쑨다 해도 믿는 사람.

(난 팥으로는 메주 못 쑨다고 할 텐데.. ㅎㅎ)

나도 잘 알지 못하는 내 속에 있는 잠재력을

인정해 주고 격려해 주는 사람.

무조건으로 사랑해 주고 내 편인 사람.

공주마마로 왕비마마로 대우해 주는 사람

(이 세상에 부모님 말고 또 누가 있을까)

감사 또 감사해요.

우리

서로를 존중하고 인정하며 양보하면서

하나님 말씀의 원리와 원칙을 지키며

사람의 열정이나 원함이 아닌

하나님께만 초점을 맞추어

하나님의 시선이 머무는 곳을 바라보며

하나님의 마음이 있는 곳에 우리의 마음을 두며

하나님이 원하시는 방향과 모습으로

최선을 다하여 열심히 달려갑시다.

우리가 호흡할 수 있는 '그 순간까지'

오직

하나님의 영광을 위하여!!

Soli Deo Gloria!

동역자 매뉴얼

초판 1쇄 2025. 4. 20.

지은이 | 임성철
펴낸이 | 설규식
펴낸곳 | 도서출판 첨탑
주 소 | 서울시 노원구 마들로1길 44 101-204
전 화 | 02)313-1781
팩 스 | 0504)494-6407
이메일 | ctp781@daum.net
등 록 | 제10-2171호 (2001. 6. 19)
책번호 | 084

ISBN 978 89-89759-84-3 03230

*책값은 뒤표지에 있습니다.